一个影响世界的地方：服务经济时代的 CBD

周　瑜　何莉莎　著

知识产权出版社
全国百佳图书出版单位

图书在版编目（CIP）数据

一个影响世界的地方：服务经济时代的 CBD/周瑜，何莉莎著. —北京：知识产权出版社，2014.3

ISBN 978-7-5130-2599-7

Ⅰ.①一… Ⅱ.①周…②何… Ⅲ.①中央商业区—研究 Ⅳ.①F731

中国版本图书馆 CIP 数据核字（2014）第 030023 号

内容提要

本书从 CBD 发展的历史进程与动力机制谈起，追本溯源来探寻 CBD 对引领中国进入服务经济时代的重要作用。作者从政府管理、城市经济、文化现象等领域，通过层层剥茧抽丝，还原了 CBD 作为一个动态系统的重要内涵，并在此基础上，创新性地构建了 CBD 可持续发展能力评价体系，并辅以生动的案例说明，是近期 CBD 研究中具有独特研究观点的著作。

责任编辑：石红华　　　　**责任出版**：谷　洋

一个影响世界的地方：服务经济时代的 CBD

YIGE YINGXIANG SHIJIE DE DIFANG FUWU JINGJI SHIDAI DE CBD

周　瑜　何莉莎　著

出版发行：	知识产权出版社有限责任公司	**网　　址**：	http：//www.ipph.cn
社　　址：	北京市海淀区马甸南村 1 号	**邮　　编**：	100088
责编电话：	010-82000860 转 8130	**责编邮箱**：	shihonghua@sina.com
发行电话：	010-82000860 转 8101/8102	**发行传真**：	010-82000893/82005070/82000270
印　　刷：	北京中献拓方科技发展有限公司	**经　　销**：	各大网上书店、新华书店及相关专业书店
开　　本：	787mm×1092mm 1/16	**印　　张**：	16.5
版　　次：	2014 年 5 月第 1 版	**印　　次**：	2014 年 5 月第 1 次印刷
字　　数：	206 千字	**定　　价**：	48.00 元

ISBN 978-7-5130-2599-7

序　言

近十年是我国 CBD 发展最快的时期，在此期间，世界商务区联盟在法国法德芒斯成立，北京连任了第二、第三届世界商务区的联盟主席；中国商务区联盟成立，北京同样成为轮值主席。这本著作是周瑜和何莉莎在连续三年为北京 CBD、世界商务区联盟工作后，积淀的一份较为完整的研究记录，其重要意义不言而喻。

提及 CBD，我即刻想到了纽约曼哈顿。记得 1999 年我去美国考察时，第一次看到那一片高入云端的楼宇时，禁不住感叹：这是庞大资本的堆积。实际上，堆积在曼哈顿的不仅是数量巨大的资本，还有其对世界经济运行的影响力。很早就有一句话使我们很难相信，即华尔街的几只蝴蝶煽动几下翅膀，全球四大洋就掀起惊涛骇浪。2008 年发端于美国的金融危机，让我们见证了这一情景，也使我们无法否认这种事实：国际化大都市的 CBD 已经在世界经济体系中确立了“牵一发而动全身”的重要地位。形象地说，这里打一个喷嚏，全球都会感冒。我们难以想象，纽约和伦敦城中的这几平方公里掌握着世界经济的命脉，现在这已成为不争的事实，这就是 CBD 的魔力。

我第一次听到 CBD 这一概念是在 1996 年，现在已故的北京大学著名教授杨吾先生和我聊起了北京市 CBD 的选址问题。他认为，北京市 CBD 理想位置应在复兴门和三里河路之间，即在南礼士路附近进行规划建设，而不是现在的金融街和东三环国贸中心周边。由于我当时对区域经济和城市经济缺乏深入研究，对杨教授的观点也只有听听的份。我真正对CBD进行全面了解和系统研究是在2001年。当时我参加了由国家发改委宏观经济研究院王一鸣副院长为课题组长的《重庆市中央商务区规划前期研究》课题，课题研究的核心任务是对重庆市CBD选址进行论证。参加课题研究的还有北京大学著名城市经济学家周一星教授。课题成果由中国建筑工业出版社2004年出版，书名为《重庆CBD研究》。应该说，这一课题的研究使我对CBD有了深刻的认识，使我认识到了CBD的本质特征，而不仅仅从外观上去认识和理解。

CBD是Central Business District的缩略语，中文译为中央商务区或商务中心区。作为金融、商贸、信息、文化和服务等功能之高度集成，CBD是一个城市的经济中枢和内核，是城市经济规模化、集约化和聚集辐射力的重要体现。同时，作为商务活动最集中的场所和城市最便利的交通枢纽，CBD也是金融机构、跨国公司和中介机构的必争之地。CBD的建设和发展体现了一个城市的经济发展水平，是现代化、国际化大都市的象征和主要标志。

CBD是在传统商贸中心基础上发展起来的，在由商贸为主向商务为主的转型过程中，传统的零售商业、餐饮服务业也逐渐向高级零售、商务酒店等服务业转变。不论这一转变过程是否完成，所在地区的第三产业发育程度都应该是城市范围内最高的。在级差收益等经济杠杆的作用下，高级商务机构不断向中央商务区聚集，而次等级的办公机构、普通居民和日用消费品商店则被迫向区外转移。专门化、高档化的零售业，如耐用消费品店、珍宝饰物店、高档时装店等，能够继续保持发展的势头。与此同时，区内就业机会的增加超过城市其他地区，从业人员的素质和层次也越来越高。从景观特征来看，CBD趋向于高密度发展，摩天大楼越来越多，在一定程度上展现城市的特色风貌，成为一个城市中最精华的区域和城市的象征。由于现代建筑材料的运用和设计观念的现代化，CBD 的建筑风格更加多姿多彩，其在地理上是城市的标识，在经济上则是城市各种交流活动最便捷的空间场所。

CBD 是城市发展到一定规模后，为满足大规模商贸活动的需求，在具备条件的特定区域发展起来的城市功能区。一个城市的 CBD 与城市的经济地位相辅相成，有什么样的经济实力，就有什么样的经济中心，也就有什么样的 CBD。一些城市出现了大规模的楼宇经济和空城或鬼城，是令人担忧和值得反思的。CBD 始终与大城市甚至和大都市相联系，中小城市是否需要规划和建设 CBD，需要进一步讨论，我个人的观点是没有太多的必要性。CBD 的区位选择，必须从城市发展的现有格局及未来趋势出发，按照其内在要求，并充分考虑全球化和信息化背景下新兴商务活动的特点，在城市主城区范围内进行充分比较和论证后确定。

CBD 在中国还是近十年兴起的热门词汇。本着让大众重新审视 CBD 概念的想法，本书从 CBD 发展的历史进程与动力机制开始讲起，探寻 CBD 引领中国进入服务经济的过程。作者以学术研究的精神与方法层层剥茧抽丝，较为全面地反映了 CBD 的本质特征，并在此基础上，构建了独创的 CBD 可持续发展能力评价体系，辅以形象生动的案例说明，是近期 CBD 研究中较为具有独特研究观点的著作。

周瑜是国际经济学本科出身，后又到伦敦政治经济学院学习发展经济学，她将增长极的概念运用到 CBD 的研究中，说明了城市中心地区对带动城市和更大范围区域的经济发展所产生的巨大作用；何莉莎是社会学出身，对经济发展之外的文化研究比较关注，后来在伦敦政治经济学院地理学系学习城镇化与城市发展，开始关注城市核心区的士绅化现象以及由此产生的各类社会文化现象。她们两人在过去的三年中一直为世界商务区联盟撰写年度报告，报告不少地方都体现了交叉学科研究的特色，既有现象梳理又有理论创新，既有全貌剖析又有细致的文化现象解读，读者读起来不仅能够得到知识，而且不会感到枯燥。

她们以往的研究经验表明，为官方机构和国际机构撰写报告，既有优势又有困难。要保持中立的立场，针对现在国内外 CBD 已经呈现或潜伏的危机和挑战，深入分析总结发展策略不是一件容易的事情。但是，我认为她们做到了这一点。在过去几年研究报告的基础上，她们在此著作中加入容易引发争议的指标体系，为学界的探讨提供了新的研究方向，她们勇于树立靶子、亮出自己理论观点的勇气是值得赞扬的。

本书有一个特点就是承接了城市系统论的精神。城市是复杂系统，而城市中的 CBD 也是这个复杂系统中的一个子系统，她聚集与体现了一个城市的最高智慧。在城市系统论的视角下，对 CBD 这个重要的城市形态实现较为科学的再认识，对当前谋求跨入服务经济的中国来说，有着重要意义，为今后 CBD 实现从规划层面到 CBD 区域的建设层面，甚至到城市微观层面的文化现象研究奠定了理论基础。

本书还有一个特点是在案例篇，作者通过感知筛选出 11 个在文化方面表现比较突出的 CBD 作为案例。案例以白描的写法，通过对文化现象的点评来呈现各 CBD 的文化发展特色和宝贵经验，既有第一手的感知和体会，也有通过访谈整理的 CBD 印象。哲学的、社会学的、人类学的、地理学的和经济学的多种专业背景，也使 CBD 文化这个议题讨论起来显得丰富和多元，这些都使紧张而有序的研究工作增添了文化之旅的色彩。

本书的理论性比较强，在对前人理论的系统梳理的基础上，提出对 CBD 的再认识，对今后的 CBD 研究者来说，是一本很好的理论书。

著作中有不少涉及城市规划学、产业经济学和系统学的基本原理，可以商榷的地方应该还有不少。但只要提出了问题，能够为后面的研究者做一些铺路的工作也是很有益的贡献。

当前我国 CBD 的发展面临重要历史机遇，有不少的认识与误区需要我们厘清思路。出一本书就一锤定音、一劳永逸地解决今后 CBD 所面临的全部问题是不现实的，但我希望以后有更多的年轻学者对 CBD 继续研究，不断总结，与时俱进，提高我们对 CBD 的认识。

是为序。

肖金成

2014 年 3 月 26 日

（肖金成：国家发改委国土开发与地区经济研究所所长、研究员、博士生导师）

目　录

理论篇

评价篇

案例篇

理论篇

在不同的时代，CBD有着不同的形态特征、主导内容，但其本质脱离不了以“交易”为主导的产业功能。因此，CBD本质上是当期城市发展最高端、最具有竞争力、最有活力的产业功能区。同时，CBD是一个动态概念，它与时代特征相适应。时代变，则CBD也会映射出相应变化。

CBD，因“交易”而生，一切发展皆是为了更好地交易，从而形成一个良性的动态循环。尽管CBD的功能越来越综合，但所有的综合都是为了更好地实现其产业功能。非产业功能，对于CBD既不可或缺，亦不可过，过犹不及。

第一章　CBD 发展的历史进程与动力机制

一、CBD 从商业集中到商务集聚的发展历程

当前，中央商务区（Central Business District）是指以商务服务、金融服务等生产性服务业为主导的现代服务业集聚区，但这并不是 CBD 一开始就有的内涵。虽然 CBD 的发展在不同国家、不同城市有不同特点，但大多数城市 CBD 的发展都经历了“传统商业中心（商业集中）—商业、商务逐渐分化—现代专门化商务办公中心（商务集聚）—多商务中心网络形成”这样一个由初级向高级过渡的过程。

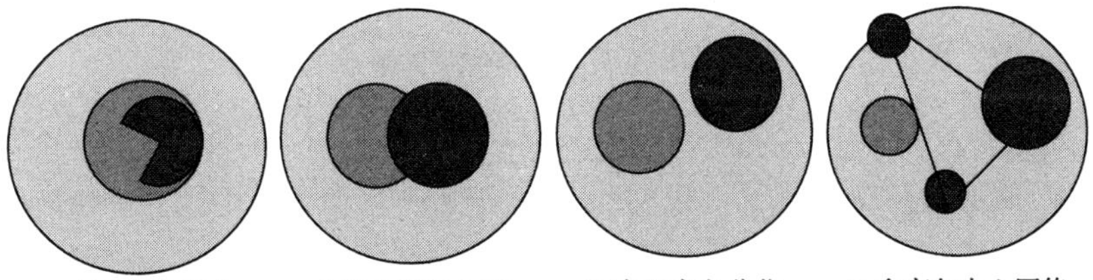

图 1－1　CBD 发展阶段示意图

表 1－1　CBD 在不同发展阶段的特点

阶段	主要交通通信工具	生产方式	城市地域结构演化阶段	CBD 功能
第一阶段（1920 年之前）	电车、马车、邮递	福特主义	城市膨胀阶段	商业为主，混合居住功能
第二阶段（1920—1970 年）	火车、汽车、电话	大规模生产为主	市区蔓生阶段	专业功能分区、综合功能
第三阶段（1970 年至今）	高速公路、信息高速公路	灵活、柔性化生产方式	多层向心城市体系阶段	商务办公功能升级，向综合化发展

（一）以商业功能为主的 CBD 雏形

20 世纪 20 年代以前，第一次工业革命的影响逐步扩散，城市化进程开启，CBD 从无到有，经历了一个漫长的过程。工业发展迫使城市对交通运输、能源和劳动力等要素产生依赖，这一时期的城市 CBD 与近代工业高能耗、高物耗、劳动密集等特点相适应，是物质生产、运输以及劳动力集散的中心。由于该阶段交通的可达性较差，运输工具主要是铁路、汽船和马车，CBD 是以港口和车站为中心，以商业功能为主，属于办公、居住等多功能混杂的地区。

该阶段的 CBD 内部职能结构比较简单，可以认为是现代 CBD 的雏形。但随着 1878 年电话的发明和 1910 年欧美主要城市中电车、电梯大规模投入日常使用，人们的联系方式有了根本变革，生产力水平得到极大推进，在集聚效应的作用下，城市不断膨胀，城市中心由于具有其他区域无法比拟的通达性和区位优势而成为 CBD 的重要布局区域。

（二）商务办公集聚的 CBD 主体

20 世纪 30 ~ 60 年代，CBD 成长为以少数工业和大部分无产阶级居住区包围的商业、娱乐、贸易、金融和办公区域。该阶段呈现出工业快速发展、企业加快集中的趋势，由此产生了对资本的大量需求，加上国际间贸易水平的提高，金融、保险、房地产等生产性服务行业在城市中的作用得以突出。同时，随着交通通信技术的发展，郊区化过程拉开序幕。在居住区和工业的郊区化、大型零售业向郊区转移的同时，城市中心办公楼逐渐繁荣，商务、办公、金融、保险、房地产等功能出现集聚。在有选择地“分散”和“集聚”的双重作用下，商务办公的专业功能高度集聚，CBD由多功能混杂走向功能单一化。

（三）功能全面辐射的CBD系统

20世纪70年代以后，世界经济进入了一个空前的发展时期，伴随着信息技术的革命性发展和环境意识的不断强化，城市商务活动的分散化具备了发展条件。基于费用提高、交通压力、国际竞争和专业分工的挑战，许多城市利用信息、技术革命的机遇，力求在保留CBD功能价值的同时，重建大型购物中心，恢复步行系统和公共交通，开发文化活动场所，希望通过功能的多样化来容纳市民活动，同时强调环境质量，增强绿化、水面等城市设计要素，重新塑造了城市的空间结构，也实质性地改变了CBD的特征。

于是，CBD的建设不再局限于在原有城市中心的基础上发展，而是向外围扩展，形成许多Sub-CBD，如日本东京分别建了新宿、涉谷和池袋三个CBD副中心。同时，随着国家经济重心转向服务业，城市CBD中的服务机能逐步壮大，成为城市乃至国际的经济、管理、服务和信息中心。

西方发达国家传统的CBD经历了这样循序渐进的漫长发展过程，尽管新兴国家的CBD仍然继承了传统CBD的本质特征，但和传统的

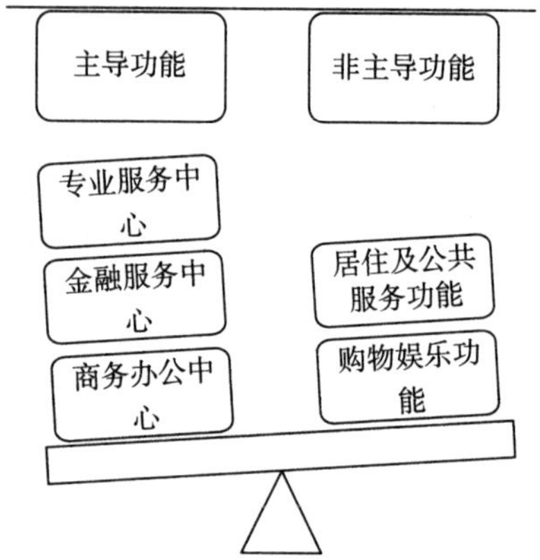

图 1－2　城市功能组织方式的演变

CBD 相比较，新兴国家的 CBD 具有不一样的优势与潜力。首先，新兴国家普遍具有人力资源优势，不仅在今后一段时间内还将保持劳动力成本优势，而且现阶段人力资源已经由单纯的数量优势转化为数量和质量的双重优势，这将成为商务区发展的关键因素。其次，新兴市场发展前景广阔。比如金砖四国不仅资源丰富，技术改进速度快，而且其人口大约占世界人口总数的 1/3，这使得新兴国家的城市发展拥有世界上最大的市场规模。第三，新兴国家的商务区具有后发优势，它们可以借鉴西方成熟商务区发展的经验和教训，在总结吸收之后，大多数直接跳过了欧美商务区发展的曲折历程，直接切入到总部与金融集聚的发展阶段，表现得相当出色。

二、CBD 形成与发展的四大动力机制

CBD 的形成和发展折射出世界经济和城市化进程的深刻变革，如果把 CBD 看作一株有生命的植物，我们可以这样生动地来比喻 CBD 形成与发展背后的四大关键动力：产业深度分工是 CBD 萌芽的种子；

经济集聚是 CBD 的内在基因；城市发展则是 CBD 离不开的肥沃土壤；全球化则赐予了 CBD 繁荣兴盛的宜人气候。

（一）产业深度分工是 CBD 萌芽的种子

CBD 是以服务业为主导的功能区，服务业从工业生产中分离和升级是 CBD 萌芽的先决条件。从城市经济的视角来看，产业分工带来的最重要的改变在于所有产业对服务的需求都在日益增长，而无论是在全球、国家或区域层面，城市都是理想的服务生产地。伴随着产业分工的深入和服务业内部业态的升级，CBD 由萌芽向高级阶段发展，体现在以生活零售业为主的雏形向以商务办公为主、向中高档商业转变的过程，以及由城市中心向区域中心乃至全球中心升级的过程。可以说，没有工业化进程中产业分工的深化，就不可能有 CBD 这一城市功能形态的出现和日后的演变。

1. 经济分工带来旺盛的服务业需求

经济分工的深化带动了对全球服务业的中间需求，于是服务在商品生产体系内部展开。与商品生产、流通和消费有关的信息的搜集、处理、加工等需求带动了信息服务业的发展。同时，分工深化使企业的组织结构发生变革，从而导致管理和市场运作等与生产信息处理有关的部门逐渐强化，并在专业分工基础上日趋独立化，推动了诸如管理、咨询、广告、研发、会计等现代新兴服务业的发展。而 CBD 以服务业为特征，集聚多种类型的企业。有着不同分工的企业集中在一起能够为复杂的市场建立客户关系，具有相关业务的企业和服务机构需要紧密联系来解决问题，由此促进了服务业的聚集。比如纽约港吸引了批发商，批发商带来金融机构，金融机构又引来全国性公司的核心机构和相关的金融分支机构。

2. 工业化使服务业与制造业逐步分离

服务业伴随着工业化的进程不断升级，其业态也在不断发展和丰富。18 世纪中叶，以瓦特改良蒸汽机为代表的第一次工业革命开启了近代工业的开端，工业活动开始取代农业活动而成为最大的生产部门。工业的发展同时也繁荣了商业部门，服务业开始逐渐发展起来，早期的餐饮业、运输业等发展成为服务业的主要部门；19 世纪 70 年代，以电力广泛应用为显著特点的第二次工业革命开始，人类进入了电气时代；工业逐渐成为国民经济的主导部门，新兴的银行业、保险业、娱乐产业、商业服务业等开始壮大起来，尤其是生产性服务活动分离出来而形成单独的产业形态。在此背景下，城市开始扮演起新的战略角色。一些城市的服务功能已经能够覆盖全球，高度专业化的服务产业开始成为这些城市的主要经济发展动力，由此以现代服务业为特征的 CBD 成为城市经济的重要功能区。

3. 服务业空间载体呈现集群化趋势

在现代商业和制造业一体化的供应链管理中，价值链的 75% 在流通环节，25% 在制造环节，制造环节要想提高盈利率非常困难，新的盈利点主要来自流通，即服务业环节。当代服务业的发展特点是服务业与物质生产在先进科学技术基础上结合紧密，服务业发展需要不断进行内部结构升级和创新，这远非一个或几个企业可以完成的。需要大量生产性服务企业通过空间集聚，进行集群内学习和集群间学习，以提高企业竞争力，实现规模经济和范围经济效应，强化区域竞争优势。服务业发展的空间载体因而出现产业集群式趋势，形成了一批典型的国家服务业集群体系，CBD 应运成长。

产业分工深化的漫长过程在纽约曼哈顿 CBD 和伦敦金融城体现

得最为明显。早在 17 世纪初期，伦敦重要的海运地位使得当时的商人对船只和船货的保险需求大大增加，以海运保险为基础的金融业因此得到发展。纽约曼哈顿 CBD 的发展与之非常相似。18 世纪末，曼哈顿岛因其特殊的港口优势为货运提供了便利的条件，早期仓储业和批发业自然聚集而来，航运人员服务的金融保险业巨大的市场需求被逐步激发，曼哈顿金融保险业迅速发展。在这两个 CBD，金融业的发展又带来了总部机构和为金融业服务的专业服务机构的聚集，从而丰富了 CBD 的产业内涵。

（二）经济集聚是 CBD 发展的内在基因

经济活动是 CBD 形成和发展的最主要的动力源泉，这缘于 CBD 所独有的、为其他任何地域所无法替代的空间效率。人类文明的发展历史表明，由于农业的边际收益递减、农产品的需求弹性较低，而第二、三产业所生产的非农产品需求弹性较高，且具有明显的集聚效益和规模经济，这些经济因素推动了人类社会的城市化。城市中心部位是城市各类交流活动最便捷的空间场所，它所提供的物流效率决定了它在城市经济和社会活动的中心地位。因此，城市 CBD 的形成虽然受历史地理、政府政策、技术创新等因素的影响，但从经济学角度看，CBD 形成的动因首先是市场力量，而促进 CBD 形成的市场力量主要源于集聚效应，如果没有 CBD 的经济集聚效应，就不会有企业争先恐后地涌入 CBD，并在这里进行大量的经济活动，获得持续不断的企业收益；如果没有 CBD，就不会有企业在这里产生对创新的渴求，也不会有如此明显的技术和服务外溢效应来推动企业的成长和 CBD 的进一步成熟。

1. 集聚效应使企业保持收益递增

在 CBD 的形成过程中，主导产业和大型公司的集中建设与经济活动，会产生一种吸引外部资金向 CBD 聚集的向心力。在聚集效应的驱动下，商务经济活动在城市中聚集，形成中心商务区。而能否形成一个成熟完善的 CBD，关键要看这个区域能否为企业提供较强的人才优势、运输优势和政策优势，以达到企业降低运行成本、要素成本和平均成本的目的。

（1）人才优势。纵览 CBD 发展历程，人才伴随着服务业的发展在城市的某个区位聚集，这种聚集又反过来极大地促进了 CBD 服务业的进一步发展升级。在 CBD 内，大公司的聚集必然形成高素质专业员工的聚集。通过劳动力市场的作用，供求双方均能从中获得聚集效应的经济利益。首先，CBD 劳动资源的聚集，为企业提供了丰富的劳动力资源，降低了企业员工的搜寻成本和工资水平；其次，大量专业人才的存在也节约了企业的培训费用；再者，人才流动成本的降低，导致人才流动性进一步增强，从而促进实现人力资源的优化配置。

全球著名的商务中心一般都具备强大的人才优势。比如在纽约曼哈顿不足 1 平方公里的华尔街——CBD 金融区，集中了几十家大银行、保险公司、交易所以及上百家大公司总部和几十万就业人口，是世界上就业密度最高的地方。在曼哈顿从事金融工作的员工，最多时达到 40 万人。优质的专业人才“蓄水池”让曼哈顿 CBD 不仅成为纽约经济的核心，而且成为美国经济的“心脏”。

（2）关联优势。在现代经济中，不同产业的经营活动是密切相连的。一类企业的产出可能是另一类企业的投入，两者之中任何一类企业的发展都会给另外一类带来有利影响，即存在关联效应。相关联的企业在区位上的聚集，不仅可以减少运输成本，也为大规模生产提供了条件。一方面，关联效应体现在企业间的合理组合减少了企业产品的运费、劳务支出以及管理费用；另一方面，关联效应体现在处于上下游的企业可以优势互补，共享双方产生的效益。

CBD内不同行业之间特有的关联效应和行业本身的集聚效应，使CBD内的各种产业在不同空间布局上具有明显的集中趋势：百货商店趋向于集中分布，通常居于CBD的最中心部位，或自己形成CBD内的一个空间；专业化商品行业（如珠宝、电器等）和办公机构趋向于集中在官方机构周围；律师行和房地产机构围绕在法庭周围；档次略低的娱乐机构、餐馆、旧货市场趋向于集中在CBD的边缘地带。CBD内不同行业的分布格局，反映了行业间的内在联系，这些联系，有助于不同的企业在节省成本、扩大客源的同时，产生关联优势，强化了CBD的活力。

美国学者雷诺兹曾对CBD内的各类活动及其相互间的关联进行透彻的分析，提出了CBD内各种商业活动间存在着四种类型的关联：一是竞争性的关联。面向同一市场的相同或相似活动的集结，表现为一种竞争性质的关联，如大型百货商店之间的关系。二是补充性的关联。服务于同一市场的相关活动的集结，即活动之间具有互相补充性质的关联，譬如律师行和法院的关联。三是辅助性的关联。不同功能活动的集结，导致了辅助或附属性质的活动，如展览中心、会议中心。四是商务上的关联。指不同的企业或机构由于依赖于同一供应者而集结在一起，如报界、新闻社与法院和律师行的集结。伦敦有名的舰队街即是这类关联的典型例证。上述四种类型的关联在城市的其他部分都分别存在，但只在城市CBD内以高强度的形式存在。

（3）政策优势。在同等条件下，为什么有的地区能够形成商务产业聚集，而有的地区却没有，区别在于商务区发展的关键因素——政府政策和制度环境。城市具备高效的政府与透明公正的法制环境是吸引商务机构聚集的决定性因素。

从国际性CBD发展的过程来看，CBD的发展一般有两种模式：

第一种是市场主导模式，主要代表是纽约曼哈顿 CBD、伦敦 CBD 等；第二种是规划引导模式，主要代表是香港中环 CBD、新加坡 CBD 和北京 CBD 等。第二类 CBD 由于是以政府为主导，有科学的规划和建设，因此比自发形成的 CBD 更加具有政策优势。这一特点在中国尤为明显。以北京 CBD 为例，从 20 世纪 90 年代起，北京通过市场力量已经初步形成商务集群现象，2000 年政府推出“CBD”这一概念，北京 CBD 建设正式起步。经过 12 年的政策引导和扶持，北京 CBD 已经基本完成了大规模规划建设，进入空间拓展、规范管理、提升品质的新阶段。如果没有北京市政府的政策扶持，以及 CBD 管委会的一系列政策创新，很难想象北京 CBD 能从无到有，在短短 12 年的时间里实现跨越式发展，成为首都经济增长的发动机。总而言之，CBD 对企业具有强烈吸引力的原因可以归结为：CBD 能够为进驻的企业提供高品质、低成本的供给，即使是新加入的商务机构，也能获得各种技能的人才供给和完善的配套设施，极大地节省企业运作成本。在 CBD 办公的企业，可以充分利用这里的优越条件，在该区域内获得企业运行所需的各项要素资源，享有成熟的专业服务市场，在经营便利度、知名度和经济利益等方面获得较大的益处。

2. 集聚产生创新变革和外溢效应

最佳技术不等于最佳产品，最佳技术不等于商业成功，最佳技术也不等于企业赢利。对于企业来说，要想开发出迎合消费者的最佳产品，取得商业成功和企业赢利，商业创新与技术创新同等重要。

CBD 是城市中信息流量最大、信息流动最为迅速的中心地，每天有大量新的商业创新被投资者捕捉到，同时又提供大量为企业服务的资源，促使绝大多数商业创新在这里发生，并对社会、经济甚至文化产生巨大影响，这正是 CBD 创新引领的核心魅力所在。而各类企业在地理位置上的临近可以实现人才、资源、信息的共享，为信息的交换和技术扩散创造了便利条件，这对资本、人才、知识密集型的服务经济而言非常重要。一方面提高了市场效率，降低了交易成本，使 CBD 内的企业保持收益递增；另一方面，伴随着信息传播和技术扩散，知识创新可以产生溢出效应。由此，可以提高 CBD 这一区域的持续创新能力。

具体来说，实现过程如下：首先，企业之间的持续联系有助于通过相互学习来改进技术、服务和市场观念。对于一些类似技术诀窍的创新技术，以及难以言传的技术，其扩散因为地缘接近而加快。其次，CBD 内部企业高效工作的区域文化，有助于企业抓住商机并采取创新行动，CBD 周围的供应商与合作者也可能卷入创新，比如，CBD 上下游产业链之间的交互过程正是产生一系列创新所需要的知识与信息的过程。再次，发生在 CBD 内部的企业竞争压力、潜在压力构成了 CBD 内部的创新动力。在 CBD 龙头企业示范效应和竞争效应的交互作用下，区域内的其他企业的技术水平也会进一步提高，反过来又促进了行业竞争，为了保持行业优势，同行业的企业纷纷开始比拼谁能够更快地吸收和创新，而竞争需要转移更多、更先进的技术，从而带来创新的外溢效应。

（三）城市发展是 CBD 成长的肥沃土壤

城市是人类社会文明发展的产物，是当今全球经济、社会、文化、环境等诸多方面发展的集中体现。城市的发展遵循着村镇聚落—初级城市—中级城市—大城市—特大城市这样一个发展规律。在中级城市发展阶段，城市的核心已经开始孕育 CBD，而严格意义上 CBD 的出现是在大城市发展起来之后。

城市首先是 CBD 萌芽和成长的肥沃土壤，没有城市的发展也就没有CBD的出现。CBD与城市的发源地关系紧密，大部分是城市最早的建成区所在地。CBD从功能业态上看，通常是城市早期的商业中心，如纽约的曼哈顿下城区、伦敦的金融城等，这些地方具备了交通区位优势，在城市发展的早期也是城市功能的集聚区。CBD在孕育、成长、成熟等发展阶段均离不开所在的母体城市。CBD需要城市提供必要的发展空间，需要提供水、电、气、交通等硬件条件，以及资金、政策、人才等软性支持。同时，CBD作为城市高度发展的产物，是城市的精华，是“城中之城”。在工业革命和新兴市场的促进带动下，全球城市进入嬗变阶段，并演绎出明显的格局变化。伴随着城市这种变化的加深，城市CBD也随之展现出不同的成长足迹。

1. 微观层次——城市空间是“点”

城市空间是指日常生活交往和进行各种可能性活动的空间，比如基本的城市空间。在地域空间中，人们可以进行直接交往，活动没有特殊的形式限定，人们在一个有限的环境中交往，面对面的互动十分频繁。城市空间好像是一种容器，它为种种社会生活、活动提供场所，但又不是单纯的容器，可以促发人的行为、活动，而成为行为的促媒器、发生器。反之，它也可以限制某些行为的发生。城市是以人为主体，以人化的自然环境为基础，通过人口的汇聚、分工和协作，进行生产和交往活动，形成和发展丰富多彩的个性，进行新的创造，达到时、空、质的统一，最终使人得以在各个方面自由、全面和充分地发展。一个国家的经济走向现代化的标志之一是具有竞争力的产业和高度的城市化，而城市群经济正是竞争性产业和城市化的有机结合和统一。城市是一个区域的中心，通过极化效应集中了大量的产业和人口，获得快速的发展。随着城市规模的扩大，实力的增强，对周边区域产生辐射带动效应，形成一个又一个城市圈或都市圈。

2. 中观层次——城市群空间是“轴”

城市群的内外联系网络和各种要素流的汇集就如同干道交通的交汇路口一样，促进了城市群的地域扩张，提高了其在国内乃至全球经济活动中的地位。由枢纽功能引致各种流的汇集，其中对培养功能的理解是，通过汇聚的不同行为方式的相互影响，产生了新思想、新方法、新技术和新产品，成为城市群发展的主要动力，城市群便成为社会进步和创新的重要区域，并推进了国家乃至全球经济的繁荣和社会文化的发展。城市群体现了城市的“极化效应”和“扩散效应”，是产业和人口在空间聚集与扩散的结果，由于城市群在本质上打破了行政区经济的藩篱，在城乡交融的区域内实现经济、社会整合，加快资本、信息、技术、劳工等生产要素的流动，优化城市之间的功能互补，扩大市场规模，提高产业集聚与关联度，形成强大的产业实力和整体竞争优势。CBD是“极化效应”重点体现的区域，城市群中的各CBD也会形成较为紧密的网络，城市群中CBD网络的形成标志着城市化进入高级阶段，共同成为全球化背景下城市群参与国际劳动分工的重要功能区，引领区域经济发展。

3. 宏观层次——以世界城市为支点的空间是“网络”

全球空间是批量生产的空间，也是所有高知识生产寻找市场和消费者并从中获益的空间。在全球空间中，城市、城市群和全球空间的活动是叠加在一起的。随着世界贸易的增加和新国际劳动地域分工的逐步形成，以及跨国公司对各国经济的不断渗透，经济全球化的进程正在加快，从而使若干全球信息节点城市发展成为世界城市或国际性城市，越来越多地控制和主宰着全球经济命脉。世界城市的形成和发展使全球城市体系出现了新等级体系结构，即世界级城市、洲际级城市、国家级城市、区域级城市等。随着信息社会的确立和全球城市化大潮的来临，城市间的经济网络开始主宰全球经济命脉，使若干世界性节点城市成为在空间权力上超越国家的实体，全球城市体系的格局逐渐形成。

城市的等级决定了城市中 CBD 的等级，例如世界级商务区一般位于对全球经济活动具有控制力的世界级城市，诸如伦敦、纽约和东京等，它们对全球经济、政治和文化具有巨大的影响力，在全球经济发展中发挥着核心枢纽作用，是全球发展脉动中最为敏感的神经。作为该类城市的核心商务区，聚集了很多实力雄厚的跨国公司和金融机构，直接操纵着全球重要经济活动的走向。

（四）全球化是 CBD 繁荣兴盛的宜人气候

在全球化进程中，城市已经成为全球网络的重要节点。中央商务区作为城市发展的中枢，其发展的脉搏自然与所在城市共振，显著地体现城市参与全球化进程的特点并承担重要角色。

全球化时代，地理上分散于全球的经济活动开始出现综合和一体化现象，具体表现为资本、技术、产品等跨国快速流动或扩散以及跨国公司垄断势力的强化。经济全球化是当代世界经济的重要特征之一，经济全球化加快了产业要素的流动，城市成为资源和生产要素合理配置的重要平台，并且成为资本和产品在全球流动，以及科技在全球扩张的重要节点。全球空间是批量生产的空间，也是所有高知识生产寻找市场并从中获益的空间。在全球空间中，技术和知识以一种低成本的方式进行扩散和再利用，使国与国之间的联系更加紧密，相互依存、休戚与共。

全球化使更广阔的区域作为 CBD 的经济腹地为其繁荣发展提供恒久的保证。而随着全球信息化、国际化的提高，高效、集约的都市中央商务空间已经开始独立于传统的商业闹市而存在。现代 CBD 的概念已经升级，它与全球经济的发展密切相关，无论是在功能构成、空间形象，还是在交通通信、配套服务等方面都已经演化成一个相当独立的区域，它的职能已经超出了城市本身的意义，变成了全球或区域经济一体化系统中的一个重要单元。在国际性大城市中，CBD已经成为城市中心区的主要组成部分，为要素的流动创造最为优越的条件，集中了大量的跨国公司总部，还有高层次、专业化的商务服务，包括金融、法律、会计、管理及广告业等，它以高端的设施、完善的基建、国际化的人才储备成为经济全球化的最佳贸易平台，在全球经济运转中起了关键性作用。

三、多元化的现代CBD发展现状

（一）构成了富有梯度的层级体系

全球城市形成了一个错落有致、富有梯度的层级体系，CBD作为城市的核心和精华，集中反映了城市的控制力和区域影响力，因此，依托城市，CBD形成不同的能级，全球CBD构建了一个梯度丰富、层次鲜明的层级体系。根据城市区域影响力的大小，分为世界级CBD、洲际级CBD、国家级CBD和地区级CBD这四个层级。

1. 世界级CBD——全球性国际经济中心

世界级CBD一般处于对全球活动具有控制力的世界性城市，诸如伦敦、纽约、东京等，它们对全球经济、政治和文化具有巨大的影响力，在全球经济发展中发挥着核心枢纽作用，是全球发展脉动中最为敏感的神经。作为该类城市的核心CBD，聚集了很多实力雄厚的跨国公司和金融机构，直接操纵着全球重要经济活动的走向、拨弄着全球金融市场的琴弦。

该类 CBD 的典型代表有纽约曼哈顿、伦敦金融城等。这些 CBD 一般具有较大容积率，是现代信息技术应用和基础设施建设最杰出的经济区域，汇聚着全球最杰出的管理和金融人才。例如，曼哈顿集聚了 3000 多家金融和保险公司，10000 多家外国银行和办事处。世界闻名的纽约证券交易所坐落在曼哈顿华尔街，经营着 2100 多家美国公司和 30 多万家外国企业的股票和国内外债券，可以说，曼哈顿 CBD 掌握了世界经济跳动的脉搏。而在地球的另一端，伦敦金融城同样扮演着这样的角色，拥有世界上最大的国际保险市场、全球 75% 的世界 500 强企业、全球 1/3 的外汇交易量、全球 36% 场外衍生金融产品交易量和几乎一半的国际股权交易额，管理着近 3 万亿英镑的全球资产，被奉为“全球的力量中心”（A Global Powerhouse）。

2. 洲际级 CBD——区域性经济中心

洲际级 CBD 一般位于巴黎、香港、新加坡等具有国际区域影响力的城市。这些全球化大都市虽然没有纽约等世界级城市的全球经济活动的控制力，但该类城市仍然在较大范围的国际区域内具有影响力。一般来说该类城市展现出如下三个方面的特征和地位：一是在世界的某个区域内规模较大、功能齐全、经济基础雄厚；二是在生产、流通、消费、科技、文化服务领域及国际政治等诸多方面具有明显的国际地位；三是对内有吸引力、对外有辐射力。而凭借这些城市的国际张力，凝聚这些城市核心资源的 CBD，一般也就成为国际区域内资本和商品的集散中心，国内和国际经济的最佳结合点，成为国际间政治、经济、科技、信息和文化的交流中心。

该类 CBD 的典型代表有东京新宿 CBD、香港中环 CBD、新加坡 CBD 等。新宿 CBD 以集聚日本本土的跨国性企业为主，区内及周边车站集聚了将近900家以信息服务、电子商务等为主导产业的IT公司，是日本IT产业集聚程度最高的地区。香港中环CBD则拥有包括中银大厦、香港汇丰银行总行大厦、太子大厦、置地广场、交易广场、金融中心、长江集团大厦、渣打大厦、怡和大厦等在内的众多著名楼宇，集中了香港几乎所有的金融业和大企业，流动人口达30万之多。

3. 国家级CBD——全国性经济中心

国家级CBD一般位于全国性经济中心城市。该类城市一般具有较大的城市规模，对外交往广泛，竞争能力较强，是这个国家的金融贸易中心和物流中心，在该国具有举足轻重的经济地位、较强的集聚功能和扩散功能，具有良好的社会环境和科学文化基础。这类城市具有一定的国际化水平，但全球影响力和控制力还有待大幅提升，因此在该国家来看，虽然这些城市的CBD国际化程度较高，但对全球经济活动的触动力度较弱，远不及世界级CBD和洲际级CBD。当然，这类CBD随着所属国家及城市国际地位的提升，其拨动世界经济琴弦的声音也将更为高昂，从而步入洲际级CBD的行列。

国家级CBD的代表如北京CBD、美国洛杉机CBD等。北京CBD是中国最大的总部中心。2010年，北京CBD入驻企业超6.5万家，吸纳就业人员近80万，年生产总值1282亿元，实现税收365亿元，占北京市税收的6%。

4. 地区级CBD——地区性经济中心

地区级CBD所位于的城市一般为地区级经济中心。该类城市在该国家具有较强的经济实力和综合功能，具有较好的科学文化基础，面对发达活跃的地区市场。地区性经济中心城市无疑是全国性经济中心城市的补充和地区性支撑点。该类城市所处地区的经济活动主体也自然在寻求一个平台以便更好地发展，地区级 CBD 也就应运而生，在汇聚了大量的地区内企业总部、金融机构、跨国公司分部之后，该类 CBD 对整个地区的经济发展也自然形成了较强的控制力和影响力。这类 CBD 的典型代表如广州珠江新城 CBD、重庆解放碑 CBD、杭州下城 CBD 等。地区级 CBD 因其辐射地区的范围不同，又可划分为不同的等级，一些地区级 CBD 仅对本省的经济活动有所影响，而有些地区级 CBD 则可辐射到其所在的区域板块，甚至对全国的某类经济活动具有较强的影响力。

（二）呈现出丰富多样的功能特色

经过多年的风雨雕琢，处于不同成长环境的 CBD 形成了自身的特色，并因这些特色而被称道，它们挺立于繁华的都市之中，共同构建了丰富多样的 CBD 之林。CBD 的核心体现于其产业功能，尽管 CBD 的产业功能具有一些共性，但仍有一些 CBD 在某类产业功能上卓尔不群，傲视群雄。目前在 CBD 特色之林中，呈现出六类特色，它们分别是金融保险中心、总部中心、高科技中心、公司服务中心、博览中心和政府中心。

1. 金融保险中心

金融保险是 CBD 发展的必备支撑要素，成为金融保险中心也是国内外众多 CBD 追逐的梦想，其中一些 CBD 也因金融保险功能突出而彰显自身的个性魅力，成为不同区域影响能级的金融保险中心。放眼国际 CBD，纽约曼哈顿、伦敦金融城都因控制着全球丰富的金融流动性而享誉全球；看国内 CBD，香港中环 CBD、北京金融街、上海陆家嘴也因分别集聚了亚太金融交易、全国金融管理、金融贸易及创新服务等特色功能而奠定了其金融中心的地位。

一般来说，金融保险中心CBD都具有较强的实力，其位于市中心或靠近市中心的黄金位置，选址“独特”，小片的地块入驻了数量众多的金融服务公司和专业服务公司（如咨询公司、会计事务所、律师事务所等）。大部分金融保险中心型CBD中，具有较大的集中度，支柱企业数目有限。从配套设施来看，该类CBD基本都有高档零售设施、豪华住宅区、宾馆旅游设施等，部分金融保险中心建设有城市标志性建筑。此类CBD形成金融保险的特色功能，是一个十分具有挑战性的过程，它需要创造各种适宜的条件，以充分满足全球及国内金融机构的内在集聚需求。

2. 总部中心

CBD是各类总部机构青睐的发展平台，也自然成为总部经济集中体现的区域，部分CBD也因自身总部经济的繁荣而奠定了特色彰显的基石。以金融保险中心为特色支撑的CBD，往往总部特色也十分明显。

在CBD的总部经济特色中，一类CBD可作为涉足全国乃至国际区域经济活动的总部集聚地，如北京CBD、香港中环CBD等。这类CBD一般要求其所在城市具备充分的条件，满足全球及国内大型公司潜在的空间内生集聚需求。此类CBD一般靠近或位于重要城市的中心，多为一个国家的经济或政治中心。入驻企业中，国内领先公司或跨国公司的总部占有较大的比例，行业种类较多，有很多可能入驻的“支柱商家”。该类CBD以总部的“大”且“多样化”而彰显十足的魅力。另外一类CBD，是主要涉足某一区域板块经济活动的总部的集聚地，聚集了较多的本地企业总部，一定数量的全国企业总部或地区总部。该类CBD大多位于地区性中心城市。

3. 高科技中心

与金融保险服务和总部经济特色彰显的CBD不同的是，一类

CBD 以科技服务为特色，成为所在城市甚至所属国家的科技力量的象征。这类高科技中心型 CBD 一般毗邻大学及研究中心，能够充分利用当地的教育及高科技机构的优势。同时，该类 CBD 也大多占地宽阔，空间布局相对比较分散。此类 CBD 中大部分企业与技术相关（如软件、硬件研发、IT 咨询、生物技术）。此类 CBD 由于技术含量较高，企业平均占用空间呈下降趋势，但对技术设施要求较高，如宽带网、UPS 等。美国硅谷、英国剑桥、香港数码港、北京的中关村西区等都是高科技中心。

4. 公司服务中心

进入 21 世纪以来，随着呼叫中心和外包服务的快速发展，为适应企业专业分工的需要，满足企业非核心业务外包的内生集聚需求，公司服务中心型 CBD 也呈现出快速发展的趋势，与城市的金融或总部型 CBD 相对照，也形成了自身鲜明的特色。一般来说，该类 CBD 的发展需要靠一个支柱企业来推动，一般位于市中心及周边区域，占地不等，入驻企业多为跨国企业的公司服务部门（如文档处理、电话销售等）或为跨国企业服务的专业公司，一般具有职业性楼宇较多、IT 设施完善、职员密度较高等特点。以公司服务中心为特色的 CBD 有美国堪萨斯城、印度古尔岗等。其中美国 CBD 位于堪萨斯城市中心，被定为美国的电话服务中心，建设有大量的实用型商务办公楼宇。

5. 会展中心

某些 CBD 建设有大型展览设施，具有较强的会展特色，该类会展中心型 CBD 一般要求有大规模的政府投资，并且往往以独特的旅游景点和宜人的气候取胜。一般位于大城市中心内或接近大城市中心。该类 CBD 中，会展服务企业及配套商业是入驻企业的主体，接待设施充足。美国芝加哥考米特中心、德国的汉诺威是以博览会为特色的CBD典型代表，中国的珠海十字门商务区也配有大型会展场馆，并以会展业作为其主导产业。

6. 政府中心

一些CBD不只是为企业服务，还具有政府服务功能特色，被看做是领袖和权威的象征。该类政府中心型CBD一般要求长期的规划和大规模的政府办公空间作支撑，主要位于首都或国际政治中心，入驻机构为主要政府机构及服务或支持政府的其他机构（如律师事务所、公关公司）等，区域内具有较多的政府办公大楼，同时具备大型文化设施，部分零售商店和酒店、餐馆等，绿化面积很大。东京霞关、澳大利亚堪培拉等地区的核心商务区因具有政府服务功能特色而别具一格。

（三）出现城市多个CBD竞合格局

新经济时代，CBD发展已不再仅仅局限于单核心统领的局面，而朝着多中心或泛CBD、泛商务区的均质化方向发展。对于大部分地区的城市商务区，核心CBD仍占据主体地位，各类泛中央商务区承担比较次要的职能和较少的功能。据此，CBD可分为核心CBD和Sub-CBD。

1. 核心中央商务区

核心中央商务区是一个城市CBD发展的母体，是涵盖有多种职能的综合性CBD。从世界众多城市CBD发展的历程来看，核心CBD大多是城市CBD的起源（可能有些城市的核心CBD是新的CBD取代原CBD，如深圳），是城市（区域）经济高度聚集的结果，该类CBD有曼哈顿的内城、巴黎的老城、香港的中环、东京的都心区、伦敦的金融城等。

2. 副中央商务区

副中央商务区是城市（区域）经济规模发展到一定程度后的产物，在核心CBD不能完全承担经济发展需要的情况下，副中央商务区（Sub-CBD）也就应运而生。Sub-CBD在一定程度上承担了核心CBD的部分职能，或者承担着小规模的综合性职能。Sub-CBD产生的动力机制在于核心CBD的外部经济性、集聚效应的外部经济和核心CBD功能出现外溢等综合作用而形成的扩散性。在一些特大城市中，往往由一个核心CBD和多个Sub-CBD构成了一个“CBD系统”，不同类型的CBD在这个系统中扮演着不同的角色。实际上，核心CBD和Sub-CBD之间在职能上存在着彼此既独立又联系，既竞争又合作的辩证关系。

国内外的Sub-CBD有纽约的巴特利花园城、香港的荃湾、东京的新宿、重庆渝中CBD“金三角”等。重庆CBD广义上是由渝中解放碑中央商贸区、江北嘴中央商务区和弹子石中央商住区三部分共同组成的CBD系统，逐步成为重庆这座城市发展最强有力的“金三角”支撑。三大CBD各自承担的功能有所不同。渝中区解放碑为复合型CBD，是CBD的中心，以商贸、金融服务为主；江北嘴CBD（CBD北区）为商务中心，以商务、金融、总部经济为主；南岸CBD（CBD南区）为配套服务中心，其中弹子石、南滨路是以生活配套为主。这样的规划布局适应了城市CBD多核心的发展趋势，为重庆“金三角”各自发挥区域优势、联系互补、成为有机的CBD系统铺垫了基础，对于在国内同城发展多个CBD也具有一定的借鉴意义。

（四）形成各有千秋的开发管理模式

CBD的形成一般有三种渊源：一种是自发形成的，如美国的曼哈顿，初期是商业中心，后来逐渐演变成中央商务区；另一种是政府引导形成，如法国的拉德芳斯，当地政府出于保护巴黎老城的目的而将各公司迁出巴黎，在新的地段建成商务区；还有一种是为了分担主要中心区的经济发展压力而建立起来的副中心，如日本新宿的中央商务区。这些CBD的辉煌并非一蹴而就，而是经过精心的规划设计并在发展过程中不断校正而逐步建立起来，并随着发展的需要形成了各具特色的开发管理模式。

1. 伦敦金融城：设立行政区的相对自治的管理模式

伦敦金融城既是伦敦的核心CBD，也是伦敦市33个行政区中最小的一个行政区，是伦敦市中名副其实的“城中城”，其采取的是单独设立行政区的高度自治的管理模式。

伦敦金融城设有自己的市政府、市长和法庭，其政府则被称为“伦敦金融城市政局”，由伦敦金融城市长、参事议事厅、政务议事厅、商业行业公会组织委员会以及由选举产生的市政委员会委员、城市管家等重要机构和人员组成。其主要职能有三方面：一是发展金融商业服务业，保持金融城国际金融中心的地位；二是为金融服务业创造良好的运营环境，市政局要在住房供给、公共卫生（垃圾收集）、教育、社会服务、环境健康和城市规划等方面对城市进行规划和管理；三是一些特殊的职能，市政局有自己独立的警察机构、全国中央刑事法庭。市政局还管理着泰晤士河上的五座桥梁，希思罗机场的检疫站，经营着三家大型的食品市场，它还是西斯港的管理机构，管理着整个泰晤士河口。

由此可以看出，伦敦金融城政府是被赋予特权、相对自治的政府。其管理的理念是：为商业服务。“商业机构参与管理”是金融城一个很大的特点。金融城常住人口不到1万人，而在其内工作的从业人员达到34万人。众多机构、公司以及并不居住在金融城内的从业人员对金融城政府的运作均有“发言权”。根据公司的规模，确定相应的选票比例，保证各公司都能参与金融城的管理。

2. 东京多中心CBD：系统管理、功能细分模式

东京的CBD是典型的多中心系统，其多中心CBD系统得以形成，并且能够健康运作和发展，与政府部门对东京CBD各区域进行系统管理规划，并对各个副中心的功能进行明确定位的管理模式密不可分。东京都市政府在对CBD区域进行整治和管理的过程中，从首都圈的整体规划和利益出发，密切结合了整个城市规划发展的需要，同时将CBD作为一个系统来考虑。

在CBD发展的过程中，政府及时制定前瞻性规划以及相应的政策、法律。随着东京都中心CBD的发展，该区域商务成本逐渐增高、商务环境质量降低，同时居住人口开始减少，从而导致了东京都中心的区域性衰退。为了扭转这一局面，以展现东京都中心CBD区域多样化功能魅力为目标，日本政府于1997年制定了“区部中心部整治方针”，将该区部中心部区域划分为都心、都心周边区域以及都心接近居住区域三个类型分别进行整治，并采取了相应的措施。如，在CBD的核心区大手町、丸之内、有梁町地区，大量建筑物老化需要重新修建，为联合公共以及民间力量积极参与投资建设，1998年东京都政府以及地产所有者主办了关于该区修建的洽谈会。总之，对东京都中心整治的总体目标是在抑制商务功能量的扩大、集中的同时，追求质的提高并且向文化、交流、商业等多样化功能方向发展。政府在对东京都中心整治的同时也对副都心进行了相应的管理。将东京的7个副都心作为具备商务、商业、文化、娱乐、居住等多样化生活功能的广域据点进行整治和管理，制定了相应的“副都心整治规划”。在该

规划中，对各个副都心的整治方向进行了明确定位，根据定位采取相应的措施进行建设，使得各中心的功能特性鲜明并互为补充，促进了整个 CBD 系统的有序运行。

3. 新加坡 CBD：公私合作、政府规范模式

1966 年，新加坡成立了“城市复兴局”，即现在新加坡 Urban Redevelopment Authority（URA）的前身，其主要职责就是改善拥挤的新加坡中心地区的整体环境，负责规划、引导和贯彻实施新加坡中心区的复兴工作，将已有 CBD 雏形的中心区建设为一个现代化高度发达的商业中心。新加坡 URA 在发展 CBD 的过程中，公营部门和私营部门密切合作，从而以新的模式发展新的写字楼，建立新的文化设施。政府的作用是促进建立一个崭新的发展模式，更好地指导新加坡 CBD 的发展和设计。比如从 1976 年开始，政府出台了出售 CBD 内的土地计划，获得大量的 CBD 建设资金，同时建设了具有深远影响的标志性建筑，如罗彬大厦、联合工业大厦和国际广场等。

在公私合营中，政府充分发挥其规范经营的作用，并没有将所有权利都交给私营部门。比如新加坡政府采取一系列措施积极吸引国际知名金融机构和跨国公司总部机构入驻，打造舒适化、人性化的发展环境。

4. 北京金融街：政府引导、公司经营的管理模式

金融街积极探索创新管理模式，在发展过程中，采取了政府、商会、公司三级管理模式。北京金融街建设集团接受政府委托，全面负责金融街区域的总体规划、土地开发、房产开发和经营管理。2000 年 5 月，金融街建设集团将旗下的金融街资产与重庆华亚现代纸业股份有限公司进行了整体资产置换，实现了借壳上市，为金融街建设发展开拓了融资渠道。由于承担着北京金融街区域的整体发展任务，金融

街控股股份有限公司随着金融街区域建设的不断推进，积累了丰富的管理人才和备用资金，为金融街的持续开发提供了有力支撑。同时，金融街在 2003 年成立了金融产业促进领导小组办公室，负责总体协调和发展规划等工作，支持组建了金融街商会，加强金融街区域内行业自律，建立信息交流平台，密切金融机构与政府的联系。

尽管各国 CBD 的开发建设模式各有特色，但从这些 CBD 的发展历程来看，它们都或多或少地借助了政府引导的力量，以规范市场化的开发运作方式。对于后来居上的新兴国家而言，CBD 的开发建设更加离不开政府的作用和政策的支持。以北京 CBD 为例，从 20 世纪 90 年代起，北京通过市场的力量已经初步形成商务集群现象。1993 年，政府正式提出“CBD”这一概念；2000 年，北京 CBD 的规划建设正式起步。经过 12 年的政策引导和扶持，北京 CBD 已经基本完成了大规模规划建设，进入了空间拓展、规范管理、提升品质的新阶段。如果没有北京市政府的政策扶持，没有 CBD 管委会的一系列政策创新，很难想象北京 CBD 能从无到有，在短短 12 年的时间里实现跨越式的发展而成为首都经济增长的“发动机”。

第二章　CBD 引领中国进入服务经济

在商务区不长的发展历史中，西方国家几乎充当了主角，并且历经迷茫的起步期、困顿的萧条期、鼎盛的繁荣期，逐渐趋于平淡。直到 20 世纪 90 年代，随着新兴市场国家的崛起，现代意义上的商务区才在西方国家以外涌现。在 2010 年底，由美国智库布鲁金斯学会与伦敦政治经济学院联合发布的《全球城市经济监测报告》显示，在本次金融危机中，全球经济发展最强劲的 30 个城市，有 29 个位于欧洲和美国之外；而全球经济复苏步伐最缓慢的 30 个城市，有 28 个在欧洲和美国。世界城市格局进入了一个新阶段，新兴市场城市的发展促使 CBD 进入一个更为繁荣、更为多彩的阶段。

放眼国内，中国商务区建设的大幕早已被拉起。1993 年国务院批复了北京建设中央商务区的规划，这是一个极具前瞻性的决策，只是当时并不是商务区发展的较好时机。直至 2000 年，也就是中国加入 WTO 的前一年，北京商务区的建设才真正开始。因为商务区作为现代服务业发展的聚集区，需要更广阔的区域作为它的经济腹地，全球化是其繁荣的时代背景。现在我国加入 WTO 已经超过 10 年，正是商务区建设的高峰期。我国先后有 41 个城市正在规划和建设商务区（包含 9 个县级市，其中 4 个城市人口不足 20 万）；诸多房地产大鳄屡屡在商务区上演一幕幕“夺标大战”；“EBD”、“CRD”等商务区的衍生概念也纷纷兴起；个别城市在多个城区同时打造商务区导致招商引资白热化，这些现象既反映了各地对商务区在促进现代服务发展上重要价值的认可和重视，也表现出一种盲目性，这不仅是对公众资源的浪费，而且将导致商务区面临建成后不具生命力而被迫转型的阵痛。

图 2－1　中国进入商务区建设高峰期

在中国 CBD 建设高歌猛进的步伐中，我们不禁要停下来想一想，CBD 有着怎样与众不同的特征？打造 CBD 需要具备什么条件？中国需要多少个 CBD？城市需要具备什么样的规模才能承载 CBD？怎样才能使 CBD 具有持续的发展动力和活力？未来的 CBD 又会呈现怎样的趋势和面貌？

一、从“中国制造”到“中国服务”

我国改革开放 30 年以来，国家相继实施“三来一补”、国家经济技术开发区和国家高新技术产业开发区战略，极大地推动了制造业的发展，不仅建立了相对完整的产业部门，而且也奠定了“中国制造”的全球地位。然而，在长期的发展过程中，我国制造业也面临着资源消耗高、附加值低等问题，迫切需要实施产业结构升级。服务业尤其是生产性服务业，为我国改变以往的粗放式增长方式，由国际分工价值链的低端走向中高端提供了一条新的途径。

中央商务区（Central Business District，CBD）是以商务服务、金融服务等现代服务业为主导的城市产业功能区。顺应中国改革开放和科技创新的国家战略，中国的产业功能区走过了“工业大院—经济技术开发区—高新技术开发区”的历程。当前，在我国转变经济发展方式和进一步改革开放的切实要求下，以现代服务业为主导的中央商务区成为了提升城市竞争力的重要引擎，推动我国“引进来”与“走出去”的重要载体，并以其较高的单位面积产值和较低的土地资源消耗代表了更高效、更集约、更具竞争力的发展模式。

（一）“中国制造”的崛起

1978 年 12 月，党中央召开十一届三中全会，决定把工作重点转移到以经济建设为中心上来，从此拉开了改革开放的序幕。经过 30 年的飞速发展，中国经济取得了举世瞩目的伟大成就。在这 30 年里，为了促进经济发展，国家相继实施“三来一补”、国家经济技术开发区和国家高新技术产业开发区战略，极大地推动了制造业的发展，不仅建立了相对完整的产业部门，也奠定了“中国制造”的全球地位。改革开放 30 年，我国经济增长迅速，取得了伟大的成就。在这 30 年里，为了适应不同时期的发展需要，我国经济发展战略也不断调整。根据国家经济发展战略的变迁，我国经济可以划分为以下四个主要发展阶段。

1. 1978—1983年："三来一补"式的初级加工业

1978年9月，内地首个"三来一补"项目——香港信孚手袋厂与广东东莞虎门镇太平竹器厂合办的太平手袋厂正式投产，拉开了香港生产线北迁，粤港共同打造珠三角制造业基地的帷幕。这一阶段，在《关于发展对外加工装配和中小型补偿贸易办法》（国务院，1979年）、《关于加强对外加工装配业务管理的暂行规定》（广东省，1983年）、《关于加强综合管理促进对外加工装配业务发展的通知》（海关总署，1987年）等政策的指导下，广东省明确了对来料和进料加工的鼓励和扶持，随着鼓励性政策的出台和加工贸易生产、加工、装配能力的增强，进料加工业务得到迅速发展。

对于刚刚打开国门的中国来说，既没资金，也没技术和人才，更不了解国际市场，唯一可以与外资合作或交换的，便只有廉价的劳动力和场地。这一时期，我国大力发展劳动密集型出口加工业，从"三来一补"起步发展外向型经济，以加工贸易为切入点参与国际分工，外贸出口加工区成为我国产业发展的重要载体。

2. 1984—1990年：升级为国家级经济技术开发区

1984年春，在经济特区创办五周年之际，改革开放的总设计师邓小平亲临深圳、珠海特区视察。中央在肯定了建立经济特区的政策后，决定进一步开放沿海地区如上海、广州、天津等14个港口城市，它们与深圳、珠海、汕头、厦门四个经济特区及海南岛由北到南连成一线，成为中国对外开放的前沿地带。接着，我国沿海地区对外开放由点到线、由线到面逐步展开，到20世纪80年代末形成了较为完善的沿海开放地带。

出口加工带来财富的积累，在这一时期高污染、高能耗和资源消耗型加工贸易泛滥的种种危机也逐步显现，这使我国逐渐意识到技术的重要性。为了加快步伐，扩大开放，更好地利用外资、引进先进技术，中央借鉴深圳、珠海等地开发区的成功经验，在开放 14 个沿海城市的同时，兴办国家经济技术开发区，用以引进我国急需的先进技术、集中地兴办中外合资、合作、外商独资企业和中外合作的科研机构，发展合作生产、合作研究设计、开发新技术、研制高档产品、增加出口收汇，向内地提供新型材料和关键零部件，传播新工艺、新技术和科学的管理经验。在这一时期，经济技术开发区作为国家战略在实践中得以贯彻。1984—1988 年，经过中华人民共和国国务院批准，首先设立了 14 个国家级经济技术开发区（以下简称：国家开发区）。

以国家开发区为代表的开发区发展模式不仅有力地推动了各地的工业和经济发展，而且成功地探索出一条以工业化推动城市化发展的有效路径，创造了一个个发展奇迹。然而从引进项目的实际情况看，在这一时期国家开发区及各类开发区仍多以劳动密集型为主、中小企业为主、技术含量低，技术转让或技术转移很少发生，而且开发区占用了大量土地和资源，使得我国制造业长期处于高消耗、低产出的运转中，导致土地开发强度过高、能源资源保障能力较弱、环境污染严重等问题，为日后的能耗降低、资源环境保护带来了沉重的负担，也制约了我国工业的未来发展。

3. 1991—2000 年：高度重视高新技术产业发展

由于前期的积累，我国已具备了较完整的工业门类和较扎实的经济基础。但是由于长期位于全球产业链低端的地位，我国综合国力的提升受到制约。因此，为了弥补差距，跟上全球产业更新的步伐，我国更加重视技术的引进和高新产业的发展。在这种情况下，国家高新技术产业开发区（以下简称：国家高新区）作为新的国家发展战略得以确立。1991 年 3 月国务院批准设立了 26 个国家高新区并颁布了

《国务院关于批准国家高新技术产业开发区和有关政策规定的通知》，提出国家高新区要依托于智力密集和开放环境，依靠科技和经济实力，吸收和借鉴国外先进科技资源、资金和管理手段，通过优惠政策和各项改革措施，实现软环境的局部优化，最大限度地把科技成果转化为现实生产力。同期，为了提高土地的利用效率，针对高新区以外的各类开发区建设用地存在违法违规占地等现象，国家开始对全国各类开发区进行整顿和清理，关闭了一批不合格的开发区，并加强了对新设立开发区的审批。国家高新区战略的实施，对推动我国经济发展和创新能力的提升发挥了重要作用。

自20世纪90年代以来，世界服务贸易增长速度已经超过了货物贸易，服务业成为国际直接投资和产业转移的一个重要领域，迎来一个全新快速发展时期。随着对服务业认识的逐渐深入和重视的不断提高，中共中央、国务院于1992年出台了《关于加快发展第三产业的决定》。在政府的引导和推动下，北京（1994年）、广州（1997年）、上海（1999年）等主要城市第三产业在国民经济中的比重相继超过第二产业。这一时期，为了更好地推动自身服务业的发展，在广泛借鉴了国外城市发展及商务区建设的基础上，国家及各地政府开始筹划以商务区为载体来发展服务业，如在《北京城市总体规划》（1993年）、《上海陆家嘴中心区规划设计方案》（1993年）、《广州新城市中心——珠江新城规划》（1993年）中各城市均提出在建设具有金融、保险、信息、咨询、商业、文化和商务办公等多种服务功能的商务或金融区。然而，由于商务区对于国内而言是一个新鲜而又陌生的概念，其建设条件并不成熟，有很多问题有待解决，只是处于酝酿期和筹备期。

4. 2001年至今：服务业开始进入国家战略的视野

经过近20年的发展，以国家开发区和国家高新区为代表的各类开发区仍是国民经济持续强劲增长的重要力量，也是推动“中国制造”走向世界的重要支撑。然而，由于部分地区盲目追求吸引投资、上缴税收、解决就业等方面的利益而巧立名目滥设各类开发区，导致开发区占地过多、税收流失、效益亏损、环境污染等方面的问题日益突出，从而制约了开发区的进一步发展。因此，为了进一步加强开发区管理，国家相继出台《国务院办公厅关于清理整顿各类开发区加强建设用地管理的通知》（2003年）、《国务院关于加大工作力度进一步治理整顿土地市场秩序的紧急通知》（2003年）和《国务院关于深化改革严格土地管理的决定》（2004年）等政策和文件，从而达到提高资源利用率、巩固开发区在推动工业和国民经济发展上的目的。

2001年之后，我国进入了经济结构战略性调整的重要时期，国家对服务业发展不再质疑，进一步肯定了制造业发展到一定阶段后需要服务业的支撑，意识到加快发展服务业，是国民经济持续快速健康发展的重要保障，对于推进社会主义现代化具有深远的战略意义。因此，为了推动服务业的发展，中央将服务业纳入国家发展规划之中，出台了《“十五”期间加快发展服务业若干政策措施的意见》（2001年）、《国务院关于加快发展服务业的若干意见》（2007年）等政策和文件，各地也相继出台加快发展服务业的规划和意见。虽然这些文件的出台对国内服务业的发展起了很大的促进作用，但我国服务业仍不能满足国内发展需求，不仅表现在其增加值占GDP的比重较小，还表现在服务业内部结构层次较低，与制造业的快速发展不相适应。在我国服务业内部，商贸、餐饮等传统服务业所占比重达70%以上，而金融、物流等知识密集型、技术密集型的生产性服务业比重较低且增长缓慢，服务业与制造业的相互渗透和相互关联程度很低。而且由于目前的政策与规划仅是从方向性上进行指引，而缺乏更多直接的、有效的手段，也在一定程度上制约着服务业的发展。

（二）“中国制造”的尴尬

纵观改革开放30年，我国通过实施“三来一补”、国家开发区和国家高新区战略，实现了制造业的聚集化发展，使制造业快速成长为国民经济持续稳定增长的基础性力量，也极大地提升了我国的综合国力。然而，在取得的成绩的同时，我们也应看到目前所面临的压力。虽然从历史的角度来看，这些战略的实施符合我国的实情，适合当时制造业发展的需要，可以说是历史的必然选择，也是奠定“中国制造”全球地位的主要力量，而且未来很长一段时间内仍将继续存在。但是由于长期以来采取跟随发展的战略，承接国际产业链转移，使得我国制造业始终处于国际产业链的低端，加上近年来“中国制造”在国外正面临愈演愈烈的反倾销压力，尤其在金融危机背景下，贸易保护主义日趋盛行，对我国国内制造业的生存和发展造成了较大压力。

1. 资源消耗过高

经济连年高增长，使得中国综合国力不断增强，百姓生活不断改善，国际地位不断提高。然而，在高增长的背后，却是对资源的过度消耗，尤其随着世界经济全球化和产业结构调整，一些高耗能、高消耗资源性产品转移到中国，更加大了我国的资源消耗总量。此外，由于长期受技术和观念的局限，我国高投入、高消耗、高排放、难循环、低效率的粗放型增长方式未得到根本改变，导致国内在资源和能源的利用上产生了过多的浪费。目前，我国能源利用效率仅为30%左右，比发达国家低约10%，产值能耗比世界平均水平高2倍以上，是世界上产值能耗最高的国家之一。为了解决经济高速增长对资源所产生的庞大需求，加大了对国内石油、煤、矿石等资源的采掘。有些地区甚至为了获取经济效益而采取过度的、破坏式的挖掘方式，不仅对矿产资源造成毁灭性的破坏，而且也极大地破坏了生态环境。与此同时，我国对各类资源的进口也大幅增加，这样一方面增加了我国对国外资源的依赖，对国家资源和能源安全构成了威胁，另一方面也在一定程度上推动了石油、铁矿石等资源国际价格的上涨；既提升了进口成本，也为国外一部分人提出“中国威胁论”增加了借口。

2. 产业附加值较低

我国制造业的发展与国际产业转移密不可分，深圳、厦门、广州等经济特区和沿海开放城市的发展正是利用区位、资源和政策优势，抓住了“亚洲四小龙”及发达国家和地区产业转移的机遇，才得以引进了数以十万计的现代化工厂，进而推动了整个中国的工业化进程。然而，在长期国际产业转移中，我国承接了很多在发达国家和地区已经淘汰的产业和环节，这使得我国制造业一直处于国际产业链的低端，甚至一度沦为“世界工厂”，而核心技术和市场都由国外企业所掌握。以汽车产业为例，我国汽车产销量居世界第一，但由于发动机、汽车电子等核心技术一直掌握在国外厂商手中，使得产业的多数利润被跨国公司攫取，导致国内汽车产业处于一种生产的越多付出的也越多的尴尬境地。显然，这种受制于人的发展方式，必然制约“中国制造”的可持续发展。

3. 出口压力日益增加

长期以来，我国在以出口为导向的推动下，已有近 200 种出口商品的产量居世界第一，不仅“中国制造”的全球地位已得到确立，而且中国制造的商品也遍布全球各主要市场。然而，近年来由于国际环境的变化使得出口的压力大大增加：首先，贸易保护主义日趋盛行，使得“中国制造”在全球面临的反倾销压力越来越大，是全球遭遇贸易救济调查最多的成员；其次，我国出口产品中有附加值较低的产品比重较大，这些产品往往由于质量不佳等原因引起贸易摩擦，降低了“中国制造”的声誉；第三，国际金融危机的爆发降低了国际市场的需求，而人民币的升值和国内出口退税政策的调整又增加了出口的成本，进一步加大了出口的压力。

（三）服务经济是时代发展的必然

服务业尤其是生产性服务业，是我国改变以往的粗放式增长方式，由国际分工价值链的低端走向中高端的新途径。因此，在新的形势和要求下，推动服务业快速发展，提升服务业的生产服务能力，构建由制造业和服务业双轮驱动的经济格局，已成为未来我国经济建设的重点之一。

1. 制造业和服务业融合发展是必然趋势

21 世纪以来，制造业的一项革命性变化就是它与服务业的一体化，而且这已成为全球经济发展的趋势。不仅如此，在现代经济中，随着专业化分工的深化和专业服务外包趋势的发展，产业竞争力越来越依赖于设计策划、技术研发、现代物流等商务服务业的支撑，而单纯靠扩大加工规模来降低成本空间越来越不可取，增加附加价值也越来越有限。只在制造环节上下工夫，依靠无限供给的低成本劳动力优势，这样的做法难以持久。当今发达国家工业化后期的一个重要特点，是服务业和制造业的融合发展，并以服务业为中心将分工价值链的各个环节串联起来。而由于生产性服务业的异军突起，制造业和服务业之间彼此依赖的程度日益加深，传统意义上的制造业与服务业边界越来越模糊。同时，企业也已经把注意力从实物制造转移到制造与服务相结合上来，经济活动以制造为中心逐渐转向以服务为中心。在许多著名的跨国公司中，服务业在产值和利润中所占比重越来越高，以致使得我们很难判断它是制造业企业还是服务业企业。

2. 服务业竞争在国际竞争中的地位将越来越高

国际经验和趋势表明，一国经济发展到一定阶段后，其附加值和市场竞争力的提升，更多地要靠服务业来支撑，而服务业竞争也将会逐渐成为国际竞争的主要内容。从产业关联的角度来看，研发、设计、生产、营销、物流、技术服务等环节，是一个循环、完整的产业链，生产只是其中的一个环节，而服务则占据了其他六个主要环节。从时间上看，一个产品真正处于生产制造环节的时间只占少部分，大部分时间处在研发、采购、储存、销售、售后服务等阶段，也就是说产业链条的运转要更多地依靠服务业。服务业尤其是生产性服务业，在制造业的产前、产中及产后服务中起着增加价值、实现价值的重要作用。随着工业化的发展，在工业产品的附加值构成中，纯粹的制造环节所占的比重越来越低，而服务业中物流与营销、研发与人力资源开发、软件与信息服务、金融与保险服务、财务法律中介等专业化生产服务和中介服务所占比重越来越高。

3. 发达国家都越来越重视服务业的聚集化发展

从区域经济学和产业经济学来看，发挥区域优势推动产业集群建设，是促进产业快速发展的重要举措之一，这对于服务业而言同样适用。在服务业规模相对较小时，通过将有限的服务业资源聚集在一起，最大限度地发挥规模效应，以弥补服务业整体能力不足；而在服务业相对发达之时，通过形成功能相对单一但服务能力突出的单一功能区（如纽约华尔街），或服务功能相对齐全的综合功能区（如纽约曼哈顿中城地区），提高服务业行业间协作，进而提高整体服务业的服务配套能力，从而实现促进服务业自身发展的目的。因此，国外对服务业集群建设和服务业的聚集化发展均十分重视，巴黎拉得芳斯、东京新宿、伦敦道克兰等地区都在当地政府的规划和引导下成为全球著名的商务区。

二、CBD是服务经济的重要载体

尽管商务区与其他产业功能区一样都是城市重要的经济增长点，但商务区与以开发区和高新区为代表的园区经济有着很大的不同。首先，开发区通常位于城市郊区，目的是减少产业对环境的影响，而商务区则是以商务服务功能为主，商务区必须位于城市内部且通常处于城市核心区，以满足企业对服务便利度和交通通达性的需要。其次，开发区往往以制造业为主，需要建设大量低密度厂房或实验室，甚至因为滚动开发的需要而兴建过多住宅地产，陷入“跑马圈地”的怪圈，对土地资源的消耗极大；而商务区往往以楼宇经济的空间形态向纵向发展，在较小的区域内集中了交易、交流、展示、娱乐等多种功能，对土地资源的消耗相对较小，单位面积产值却很高。可以说，商务区的产业内涵和开发模式代表了集约发展的先进趋势。

（一）高端商务繁荣，总部金融荟萃

商务功能是CBD的核心和主导功能，但与其他一般性商务区或办公区相比，CBD的高端商务占据较大比重，现代服务业十分发达。CBD区域一般汇聚丰富的资本市场、信息市场和人才市场，成为集散各种经济资源和生产要素的重要地区。CBD区域内拥有城市内最佳的综合服务系统和基础设施系统，区内的各类建筑物、装备和设施都尽可能达到国际一流标准，能高效集约和便捷地提供包括商业、旅游、购物、娱乐、文化乃至行政、法律等多方面的服务，各种专业性强、智力密集的高端服务业在CBD内布局，商务的高端特征明显。

以曼哈顿为例，在老城长仅 1.54 公里，面积不足 1 平方公里的华尔街——CBD 的金融区，集中了几十家大银行、保险公司、交易所以及上百家大公司总部和几十万就业人口，成为世界上就业密度最高的地区。中城是曼哈顿的豪华居住区，有帝国大厦、克莱斯勒大厦、洛克菲勒中心等一些著名的建筑，中城有许多非赢利的办公机构，如工会、研究部门、专业团体、政府机构等。许多相关的专职事务所如房地产、广告业、税务部门、保险业及银行等也被聚集到中城来。与此同时，商业、服务业等也渐渐聚集在它的周围。

（二）集聚效应明显，经济高度活跃

CBD 区域作为信息、资本和人才的汇聚之地，经济交易活动十分活跃。在当今信息时代，这种交易活动不同于实物交割，而是一种能量巨大的虚拟资产交割，从而为实物运转提供必备的强力支撑。如作为世界级的伦敦金融城每天的外汇交易额超过 6000 亿美元，近 300 家外国银行在此营业，经营着全球 20% 的国际银行业务，掌控了几乎一半的国际股权交易额。

以北京 CBD 为例，该区域聚集了德意志银行、花旗银行、渣打银行、瑞士再保险公司等各类金融机构 1000 多家，其中银行类近 700 家，证券类 100 多家，保险类 200 多家，其他金融机构 50 多家；国际金融企业总部 34 家，世界 500 强投资的金融企业 80 家，外资金融机构总数达到 247 家，占全市的 60% 以上，形成了国贸中心、华贸中心、环球金融中心三大国际金融聚集区，国际金融产业在北京 CBD 得到快速发展。此外，依托人民日报社、中央电视台、北京电视台，区域内聚集近 2 万家各类文化创意企业，文化创意产业聚集发展，成为北京 CBD 产业发展的另一个新特点。

（三）空间高度紧凑，楼宇经济发达

CBD 区域处于城市的黄金地带，高度集聚的企业对 CBD 办公用地有着较大的需求。CBD 区域往往高楼林立，建筑密集，建筑面积可高达上千万平米。这使得 CBD 的土地利用率或容积率较大，土地价格和房产租金也往往达到了城市的最高水平。CBD 一般容积率为 5.3～7.1，平均建筑密度为 50%～70%。目前世界级 CBD 核心区的用地面积大都在 1.5～3.5 平方公里，总体建筑容量相当密集，通常的建筑总量至少在 1200～2500 万平方米。CBD 在土地使用性质方面具有明显的趋同特征，CBD 区域内办公用地通常占总规划用地面积的 50%～60%；商业零售约占 10%～18%；道路约 20%；绿地约 10%～15%。

在这种空间集聚的外在推动下，CBD 的楼宇经济十分发达，也自然成为中央商务区的主要展现形态。楼宇经济是 CBD 现代服务业发展的载体和平台，也是 CBD 区域现代服务业发展和经济集聚的必然要求，楼宇经济自然也就成为 CBD 发展的特色和支柱经济形态。如深圳福田 CBD 就是一个典型的例子。2009 年，CBD 内共有商务楼宇 32 栋，实现增加值 281.48 亿元，占地区生产总值比重 17.3%，占整个 CBD 增加值的 86.7%，因此楼宇经济已经成为深圳福田 CBD 经济快速发展的引擎。又如东京新宿，其开发用地规模约 11 个街区计 50 公顷，开发超高层办公建筑面积 160 万平方米。目前，建成的商务区总用地面积为 16.4 公顷，商业办公及写字楼建筑面积为 200 多万平方米，并形成东京的一大景观——超高层建筑群，这里共有 40 栋大厦，其中百米以上建筑 8 栋。

（四）网路便捷高效，流量规模巨大

CBD 一般位于城市的经济中心，该区域交通四通八达，是城市公共交通的换乘中心，每天都有大量的人群在该区域集中和疏散，因此，巨大的车流和人流是 CBD 的另一个主要特征。部分 CBD 不仅有就业人口，而且还有大量来自世界各地的游客。据香港旅游局统计表明，20 世纪 90 年代，每年前来中环 CBD 观光购物的各国游客高达 1100 万，日均 2 万多名。交通运输系统的高效性，直接制约和影响着 CBD 在高度集聚状态下的有效工作和社会秩序。大都市 CBD 区内一般设有大规模的公共交通系统（地铁、轻轨、大运量公共交通等），联结方便快捷的高速市际和市内交通系统，多条地铁线、高速公路、铁路在 CBD 内或附近交汇，通过 CBD 交通发展战略引导 CBD 开发建设，并以此作为城市整体交通系统结构性调整和发展的历史性契机。

（五）理念与时俱进，创新引领时尚

由于 CBD 区域内集聚了当下最有实力、最富进取精神的公司机构，集聚了最精英的人才群体和较高收入的社会阶层，CBD 在文化上也凸显了与时俱进、引领时尚的特征。

一方面，这表现在 CBD 建筑形态上。通常 CBD 内有一幢或多幢标志性建筑物，作为城市的“地标”。而这种地标景观也体现着 CBD 区域引领时尚的风范，如纽约曼哈顿原世界贸易中心双塔、香港的汇丰银行大楼及中环中心、北京 CBD 的国贸中心和 CCTV 大楼等，都体现着 CBD 区域超前的意识和独特的创意。这些与 CBD 一同成长的独特建筑景观已成为一种彰显城市内涵与 CBD 文化的象征。

另一方面，CBD 具有较明显的外向型特征，拥有城市内最佳的综合服务系统和基础设施系统，区内的各类建筑物、装备和设施都尽可能达到国际一流标准，能高效集约和便捷地提供包括商业、旅游、购物、娱乐、文化乃至行政、法律等多方面的服务。区域内大型企业总部和外资企业总部聚集。这些企业总部通过发挥着企业战略策划和生

产经营决策的中枢作用，发布投资、经营和生产组织的各项指令，实现对其他区域的辐射，使商务区所在城市和区域成为全国经济循环网络中的重要空间节点。此外，商务区内企业和人员的多元化特征显著，外资企业和外籍人士众多，这里是城市范围内开放程度最高的区域；与国际市场联系紧密，是城市、区域乃至国内与全球进行联系的重要桥梁；此外，思想的火花在CBD最容易得到激发，创新的观念和思想在这里最容易引起共鸣。

三、发展CBD是促进我国产业升级的重要战略

加入WTO标志着中国对外开放进入了一个新的阶段。加入WTO的十来年，中国对外经济的三大方面，即外贸、外资和对外投资的发展速度超乎人们预想。这十年也是中国商务区迅速发展的重要时期，形成了以北京商务中心区为代表的较为成熟的中央商务区，以及一批正在建设发展中的新兴中央商务区。然而，中央商务区作为经济全球化和城市化进程中的新生事物，引入我国的时间并不长，存在以下主要问题：一是规划不当，难以体现中央商务区的核心功能；二是布局无序，存在重复建设和同质竞争现象；三是开发运营模式落后，存在房地产概念炒作，忽视产业发展需求，这些问题导致一部分中央商务区的集聚度和辐射力不足，服务功能弱化，难以名副其实，这不仅是是一种资源浪费，而且将给城市带来新的问题。当前，条块分割的管理与中央商务区的建设规划、基础设施、产业、公共服务等全方位协调发展的客观要求不相适应，管理的缺位加剧了中央商务区发展问题的严重性。现阶段，由于我国在服务业发展上多以出台产业政策为主，而缺乏其他手段，实施效果存在一定局限性，制约了服务业的发展。而国家经济技术开发区和国家高新技术产业开发区在对制造业发

展的促进作用，为国内服务业的发展提供了借鉴，随着各地商务区的出现，使这种借鉴真正成为了可能。

（一）重要的战略意义

1. 有利于提高城市发展质量，推动城镇化发展

当前，我国城镇化步伐不断加快，2011 年城市人口比重已经突破 50%，未来还将有 3 亿人口进入城市，从而释放中国的内需潜力。中央商务区作为现代服务业集聚区，集交易、交流、决策、管理展示、休闲等多种功能于一体，是城市中人群最密集、经济最繁荣、服务最有品质、景观最现代、管理最先进的区域。中央商务区的发展能够极大地提高城市的集聚水平和辐射能力，对城市发展也提出了更高的要求，是城市竞争力的显著标志。尤其是成熟的中央商务区已经成为一个城市乃至国家的“名片”，商务与旅游、文化、消费在区域内紧密融合，是高端消费的聚集地和对外文化交流的窗口。

2. 有利于加强双向国际化，进一步扩大开放

中央商务区是城市商务活动的中枢，为市场主体提供便捷的商务服务，是获取各方资源的渠道，其辐射范围不仅限于本市，还覆盖全国乃至全世界。自中国加入 WTO 以来，中央商务区已经成为外资入驻中国的“大本营”，是我国市场经济发展水平最高的区域。随着全球化进程的深入，中央商务区在吸引跨国公司总部、聚集全球高素质人才、参与全球资源配置等方面发挥着越来越重要的作用。一方面，中央商务区是外资企业的集聚地，是我国对外开放的重要窗口，有助于高效地引进资金、技术和人才，更好地与国际接轨；另一方面，中央商务区是国际化发展水平较高的区域，是我国企业走出去参与国际竞争的“桥头堡”，有助于培养企业的国际化经营能力，培育出一批

代表中国形象的世界级公司。

3. 有利于制造业与服务业融合，促进经济转型发展

巨大的人口压力、有限的资源以及全面实现小康社会的共同目标，是我国不得不面对的现实问题，迫切需要我们转变发展方式，寻求更为集约、高效的发展路径。不同于以往的经济开发区和高新区，中央商务区从依靠自然资源的“外在化”生产转向开发人智力的“内在化”生产，以楼宇为空间形态纵向发展，在较小的区域内集聚商务服务、金融服务、中介服务等多种现代服务业态，为我国改变以往粗放的发展方式，由国际分工价值链的低端走向中高端提供了可能。更重要的是，中央商务区聚集了门类繁多的服务业态，汇聚了最前沿的消费和商务需求，配备有完善的商务设施与服务功能，是开发区、高新区提高科技成果转化率的有利平台，为制造业与服务业融合发展提供了重要动力。

（二）战略落地的若干建议

我国对外开放已进入新的阶段，进出口贸易、双向投资的地位和作用发生了深刻化。新形势带来新格局，中国将如何适应？商务区是一个重要的战略点。商务区发展作为一个新的国家战略，承担着加速我国服务业发展的重任，需要获得国家和地方政府的全方位、多角度的支持。

1. 制定商务区的国家认定标准

建议效仿国家开发区和国家高新区采取审核认定制度和推广策略，通过制定商务区国家认定标准，在肯定若干商务区建设成果的同时，限制某些不具备条件的商务区盲目发展，以使商务区能够真正发挥自身价值与功能，推动我国服务业快速发展。

2. 出台商务区发展方向的指导性意见和配套政策

商务区并非任何城市都能建设，只有经济规模、产业规模、市场需求等达到一定水平后，才有可能具备建设商务区的条件。建议对商务区的建设出台指导性意见，防止盲目上马商务区项目，同时也要防止各城市在建设商务区时追求“小而全”而导致商务区的走样。此外，为了实施商务区国家战略，推动商务区和服务业发展，建议出台相应的扶持政策和措施，从土地和建设投入、商务楼宇建设和运营、企业奖励、人才引进、商务环境建设等方面给予支持，并要求商务区所在城市提供配套支持，从而加速商务区的建设和商务区战略的实施。

3. 加强商务区和开发区的互动发展

商务区和开发区分别作为服务业及制造业的主要发展载体，目前还处于分离的状态，开发区所需要的生产性服务业大都不能在本区域得到满足。因此，在我国新型工业化发展进程中，无论是要实现先进制造业的大发展，还是现代服务业的大发展，都需要建立起有利于商务区和开发区紧密接触和良性互动的机制和环境，以实现两者之间的“无缝链接”和互动发展。

30 年的改革历程使中国人民释放出创造精神，迸发出巨大的能量，并摸索出中国独特的成功经验。商务区就是顺应市场经济规律，积极融入国际化经济浪潮的产物，并一直与世界保持同步。改革开放已进入深水区，新的发展活力依托于与世界的紧密联动。商务区作为中国与世界经济和文化交流的前沿，将在进一步开放中扮演更重要的角色，成为率先创新发展方式的先行者。

第三章　系统视角下的 CBD 再认知

CBD 在城市发展史和产业发展史上是一个较新的概念。自 20 世纪 20 年代提出以来，国外的研究热潮主要聚焦于 CBD 形成与发展的原因，而国内的研究直至 20 世纪 80 年代才开始，主要聚焦于国外研究的梳理以及对国内实践的建议。国内外在 CBD 研究上处于不同的阶段，国内研究成果并不多，处于较为边缘的地带。而目前国内的实践多基于国外的 CBD 研究加以中国特色的演绎，CBD 命名的泛化使我们忽略了 CBD 发展背后的本质规律，建成的 CBD 往往达不到预想效果。

本章将从系统论视角对 CBD 进行重新的审视，不仅将 CBD 置于城市系统中，还总结出其自成一体的本质规律，为 CBD 的实践提供可靠的理论基础。

一、国内外 CBD 研究综述

CBD 这一概念是根据城市商业商务功能聚集的现象总结出来的，对于它的研究始于 1923 年伯吉斯（Burgess），随后霍依特（Hoyt）、哈里斯（Harris）和乌尔曼（Ullman）分别对模型提出修正，形成了各自的模型理论，共同构成了西方城市地理学史上三个最著名的城市空间结构模型：同心圆模型、扇形模型、多核模型。

伯吉斯的同心圆理论认为：城市的社会功能呈现出环绕中心的同

心圆结构，由外往内划分为五个圈层，依次为高收入阶级居住区、中产阶级居住区、低收入居住区、转运区、最内为核心区，也即CBD。在其理论中，CBD被伯吉斯赋予三个性质：一是城市结构的核心，容纳了功能层次最高的行业并行使与之相关的职能，是城市交通骨架的核心枢纽区；二是与城市发源地紧密相关，甚至是城市最早的建成区；三是在城市的同心圆由内而外的扩张中，CBD仍保持着中心地位和控制地位，甚至其中心地位得到进一步提升和加强。

霍依特的扇形理论认为，都市的发展是遵循由市中心沿着交通主要路线发展，呈放射状的扇形模式，其空间结构包括：①中心商业区；②轻工业和批发业区；③低收入的住宅区，相当于过渡区或工人住宅区；④普通住宅区，是中产阶级居住的地方；⑤高级住宅区，是富有者居住的地方。霍依特研究都市发展时，搜集了大量地价和房租资料，提出了一种模型：高租和低租的居住区在都市占有不同位置，但并不一定按同心圈的方式排列。最高租金的地方是第五区，此外是属于低租或较低租的区域。

多核理论把城市空间结构概括为：①中心商业区；②轻工业和批发业区；③社会下层居民住宅区；④中层阶级住宅区；⑤上层阶级住宅区；⑥重工业区；⑦外缘商业区；⑧郊区住宅区；⑨工业郊区；⑩通勤区。中心区往往不是一个圆圈形，不但一个城市的商业核心是多个的，而且其功能也是多个核心的。这种空间结构多核心的形成有四种因素：①有些活动需要特殊的设施或资源；②同样的活动往往聚集在同一地方；③引起相互冲突的不同性质的活动不宜聚集在同一地方；④有些活动在金钱上无力与某些活动于同一地方争地盘，只能选择都市边际处进行活动。

边界研究的成就优化了CBD的理论体系，墨菲（Murphy）的CBI界定法成为继三大城市空间结构理论之后影响力最大的理论。美国学者墨菲（Murphy）和万斯在 1954 年提出了一个较综合的方法，即综合考虑人口密度、人流量、商贸物流量、车流量、地价等因素，那些白天人口密度最大，车辆、人员流量最大，吸收就业人数最多，地价最高的地区即为 CBD。墨菲和万斯并指出 CBD 最明显的特点是地价峰值区。其界定指标为两个，即中心商务高度指数（Central Business Height Index，CBHI）和中心商务强度指数（Central Business Intensity Index，CBII）。他们还根据各行业的空间分布提出了 CBD 内部结构的"圈层论"和"短期空间调整过程"理论，认为由内向外的四个圈层分别为零售业集中区、零售服务业、办公机构、旅馆业和商业性较弱的商务活动。

随着城市建设的国际化和融合度提升，CBD 的理论和实践引起了国内包括城市规划学、经济学、建筑学、地理学、环境学等我国众多领域学者的广泛关注。吸收国外优秀观点，在尊重我国发展国情的基础上，进一步深化符合我国 CBD 建设发展实际的理论是国内 CBD 理论探索的核心。根据侧重点不同，可概括为以下七个方面。

（一）对 CBD 形成规律的探讨

CBD 概念由国外学者提出，但我国城市发展建设起步比较晚，所以对国外研究的介绍显得尤其重要。在国内，于洪俊、宁越敏（1983 年）在其合著的国内第一本城市地理教材中首次引入 CBD 的概念。当时他们把 CBD 翻译成"中心商业事务区"，并进而把城市中心区划分为中心事务区和中心商业区，认为"中心事务区和中心商业区在西方国家合称为 CBD"，李沛收集了大量有关国外 CBD 规模、等级和内部结构的数据，对世界 CBD 的规模等级和内部的物质建设构成进行了总结。吸收国外观点，深化理论探讨是国内 CBD 研究的核心。楚义芳、李芳、叶明等全面介绍了 CBD 的功能特征，重点介绍了其定界方法等一系列基础问题，并对国外 CBD 研究进行了初步探讨。王朝晖等以专著的形式探讨了国外研究概况，详细介绍了 CBD 定界技术（即 CBI 定界法和人口普查局定界法）以及荷乌德和博伊斯的核框理论，并以美国 CBD、摩和汉堡 CBD、伦敦 CBD 为例等做了实证研究。

樊非从城市地域结构与功能分区的角度，详细讨论了 20 世纪城市 CBD 的演变。卜叶明别具一格，主要从最基础的条件——交通工具的变化出发，分析了纽约 CBD 兴起、繁荣、衰败、复兴的演变历程。丁健从产业发展的角度，将 CBD 的增长机制归纳为基础型、强动力型、功能型三种类型。原欢样等分析了 CBD 区域变化以及 CBD 内人口居住、商业服务业与中心区就业趋势演变规律、零售业空间变化规律、办公功能与空间的演化、宾馆市场的演化等问题。郑伯红等着眼于 CBD 的聚集效应，讨论重庆解放碑商圈及其演化的过程，验证了 CBD 形成与演化的内在机理。

童年成（2009 年）探讨了现代中央商务区的形成原因，研究认为在世界各地一些国际化大城市出现的中央商务区现象，仅仅从城市地理发展角度解释是不够的，CBD 的形成与发展更深层次的原因是企业内部职能分工在空间位置上发生分离的新体现，国际化大都市发达的第三产业为中央商务区形成提供了外部条件，经济聚集效应和现代信息技术的支撑使得现代中央商务区最终成为现实。

李慧、张鲲（2009 年）通过对 CBD 与城市发展的关系和 CBD 对城市发展的影响进行分析，并结合国内外的 CBD 实例和研究现状，说明了 CBD 在城市建设中的作用。

钱智、李英杰及王伟等（2011 年）通过对中央商务区以及中央活动区的介绍，指出中央商务区正逐渐向包括商务、商业、文化、休闲、旅游活动在内的、具有复合功能的中央活动区演变，中央活动区将成为现代 CBD 的新形态。

（二）对 CBD 产业发展的探讨

产业集聚是 CBD 产业发展研究的关键词。符毅（2008 年）从产业集聚的角度对 CBD 的发展模式进行研究，并对长沙市 CBD 进行实证研究。他认为长沙 CBD 的发展应以高端服务业为基础，大力推动新型工业化和新型城市化建设，进一步扩大投资领域和规模，利用 CBD 的发展将长沙成功打造成中部地区核心增长级。张延海（2008 年）通过对美国曼哈顿区、日本新宿和英国伦敦 CBD 产业集聚进行实证分析，解析 CBD 产业集聚的经济效应与动力机制为我国 CBD 产业集聚发展提供经验借鉴。他认为，应制定 CBD 产业集聚发展战略，打造核心企业和核心 CBD 产业区；引进专业人才，促进 CBD 区内企业的交易手段、营销方式创新，并推进 CBD 区内中间组织建设。蒋三庚、付铭（2009 年）通过对 CBD 现代服务业集聚发展的影响因素以及 CBD 现代服务业集聚所经历的形成、快速集聚、稳定发展和衰退的四个阶段的分析，梳理出了 CBD 现代服务业集聚发展的一些规律性的共同特点。张廷海（2009 年）以近年来国内有关 CBD 产业集聚研究文献为基础，对 CBD 产业集聚的内涵、特征、集聚效应、动力机制、实证分析及相关政策，进行了理论综述和简短评价，为更加深入地探讨 CBD 产业集聚提供理论参考与经验借鉴。李佳、刘鹏翱、向乔玉（2010 年）三人从产业发展结构的角度对北京 CBD 的发展模式进行了分析研究。他们认为并非每个城市都适合建立自己的 CBD，根据北京 CBD 的发展特点，北京 CBD 的产业发展模式应是规划引导模式，在规划发展中注重自身特色的挖掘。蒋三庚（2010 年）根据 CBD 现代服务业集聚的特点和中国主要 CBD 现代服务业的集聚特色，重点对商业、金融业、文化创意产业等当前在中国主要 CBD 内大力发展的现代服务业分别提出有针对性的集聚发展建议。周雯雯和陈宇昕（2010年）通过对CBD产业集聚的主要影响因素进行分析，得出CBD产业聚集产生和发展过程中的一些启示。他认为在CBD建设过程中要注重城市的经济发展水平和产业构成调整，注重对专业化人才的吸引和培养，同时要注重政府对CBD的政策指导作用。

对CBD特色产业的研究也是热点之一。蒋三庚（2009年）通过对文化创意产业的生成类型和发展特点的分析，指出研究CBD文化创意产业集聚对CBD产业发展具有很大的意义。范桂玉（2009年）对传媒产业价值链的原理和内容进行了研究，同时以北京CBD现有的传媒产业资源为基础，结合迈克尔·波特的价值链原理，对中国传媒产业链模式进行分析，指出应该按照价值链的逻辑顺序对CBD现有的传媒产业资源进行整合，以提升传媒产业的竞争力。张杰（2010年）通过对北京CBD功能区的发展进行研究，探讨了北京CBD文化创意产业集群的发展特点和发展成因。他认为在快速发展的同时，我们也应看到北京CBD功能区文化创意产业集群目前还存在着价值链效率不够明显、集群方向尚待明确、集群服务尚待深入、集群效应尚待激发、沟通协商机制尚未形成和集群人才尚待涵养等问题，呼吁管理部门应深入思考产业集群发展的特点和内在发展因素，切合实际地提出发展对策。

刘建一（2009年）分析研究了北京CBD区域内广告业的生存环境、发展特点以及未来的发展机遇和挑战，指出北京CBD是外商4A级广告公司的集中区，区内广告公司的类型几乎涵盖了广告业所有广告企业形态，包括企业形象识别CIS类广告公司、专业型广告公司、整合营销策划型广告公司、媒体代理及媒体型广告公司、广告制作类公司等，其中媒体代理及媒体型公司所占比重最大，CBD区内广告公司投资主体的多样化；区内广告公司多种投资主体广告公司并存、共同发展的局面。同时，针对现实问题，提出未来北京CBD广告业的可持续发展要依靠政策导向、环境导向和机制导向来推进。

阴皎（2009年）以传媒企业在CBD的集聚为研究重点，在对企业集群、轮轴式企业集群、产业价值链和CBD的基本理论知识梳理的基础上，分析了CBD发展传媒企业集群的机会、威胁、优势和劣势以及传媒企业在CBD发展现状，并以中央电视台为例，分析其轮轴式产业链发展和存在的问题，最后提出进一步发展壮大传媒企业集群的几点政策措施和建议。于慧芳（2010年）从产业集聚的角度对北京CBD国际传媒产业集聚的发展概况、集聚过程及集聚发展中存在的问题进行了研究，并借鉴国内外国际传媒产业集聚发展的经验，提出了促进北京CBD国际传媒产业集聚的对策性建议。

蒋三庚、陈立平（2009年）对日本新宿CBD及周边地区现代服务业和文化产业集聚状况及其原因做了详尽的阐述，并根据新宿CBD的经验表明：一个成熟的CBD应该是区域内经济生态与生活生态的有机平衡。CBD不仅仅是城市金融、贸易、信息、传媒等中心业务活动高度集中的地区，同时也应该是一个具备购物、文娱、服务等商业功能高度集聚的地区。只有将商务、业务、服务有机地结合起来，才能避免由于功能结构单一而导致的CBD的空心化和衰落，并希望新宿CBD的规划可以对国内CBD发展有所借鉴。鲁晓军、程国辉（2009年）通过对日本的三个典型案例以及国内微型CBD动态的分析，总结了微型CBD的产业特色和经济特点以及功能空间特征，并从中得出城市规划的启示。

张弘（2009年）论述了北京CBD金融业集聚发展的优势以及政府在CBD金融业集聚发展中的推动作用，并据此给出了北京CBD金融业集聚发展的政策建议。伍艳飞（2011年）在详细调研和深入实际考查的基础上，对发达国家以及北京、上海、香港等极具发展特色的中央商务区的现状进行了概括，对其发展经验进行了总结，同时提出了这些经验对长沙中央商务区发展的启示。然后从土地利用强度、金融业发展布局、商贸业发展布局、文化产业发展布局四个方面分析了长沙芙蓉中央商务区的产业布局和发展现状，并指出长沙中央商务区中阻碍产业优化升级的原因。最后，提出长沙中央商务区产业科学发展的对策和建议。

于苗（2011 年）基于对北京 CBD 零售业布局以及消费者特征分析，提出 CBD 零售业的发展建议，对我国大中城市中央商务区的零售业发展具有一定的借鉴作用和现实意义。潘月杰、钱春丽以及张玉洁等（2011 年）针对北京 CBD 传媒产业定位不明确、产业内部资源缺乏有效共享、国际传媒企业有效产出不足等诸多问题，从传媒产业价值链集聚规律以及政府等方面，提出了明晰产业定位、完善传媒产业链、发挥核心企业引领作用等发展对策。

（三）对 CBD 空间规划的探讨

CBD 的建设越来越成为当代大城市中心区建设与改造的重点，因此近年来有许多学者从空间规划的角度对 CBD 的建设进行了探讨。

杨莲芬（2008 年）研究了中心城市 CBD 系统的结构，认为中心城市 CBD 系统包括核心 CBD 和若干个 Sub-CBD，其结构为金字塔式的分层结构。探讨了 CBD 系统对中心城市发展的影响，提出了中心城市 CBD 系统的功能定位策略，对中心城市的发展以及 CBD 系统的建设具有一定的参考意义。陈瑛从分析 CBD 与 Sub-CBD 的关系入手，研究了二者的区别和联系，并对国内建设 Sub-CBD 提出了自己独特的见解；孙一飞探析了功能、地价、环境、技术以及行为等五个因素对 CBD 空间结构的影响，认为 CBD 空间结构演化的总体格局和方向决定的条件是功能需求；秦波等以重庆市 CBD 为例，从 CBD 的区域范围的定界入手，认为要确定 CBD 的合理规划范围，就要综合考虑基准地价、交通网络、用地存量、功能单元分布、墨菲指数法五个因素来确定。

许锋和张雅丽（2008 年）从规划背景、规划内容及管理措施 3 个方面对“9·11”后纽约曼哈顿 CBD 重建规划进行了分析，提出了创意阶层和文化创新对城市 CBD 发展的重要性，并提出了其对未来背景 CBD 发展的规划启示。

孙梓翔（2009 年）对 CBD 产生的时代背景、内在动因和发展态势等内容进行了概括性的论述，并在 CBD 空间形态特征和现有国内外理论研究的基础上，通过对西方发达国家 CBD 建设情况的分析和我国目前 CBD 建设中存在问题的剖析，结合深圳 CBD 的建设及使用效果，探索符合我国情况的 CBD 城市设计实践方法。

万雯（2009 年）从城市中心商务区的特征及其存在的问题入手，阐明了建设中心商务区公园对改善 CBD 环境的重要意义，并结合我国中心商务区公园建设的现状，对目前中心商务区公园规划设计中所暴露的各种问题进行分析。最后，通过对国内外城市中心商务区公园规划设计的优秀案例与理论的深入研究，总结归纳出适合我国城市中心商务区公园发展的规划设计原则和方法。

王圣学、石慧琼及王蔚然（2009 年）对大城市中央商务区以及城市中心区的概念做了详尽的辨析，并阐述了 CBD 建设的基本条件，然后以西安市 CBD 为例，探讨了西安市 CBD 的规划建设。

张理茜、杨永春、杨晓娟及张强等（2009 年）使用目前 CBD 研究中最具影响力的 CBI 法，对兰州市的商业区进行研究和测算，通过使用定量的方法判断兰州市 CBD 是否已形成以及规模的大小，结果表明兰州市尚未形成一定规模的成熟 CBD。最后，根据兰州市 CBD 的形成、发展条件以及现状，提出兰州 CBD 规划设想和建议。

陈一新（2009 年）以深圳 CBD 中轴线公共空间的规划特征与规划实施为例，从交通轴线、多功能轴线、主体轴线、景观轴线以及文化轴线等方面阐述了中轴线的特征，并从中轴线城市设计和实施中总结历史经验和教训，为未来 CBD 中轴线公共空间的规划提供借鉴。

赖晶晶（2009 年）对国内外的中央商务区的建设实践、发展演变的回顾与理论概括，把握国际 CBD 理论发展的新趋势，提出了 21 世纪 CBD 建设发展战略的理论框架，并依据天津市经济发展战略目标和国际化大都市的城市功能定位，结合滨海新区的建设成果、绩效评价、发展趋势，运用比较、历史与现实相结合等研究方法，对滨海新区 CBD 规划建设展开分析研究，并对如何抓住机遇，加快建设一个规划科学的 CBD，从而提高天津市的整体经济实力，辐射周边地区，带动区域经济的发展提出对策和建议。

毛蒋兴、张云、王卫及徐文丽等（2009 年）在评述国内外有关 CBD 范围界定的研究的基础上，利用政府部门资料、统计资料和实地调查资料，以广西南宁为例，综合运用峰值地价法、功能单元现状分布法、交通网络法和土地垂直利用强度法等多种方法确定了南宁现有 CBD 的范围，为我国西部欠发达地区中心城市 CBD 范围的界定提供了有益的经验。

杨俊宴、吴明伟及张浩为等（2009 年）以定量分析的方法，研究了南京 CBD 的范围界定、用地结构、产业结构、交通组织、建筑质量、高度构成等各项指标，系统介绍 CBD 量化研究的工作方法和技术框架，并在此基础上对南京新街口 CBD 作了综合评估。

李仙德（2009 年）借鉴东京都新宿 Sub-CBD 形成与发展的经验，分析上海 CBD 的功能演化与空间拓展的主要原因，并选取上海唯一处于内环线以外的 Sub-CBD 虹桥涉外贸易中心为案例，从生产性服务业与商业功能两个视角出发揭示出虹桥涉外贸易中心功能拓展的具体路径，同时提出了 Sub-CBD 规划建设与功能拓展的若干建议。

姜竹松（2009 年）介绍了黑川纪章的设计思想和文化背景，并通过对郑州郑东新区 CBD 的概述以及黑川纪章设计思想在郑东 CBD 方案中的应用分析，从生态城市、环形城市、共生城市、新陈代谢城市以及地域文化城市五个方面阐述了黑川纪章的城市规划理论。

石慧琼（2009 年）通过对大城市中央商务区基本理论的研究，探讨了大城市中央商务区的发展过程、定义、类型规模、职能结构，明确了大城市中央商务区的理论内涵。同时，对国内外著名大城市中央商务区的规划建设进行了对比分析，总结了国内外大城市中央商务区建设的一些经验和教训，并对我国目前 CBD 建设存在的问题进行了思索，最后以西安为例进行实证分析。

熊星（2009 年）分别把 CBD 作为北京城市开放空间的元素和子系统，在不同的尺度和方面对北京 CBD 的开放空间的物质形态进行了研究。

王雪和张鲲（2010 年）通过对 CBD 概念、特征和发展阶段的简单描述，着重引出 CBD 对城市空间的影响。分别从城市天际线、高层建筑的底层空间和城市主轴线三个方面阐述中央商务区对城市空间形态的作用。他们认为 CBD 作为现代城市最有代表性的地区，是一个城市的象征，除具有经济控制的功能，还对城市的空间形态的发展起到引导作用，是城市功能核心区域和现代大都市的重要标志。

宋迎昌（2010 年）从功能分区和空间规划的角度对北京 CBD 功能区的发展进行研究，提出 CBD 功能区“一心两带三轴九圈”的空间布局体系，并提出各板块的发展思路。他认为应构建 CBD 功能区各板块一体化发展的制度平台，按板块出台有差别化的区域政策，加强社会服务设施配套的政策措施。

李康（2010 年）以绍兴“世茂迪荡新城”为例，对其规划设计进行研究。他认为在规划发展中应注重文脉延承，结合本地化特点，着手引入城市活力，体现城市新的发展需求，将传统文化和现代生活相结合，并引入滨江高层住宅的开发理念，综合布局办公、商业和居住等多种功能，构建由“一轴”、“两翼”、“多个功能分区”和“环状水系”组成的规划结构，力求打造出独具特色的现代化城市 CBD。

徐康、程世才（2011 年）针对详细规划阶段公共环境设施的控制和引导在内容和深度上提出一些研究建议，指出在控制性详细规划阶段主要以导则形式的控制为主，定性定量控制相结合；在修建性详细规划阶段，主要以设计为主，细化上层规划，直接面向实施。最后对 CBD 公共环境设施设置提出建议。

宋捷（2011 年）对 CBD 和 RBD 的概念进行了解析，提出了历史街区更新型游憩商业区的概念，并以成都大慈寺历史街区更新规划为例，分析了历史街区更新型 RBD 与城市 CBD 发展的有机互动机制，以期寻求一条适合我国城市发展 CBD 以及历史街区有机更新的可行之路。

李燕（2011 年）基于广州市中心城区中央商务区商贸服务经济高度集聚以及经济生态高度融合的结构特征，结合中心城区 CBD 空间发展的土地资源的约束因素，指出广州市中心城区 CBD 的发展规划应遵循人文 CBD 空间发展战略，即生态文化商务化、公共空间生产化及商业高端特色化，建构融合千年商都文化、具有现代城市精神的人文 CBD。

田海宁（2011 年）依据城市中心商务区和副中心商务区的理论，分析了西安市 CBD 的现状、特点及其未来空间发展受阻的因素，并归纳和论证了南郊地区小寨 Sub-CBD 的现状特点，从而对小寨 Sub-CBD的建设提出了规划思路和建设初探。

朱志军、朱毅艺以及龙子杰（2011 年）通过分析 CBD 地区城中村存在的问题，结合广州冼村改造规划案例，探讨研究了CBD城中村改造的规划策略和方法。

廖维、徐燊（2011年）通过树立天际线外郭，天际线立面与天际线层次的三个属性概念，同时结合目前国内CBD天际线发展的最新进展，由此来剖析天际线特征，得出相关规律与结论，并阐述了如何塑造天际线的立面。

邱红、金广君及林姚宇等（2011年）在低碳经济和低碳社会发展全面启动的背景下，探讨了CBD新区规划设计中的低碳理念。首先从CBD对城市系统碳循环的影响及其社会经济属性出发，分析低碳导向下CBD新区规划建设中的潜力与模式；其次以主客体发展规律为研究依托，探讨低碳导向下CBD新区规划设计的本质内涵；最后，提出面向低碳的CBD新区规划设计的相关策略。

解旭东、李秀芝（2011年）对青岛CBD空间形态发展的特征以及空间发展现存的问题进行了研究，指出青岛的CBD在城市发展过程中形成了"滨海带型延伸"的空间形态，未来应从明确区域性定位、调整内部空间形态、加强基础交通设施建设和交通组织以及打造滨海发展的绿色CBD四个方面加强建设。

陈一新（2011年）对深圳CBD规划建设30年以来的经验和教训作了阶段性的总结和探讨，重点阐述了深圳CBD超前规划、预留土地，实现金融产业、轴线景观一脉相承、留足市政设施容量、采用仿真规划精品以及完整保存档案等历史经验。同时，分析了机非分流尚未实施、中轴线滞后实施、管理机构短暂运行8年影响规划实施的质量和效率等教训，为未来CBD的规划建设提供借鉴。

王光强（2011年）采用理论与实际相结合的分析方法，以土地集约利用为背景，围绕城市CBD土地利用问题展开，借助城市规划的基础知识研究地下空间的开发利用，分析了响螺湾商务区在地下空间开发中的重要规划与做法，并展望了地下空间的未来趋势，提出土地集约利用的建议，为未来城市 CBD 地下空间的规划提供参考借鉴。

王茜和刘芳（2012 年）通过对长沙市老城区旧城改造规划，寻找旧城改造的难点，提出解决旧城用地更新的三种方式，并探索城市公共空间引导的弹性控制；在城市快速发展的时期，反思旧城开发建设所面临的实际问题。

（四）对 CBD 交通系统的探讨

城市中心商务区是城市大量交通出行的集聚地，其高容量的开发模式给自身的交通带来了巨大的压力。不同性质的交通流对商务区交通产生了巨大的影响，落后的交通系统和管理方式也降低了商务区的交通运行效率，从而影响了 CBD 功能的发挥，所以有许多学者从交通规划的角度对 CBD 进行了研究。

张俊芳以北美发达大城市中心区的 CBD 为例，探讨了 CBD 中步行街区的停车设施规划；叶明以天桥系统的建设为出发点，探讨了 CBD 交通规划的作用；张在民等以大连市的 CBD 为例，探讨了在商业发展用地和道路规划用地存在矛盾的情况下如何优化交通的措施；缪立新等从土地利用和交通规划的关系入手，探讨了中心城区 CBD 内部停车规划的解决思路。

周小猛、李旭宏以及朱彦东等（2009 年）通过对郑州郑东新区 CBD 停车现状的分析，结合国内外城市中心区的停车经验，探讨关于 CBD 地区停车标志的设置，同时分析了停车诱导信息标志与其他指路标志之间的关系，并提出了 CBD 停车标志牌提供的内容和设计形式。最终得出适合 CBD 地区停车诱导信息标志的设置方案：根据区域主要车流方向和停车设施布局综合布局停车诱导标志；停车诱导标志和其他指路标志距离应严格控制在 60 米以上；诱导标志采用三级分类方法，选择蓝底白字图案。

刘晓芳、郑伯红（2009 年）基于对巴黎拉德芳斯、东京新宿、上海陆家嘴以及深圳福田中心区等国内外知名 CBD 的交通组织规划状况的深入对比和归纳研究，总结出我国 CBD 现有交通规划存在的问题，并对长沙 CBD 交通问题进行了分析。

代琦、孙小丽以及平克磊等（2009 年）通过对武汉市轨道交通线网规划修编成果和王家墩详细规划的研究分析，并基于对国内外 CBD 轨道交通特征研究的基础，提出了 CBD 轨道交通发展的策略，主要从站点覆盖、客流预测、时耗和交通一体化四个方面研究了轨道交通优化方案与土地利用和其他交通方式的衔接关系，从而构建了以“轨道交通为骨架、公共交通为主体、其他交通方式做补充”的多层次、多功能的综合交通体系，以支撑 CBD 的高效可持续发展。

秦科、黄昭雄（2009 年）通过对城市中心区域用地性质和交通特征进行分析，指出各交通系统的服务水平已成为影响居民出行的主要原因，并以各交通系统容量为基础，通过对浙江杭州市 CBD 核心区高峰小时交通出行方式的研究，探寻出了一种预测对城市中心区交通出行方式的方法。

许明明、谢辉以及钟平（2009 年）针对 CBD 地区用地高度开发、人口密集、交通堵塞等问题，以长沙市五一商圈为例，从支路改造、停车整治、节点渠化及交通组织四个方面进行了城市 CBD 地区交通微循环改善设计方法的探讨，通过提高区域内的路网可达性、支路面积、密度及路内路外停车设施的平衡利用率等，以达到改善 CBD 交通微循环的目的。

城市地下交通系统构建已经成为解决现今城市问题的重要措施之一。因此，杨进、蔡晓禹（2009 年）探讨了城市地下交通系统的组成及其对改善城市空间的重要作用，并结合重庆市解放碑 CBD 交通现状评价分析与城市发展规划定位等因素，提出了解放碑 CBD 地下交通系统方案——地下车行道路网络、地下快速人行系统。

旷小云、许永兵以及李铁良等（2011 年）针对城市新建中心商务区的特点及交通问题，提出以交通微循环理论为支点，从内部路网结构、动态交通、静态交通、慢行系统等几个方面完成商务区内部交通系统的规划和设计。同时，以新建宁波南部 CBD 为例，理论联系实际，验证了交通微循环设计的可行性。

章巍、黄文杰（2011 年）通过对 CBD 区域公交线路、公交换乘站点客流以及区域周边停车场的分布、居民出行目的及停车时间等因素的调查，分析了江苏省淮安市中心商务区在公交换乘站点及停车场的设置方面存在的问题，然后从交通规划、交通设施等方面提出具体的改善方法，并通过交通仿真进行了效果分析。

许永兵、朱方正（2011 年）针对城市中心商务区的特点及交通问题，提出了三个方面的内容：第一，通过完善区域路网结构减少商务区过境交通、内部交通在空间和时间上的冲突；第二，通过引导和发展以公共交通为主体的绿色交通出行结构从总量上减少交通出行量；第三，通过智能交通系统及交通需求管理方法促进和完善绿色交通运转。在此基础上，建设、引导和发展城市中心商务区的绿色交通体系，以促进城市中心商务区交通的和谐运转。同时，结合宁波南部商务区的规划及建设情况，验证了措施的科学性、可行性和实用性。

沈宁（2011 年）根据现行的停车配建计算方式，指出高层建筑所需配建停车泊位数量巨大，要求修建多层地下停车场与多对车库出入口，这样既不利于工程设计，同时也不利于停车交通组织。为此，沈宁对城市 CBD 地区停车共享模式进行探析，认为停车共享方式可以利用不同用地性质停车高峰的差异性，采用停车泊位公共管理方式，可极大地提高停车泊位利用率，是城市 CBD 地区解决停车问题的新模式。

唐立、周嘉南（2011 年）针对城市 CBD 地区客流分布不均、公交资源稀缺、乘车困难等问题，提出从行人角度构建公交动态查询及行人诱导系统。

周小山（2012 年）通过对巴黎拉德芳斯 CBD 在交通规划、建设及管理方面的特点进行描述，提出巴黎拉德芳斯 CBD 交通系统中存在的问题，并得出我国 CBD 发展的一些启示。他认为，CBD 地区要发展，交通规划和建设要先行，应发展大容量集约化的公共交通，促进多种交通方式和谐共存，才能实现交通发展与区域发展互为促进。

熊文、黎晴、邵勇和李娟（2012 年）选取纽约、伦敦、东京、北京、上海等国际大都市作为天津市滨海新区 CBD 的比较样本，从干路网割裂程度、轨道交通车站辐射范围、干路步行过街设施布局等方面进行量化分析，总结中国城市 CBD 慢行环境与国外发达城市的差距。针对天津市滨海新区 CBD，提出慢行岛、慢行核、轨道慢行接驳辐三类空间单位。基于慢行岛间慢行连通、慢行核内慢行优先、轨道慢行接驳辐内快慢衔接的规划策略，提出自行车入城高速路和三级骨干自行车道网及地下步行系统和地面三级骨干步道网的规划方案；确定自行车停车设施、步行过街设施、慢行跨河设施的布局标准，并提出交通宁静化设计及动态管理对策。

（五）对 CBD 景观环境的探讨

CBD 是城市最为现代的区域，是城市景观环境最亮丽的地方。吴昊天（2008 年）对城市 CBD 景观环境设计进行了研究。他认为明确城市发展的直接动因和重视特殊地区的结构性特征是针对 CBD 及类似商业地区进行建设和规划管理的核心问题；CBD 地区的开发建设与城市普通地区有着很大的区别，因此要求设计师们通过地域特征，采用强烈的设计手法进行景观环境的控制。

徐希、王上、石佼（2008年）通过采样、拍照和现场对比颜色，对北京市商务中心区的自然和人工构筑物的色彩进行了详细的比对分析，得出了它的色彩构成特点。

刘莹（2009年）以广州CBD为例，分析了广州CBD绿化景观现状以及合理发展广州CBD绿色景观的重要性，并借鉴国内外CBD绿色景观设计手法，为合理建设广州CBD绿色景观提出了建议。

刘徐方（2009年）基于科学发展观和可持续发展的原理，对生态CBD规划的内容和存在的问题进行了分析，指出传统CBD规划要乘承生态和系统的理念，进行CBD规划模式的创新，引入生态CBD规划理念，打造生态绿色的CBD。

任君（2009年）从建筑、驳岸、绿化、景观小品以及人的行为活动等方面对郑东新区CBD中心的滨水景观进行了综合分析，结合新城区的发展，指出滨水区域景观的优化对新城区总体景观的特色定位具有积极的意义，并在景观优化建设方面提出建议。

张华和杨柳青（2010年）分析了郑东新区CBD的基本情况，总结出郑东新区CBD景观空间形态的风貌特征，从点、线、面三个方面对其景观空间的形态要素进行解读，提出了郑东新区CBD景观空间形态设计应从丰富的视觉景观、通达使用性、清晰的识别标志和时空的完整与延续等方面把握设计原则。

徐英（2011年）从生态环境复杂化、视觉风貌现代化以及道路形式多样化三个方面描述了城市CBD环境的景观特征，并详细分析了CBD道路绿地景观营建要点。最后，以江阴市临港新城中央商务区道路绿地景观规划为例，探讨了其在理念、总体布局和特色定位等方面的规划控制。

肖汉江、雷莹（2011年）对广州珠江新城以及法国拉德芳斯的核心区域的景观形态进行了对比分析。通过分析，对两者的印象和气质进行了比较：法国拉德芳斯偏于浪漫和充满激情，而广州珠江新城则具有恢弘的气度和稳重的气质，却也流露出掩饰不住的世俗气息。

李农和陈辉（2012 年）从城市规划的角度分析了核心布局 CBD 的形态。基于形态特征，从城市尺度、中远尺度、人体尺度三个尺度分别论述了该类 CBD 景观照明规划设计的基本方法与思路，为此类 CBD 夜晚景观规划设计提供了一定的参考和指导。

（六）对 CBD 发展评价的探讨

随着众多城市 CBD 的建设，对 CBD 发展评价进行研究逐渐成为人们讨论的一个新话题。王仁清和王宁（2008 年）对国外及我国 CBD 的发展特点进行分析，并在此基础上提出我国城市 CBD 发展程度的评价指标体系，旨在为我国 CBD 发展研究提供一定的参考。

贾生华、聂冲、温海珍（2008 年）基于“如何衡量 CBD 的功能发育程度”这一极具现实意义的问题，通过以杭州钱江新城 CBD 为例，结合国内外 CBD 研究中的理论及实践经验，采用德尔菲法归纳出总体规模、功能协调、功能集聚和功能辐射四大类指标，并进一步从可操作性的角度进行了细分，最终形成 1 项目标层（A 层）、4 项准则层（B 层）和 18 项基础指标层（C 层）的一整套较为完善的 CBD 功能成熟度指标体系。并采用层次分析法，通过对 32 位相关专家学者的问卷调查，确定了各项基础指标的权重，通过了一致性检验。结果表明，就准则层指标而言，CBD 的功能集聚程度 B3（0. 4085）和功能辐射程度 B4（0. 3392）更能凸显 CBD 作为城市区域经济的核心地位，而且各基础指标层内部也存在着显著的差异。

李倩（2009 年）基于人才资源在知识经济时代重要性这一现实背景，以北京 CBD 企业人力资源状况及人才环境满意度调查取得的数据为基础，结合人才聚集环境效应理论，从宏观、中观和微观三个角度入手，对北京 CBD 人才聚集环境效应进行深入的理论和实证研究，涉及人才政策环境、经济环境、人才市场环境、社会文化环境、生活环境和企业内部环境等六大方面，并在相关分析的基础上提出有针对性的优化北京 CBD 人才聚集环境效应的对策和建议。

刘春成、侯汉坡等（2009 年）指出目前对 CBD 的认识存在一定的误区，未能充分认识到 CBD 区域对商务环境的需求存在密度大、层次多、范围广、质量高的特点，导致了政府在商务环境改善和营造方面存在一定的主观性和盲目性，并针对这一现状对 CBD 的发展阶段和本质特征进行了界定和分析，进而提出 CBD 区域对商务环境的需求，最后在此基础上对未来 CBD 区域商务环境的理论研究方向和方法提出几点思考。

丁成日和谢欣梅（2010 年）对国际都市如纽约、新加坡、伦敦等的 CBD 进行了比较，发现中国许多城市的新建和已经建成的 CBD 具有密度低、城市绿地比重大的特征。同国际都市 CBD 发展模型相比，正是由于中国城市的 CBD 绿地的比重大，使 CBD 内的摩天大楼高度可与国际相比，但是土地开发密度和强度都显著偏低。同时，由于中国城市 CBD 就业密度低，从而降低了城市经济的集聚效益。

史北祥和杨俊宴（2010 年）从 CBD 的等级规模、形成条件、区位选择三个方面入手，对国际 CBD 的发展状况进行了归纳研究，根据规模和服务功能将国际 CBD 分为三个等级，根据发展过程和形成条件分为三个类型。同时对中国 CBD 进行了初步评估，根据城市形态、交通格局和发展方向将 CBD 的区位分为四种类型。在此基础上，进一步对南京 CBD 的有序发展提出建议。

杨俊宴和吴明伟（2010 年）在对我国各特大城市 CBD 交通情况进行调研的基础上，从通行能力、路网密度、道路比重、单位道路荷载等方面进行量化研究，探讨我国 CBD 路网模式的自身规律，并对我国 CBD 两种典型路网模式进行分析。他们认为高密度均质路网模式不仅在路网顺畅度、单位道路荷载方面占有明显优势，而且在生活多样性方面也优于低密度等级路网模式。

方兴（2011 年）指出加快我国城市化进程，在一定程度上可以应对国际金融危机引发的经济衰退，而中央商务区的建设关系到一个城市乃至一个国家在全球经济中的作用。根据福利经济学观点，中央商务区基础设施建设作为一个公共项目，政府应成为其提供者，但因中央商务区建设所需资金巨大，不可能完全由政府出资建设，为此引发了中央商务区的建设融资问题。基于此，通过对中央商务区建设融资进行分类，指出不同融资方式的针对性，从而探讨了中央商务区各类建设融资模式的创新设计。

孙其军、郭焕龙（2011 年）通过座谈、走访、调查问卷等形式，对北京 CBD 的公共服务现状及需求作了详细分析，并结合新公共服务理论，对提升 CBD 公共服务水平，促进其健康发展提出针对性的对策及建议。

王滨、周琼（2011 年）通过借鉴国际商务中心区评价研究的有益经验，结合北京市经济社会发展规划目标要求和功能区特点，基于经济发展、社会发展和区域环境三个目标层构建了北京商务中心区评价指标体系中的 19 个具体指标，力求科学反映北京 CBD 的发展状况和发展趋势。

成迟薏、闫霜、徐鑫（2012 年）通过分析现代城市中央商务区的智慧需求，结合国际知名中央商务区的信息化实践研究与国际智慧城市建设经验的总结，分析了适应上海虹桥商务区发展的战略目标与建设框架。

（七）对国内外 CBD 案例的研究

案例研究在 CBD 研究中成果较多，尤其是国内对个别城市 CBD 建设的探讨内容很多。国内学者对于中央商务区的研究大多数是选定某一个城市，针对这个城市的特征进行多方面的研究。因为北京是我国最早提出中央商务区概念的城市，也是中央商务区建设较完善的城市，因此，很多专家选择北京中央商务区作为他们的研究对象，还有一些人选择研究长沙、重庆、上海，相比之下选择研究广州 CBD 的专家、学者却非常少。

李东君、黄富厢依托陆家嘴 CBD 规划，结合一系列文件和图纸等丰富的实例全面回顾了其规划的背景、目标、形态布局、功能规划，这是国内 CBD 研究首次针对成型的规划方案进行比较完整的分析。

朱炜宏从历史名城保护的角度出发，认为北京作为历史文化古城，要注重发展和保护的有机结合，要注重分区域、分阶段投资规划，将北京打造成由市中心 CBD、副中心 CBD、卫星城镇 CBD 构成的三级网络式空间规划的交互式 CBD。

袁奇峰通过分析广州市新城市中心——珠江新城规划的构想、遇到的问题以及广州市经济地位的变更，提出建设 21 世纪广州市中心商务区战略的构想。

侯超平和徐新家（2008 年）以成都市中央商务区的打造为例，阐述了 CBD 对城市人居环境的影响，并就如何创造具有特色的城市 CBD 提出了意见。

谢常勇（2008 年）通过对上海 CBD 进行研究，讨论了 CBD 对上海城市经济发展的巨大推动作用。他认为 CBD 是一个城市、一个区域乃至一个国家的经济发展中枢，是城市的形象与发展平台，能够促使城市空间结构演变，在城市的社会经济发展中扮演着极为重要的角色。

张宗果和周波（2010 年）提出了复合型中央商务区的概念，并以重庆江北城 CBD 规划为例，阐述了我国的区域性中心城市结合城市中心区建设复合型 CBD 的必要性和可行性，以探寻一条适合我国城市发展实际的 CBD 建设之路。

高骞、王丹、陶纪明（2010 年）从现代 CBD 发展的国际趋势入手，对上海城市 CBD 建设的发展状况和存在问题进行了分析，提出了上海未来 CBD 的建设思路。在此基础上，对上海陆家嘴—外滩核心 CBD 区域功能规划进行了深入具体的研究，指出了陆家嘴—外滩核心 CBD 发展的不足，提出了未来发展的规划目标和功能设想，并在政策和制度上提出了保障措施。

周国平（2010 年）通过对日本东京丸之内中央商务区再开发战略进行分析和研究，揭示了现代 CBD 的发展趋势，并以此为基础，对上海陆家嘴 CBD 建设加以思考，提出改进和突破的对策。

康旺泉和段丽丽（2010 年）结合中央商务区的概念，从全球经济一体化的趋势和国家发展战略入手，阐述了大连 CBD 建设的背景，探讨了适合大连 CBD 发展的思路，提出了大连 CBD 建设的目标及策略，为国内其他城市 CBD 建设提供指导。

许哲和黄爱光（2008 年）通过对国际大都市中心商务区的发展模式、产业变迁等进行分析研究，得出对北京 CBD 建设的一些启示。他们认为朝阳 CBD 不应是北京商务区的全部，北京应有多个专业商务区，同时根据产业集群的特点形成一个或少数几个相对专业的核心产业，其产业层析从中心区向外围区域递减。

卢斌（2008 年）对 CBD 的定义进行了界定，概括了 CBD 的基本特征，阐述了国内外 CBD 的发展历史及现状，探讨了 CBD 的主要功能和国内 CBD 建设中存在的误区，并提出了国内 CBD 建设的未来之路，以促进我国的 CBD 建设。

张雅、郭丹（2009 年）介绍了美国曼哈顿、巴黎拉德芳斯以及日本新宿等三个国外著名的中央商务区的建设情况，分析了其成功的原因并总结出经验，以对我国的中央商务区建设提供借鉴。

张雅、王璜（2009 年）基于当前中国 CBD 建设日趋泛化、弱化以及人力物力资源严重浪费的现实情况，结合国际成功 CBD 的经验并收集数据，从产业特征、综合实力特征、基础设施特征以及功能特征四个方面，科学分析了中国各大中城市 CBD 的建设概况。

丁成日（2009 年）从高度集聚的就业中心、高建筑密度、高城市土地开发比例、高度集聚的绿色空间、紧凑的城市街道和建筑五个方面概括了国外中央商务区发展的特点，并分析了中央商务区高密度、高集聚发展的理论依据，以及中国中央商务区的发展模式，进而反思了国外商务区发展对中国的启示。

周天怡、刘勇（2009 年）介绍了国内外金融 CBD 发展的三种模式：在商业竞争中自发形成的金融 CBD、为分担老城区压力而主动迁出的金融 CBD，以及在政府引导下从无到有建设起来的金融 CBD。在此基础上，探析了国内外金融 CBD 的成功经验和存在问题，并从中总结了国内外金融 CBD 开发建设的经验和带给人们的启示。

王开泳、陈田（2009 年）在分析南沙开发的区域背景基础上，分析了区域 CBD 建设对珠江三角洲区域空间结构优化的重要作用，提出了在南沙地区建设区域 CBD 的设想，并分析了建设区域 CBD 的必要性和可能性，最后对建设南沙 CBD 的功能定位和发展策略进行了初步探讨。

金继晶（2009 年）从开发组织结构、开发模式、开发投融资以及开发策划四个方面总结了国内外 CBD 的规划设计以及城市大规模项目开发策划，并在此基础上，对CBD的开发策划进行了系统研究与分析，用以指导长沙市CBD的开发策划。

王文明、史杨洋（2011年）分析了当前国内中等城市的发展需求，结合国内外CBD的发展历程，提出中等城市建设CBD应吸取的经验和发展的特色，并提出了相关建议。

楚天骄（2011年）研究了新加坡城市转型过程中CBD的演化历程，着重剖析了CBD发展背后的经济和政策因素，从而论证了CBD的演化是城市转型的空间反映。同时指出，我国在促进城市转型发展的过程中，应高度重视CBD的规划和建设，应改变传统CBD的规划理念和现有的城市公共空间开发、管理制度，加快CBD向CAZ（CAZ即中央活动区，强调除商务活动以外的文化设施、旅游设施、国际机构及其活动对城市中心地区的重要性）的转变。

胡盈（2012年）研究了国内外典型CBD的建设案例，并从发展阶段、等级体系、发展动力、建设方式、功能构成、空间模式、交通和通信八个方面进行对比分析，得出CBD建设的一些启示。

二、系统视角下的CBD再认知

CBD的发展与城市的演变紧密相关，CBD的特征和变化历程与城市的演变息息相关。城市作为母体孕育了CBD，为其提供了诸多方面的支持，比如CBD所需要的水、电、气、交通、市场、人才、政策等都是依靠所处城市提供的；而当CBD慢慢发展壮大之后，CBD作为城市最成熟、最精华的区域开始反哺城市。尤其是全球化进程加速以来，CBD的经济地位和辐射力日益凸显。CBD以其强大的辐射带动作用，引领城市经济发展；以其现代化、国际化的商务环境，成为城市形象的标志；以其对机制体制创新的驱动力，促进城市优化升级；

以其资源配置效用的最大化，成为资源流动的风向标。CBD成为现代城市的功能核心，是现代国际化大都市的重要象征。

（一）CBD与城市密不可分

CBD发展正日益受到高度关注，它为所在城市、所在区域甚至整个世界的发展贡献着巨大的集聚效益。很多具有影响力的城市，脱离了CBD，其影响力也将荡然无存。同时，世界经济的发展，尤其是中国这样新兴经济体的发展，正越来越需要CBD的打造，CBD也正成为更大范围区域发展中的核心节点。

1. CBD是强化城市辐射能力的有力杠杆

CBD是一个地区发展的“大脑”和“心脏”。如前所述，CBD往往聚集了大量的跨国公司总部或区域内大型企业总部，集聚了金融机构、资本市场等高端现代服务业，而这些无疑要求CBD具有总部的管理决策、金融控制和要素集聚作用，从而支撑整个城市成为区域经济、全球经济的控制和运营中心。CBD不仅具有商贸、娱乐、餐饮等传统商务功能的积淀，更具有金融、科技、信息、文化、会展、旅游、中介服务等现代商务功能，是城市发展实力的象征。

纽约、伦敦、东京等世界城市均是依赖其CBD所迸发的能量，将触角延伸到全球各处的经济活动，在一定程度上主导着世界的发展。如伦敦金融城是世界上最大的国际保险市场，世界500强企业中有75%的企业已经在伦敦金融城设立了分公司，在伦敦金融城有287家外国银行——比其他任何欧洲的金融中心都要多，全球外汇收入的1/3在这里交易。同样在国内，无论是北京、上海等具有全国影响力的城市，还是重庆、天津、杭州等具有区域影响力的城市，CBD均是支撑其控制力的能量源泉。如上海陆家嘴集中了全球130多家银行与金融机构、世界500强企业的绝大部分地区总部，以及数百家中外资的金融和贸易机构，彰显出上海在全国金融业务活动方面的影响和控制力。

2. CBD是城市经济优化发展的支撑平台

从城市经济结构优化来看，CBD的成功开发可促进城市经济结构的良性调整。如前所述，CBD主要是城市第三产业的高度聚集开发，CBD有利于提升城市第三产业的构成比例，也有利于提高城市第三产业层次，走集约化发展的道路。同时，资金流和技术流在CBD的高度聚集也有利于促进城市第二产业的优化。因此，一个城市CBD开发的成功与否对城市发展有着巨大的影响，一个失败或衰落的CBD不但会对城市社会经济资源造成巨大的浪费，而且会对城市经济起负面的放大作用。当然，一个城市经济结构的优化会反过来促进CBD规模的扩大以及CBD活跃度的提高。另一方面，在城市经济结构不断优化的条件下，城市对CBD内部设施的需求将会变大；同时，良好的经济环境将会吸引更多的来自城市以外CBD的需求力量。在来自城市内外需求不断增加的情况下，城市CBD的规模会得到进一步扩大，CBD也将会变得更加活跃和繁荣，从而促进城市经济结构的调整，使之形成良性循环。

从CBD所带来的外部经济来看，CBD的成功开发可给整个城市带来很大的外部经济性。CBD这一经济主体的活动为CBD之外的主体带来福利或经济上的改善，CBD的成功开发所产生的外部经济性的最好的例子是对其周边区域的经济和环境所带来的正面影响。由于CBD周边区域是CBD最直接的辐射圈，因此该区域内的地价也将会随着CBD的开发而呈上升趋势。此外，CBD周边的区域可以享受CBD内部高标准的配套设施，一个“泛CBD”的区域可能会因此而形成。如北京CBD核心区的发展，尽管会对周边地区带来一定的分流作用，但这里大幅增加的国际高端消费对推进燕莎商圈起到的促进作用要大于分流作用。

3. CBD是城市形象景观塑造的良好载体

从对外开放来看，未来衡量城市形象展示的一个重要指标就是其对外的开放度。一个城市的对外开放度包括它对全国城市或区域的经济开放程度以及国际化两个方面。CBD的建成将会吸引更多国内或国外公司来此设立总部、分部、营运中心、代表处等，因此CBD就像一个与外界沟通的窗口，它会同时赋予国内公司国际视野和国外公司本土视野，各种国内外的经济组织在CBD内同外界或内部之间进行相互的合作与竞争。因此，一个城市CBD的建设将大大地增强该城市的对外开放程度，给城市带来或输出更多的外部或内部的资源。

从改善城市环境来看，CBD提供配置齐全、现代化的商务功能和商务设施，提供所在城市高效运行的经济平台；同时，CBD创造出全新的城市商业形象，来吸引国内、国际资本投资，为所在城市的发展增强活力；相比传统概念的城市商业中心区，CBD的产生与发展是高度的功能结构需求和极端的商业物质开发的结合。它将给在CBD区域内的人们一种良好的工作和生活环境，有助于吸引大量高素质人才聚集于此；CBD形成的现代化城市的标志景观，会给整个城市空间带来一种独特的、现代的空间形态，而成为一个城市现代化的标志和城市形象的亮点。

4. CBD是凝聚全球要素资源的巨大磁石

CBD在较小规模内聚集了各种全球范围内的要素资源，这些要素资源的汇聚带来的人才优势、关联优势、信息优势和资本优势等，是世界区域竞争的关键所在。目前，世界各国或地区之间的发展和竞争，正走向全球要素资源整合的新阶段。随着新兴国家的发展所带来的激烈竞争，CBD在所在国家和地区发展中所承担的职能也越来越重要。整体看来，CBD之所以成为强大辐射源头的核心是因为它能够整合全球最优秀的资源，如纽约曼哈顿等世界级CBD汇聚了全球范围的精英人才和资本。中国目前的发展正在进入质量提升和效益增强的新时期，这需要全球的精英、资本和技术的汇聚。以金融业为例，未来中国要发展金融创新，凭借活跃的金融活动抢占世界话语权，其前提是要整合全球要素资源，而金融业具有集聚的本性，国内CBD的发展无疑是汇聚金融业发展要素的最佳载体。目前，全球跨国公司加大了区域布局的力度，其总部服务基地的区域布局也迫切需要汇聚各种要素资源的平台载体，而CBD便是其中最佳的平台。

（二）CBD是一个复杂的自适应系统

以复杂系统视角来认知城市是把握CBD本质的前提。对城市的认识随着时代的发展不断进步。曾经，以机械论为基础的城市认识论认为，城市建立在物质性、均衡性、稳定性、决定性的动力基础上，由各种结构和系统简单构成的，可以拆分和还原，是一个冷冰冰的、没有知觉的建筑物的集合体。20世纪60年代，人们开始质疑将复杂的东西简单化是否能够反映事物的本质。生物化学教授比希（Michael Behe）提出“不可约化的复杂性”这一概念，认为很多事物是一个不可分解的链条，只要抽掉一环，整体就会崩溃。这一概念的价值在于指出复杂系统不是部分累加的结果，因此城市作为复杂系统也不能机械式地拆分，而是非线性式地发展。我国科学家钱学森发扬了系统科学，他将航天系统工程概念推广应用到了国民经济建设、城市研究和建筑科学方面，明确提出：“每一个城市都是复杂的集合体，所以研究城市要用系统科学的观点和方法。”他强调要把现代城市看作开放的复杂巨系统。所谓“开放的”是指系统本身与系统周围的环境有物质交换、能量交换和信息交换；所谓“巨系统”是指系统内部包含着很多子系统。

CBD 是一个城中之城，是高度密集的城市缩影。城市是一个复杂自适应系统，同样 CBD 作为与城市系统密切关联又相对独立的区域也是一个复杂自适应系统，它能随着城市的变迁而发生内部功能和产业的变化，以适应相应的时代。复杂自适应系统理论也为研究 CBD 提供了新的思路和方法。

约翰·霍兰（John H. Holland）定义了复杂系统中的核心概念——“主体（Adaptive Agent）”，围绕“主体”这个核心概念，又提出了七个基本概念，即聚集（Aggregation）、非线性（Nonlinearity）、流（Flow）、多样性（Diversity）、标识（Tagging）、内部模型（Internal Models）和积木块（Building Blocks）❶。这七个基本概念之间有着严谨的逻辑关系：主体是城市系统研究的出发点；主体自身运动的表现形式是“主体聚集”；主体间相互作用的载体是“要素流”；系统通过主体聚集和要素流持续的共同作用逐步达成“目标多样性”；不论是主体聚集的过程、要素流的运动过程，还是系统朝着目标多样性的运动过程都普遍存在着“非线性发展”；“特点标识”是影响要素流的重要机制，决定了要素流的方向和活跃度；将同一层级的不同子系统分别加以封装，就构成了系统的“积木块”；而“内部模型”是主体和子系统间互动的行为规范。

CBD 作为一个复杂自适应系统，同样适应霍兰定义的七个基础概念，因此，本文把复杂系统研究中的概念置于 CBD 研究的语境中予以界定。

---

❶ 约翰·H. 霍兰.《隐秩序—适应性造就复杂性》[M]. 上海：上海科技教育出版社，2000.

1. 系统主体：机构与个人

复杂系统中的基本单元被称为“主体”。主体具有主动性，是有活力的（Active），具有自己的目标、内部结构和生命力。主体的适应性（Adaptive）体现在其能够感知外界信息刺激，通过学习来调整自己的行为。

在CBD系统中，机构与个人是最重要的主体。其中机构包括在CBD区域内的企业组织、非营利组织、政府组织以及区域外与CBD有关联的机构等；个人则涉及常住居民、公司雇员、外来游客等。这些机构入驻与离开CBD、与CBD产生交集，个人在此工作与生活都是自适应的基本表现。

2. 主体聚集：交易与交流

主体具有聚集的特征，聚集是主体间的关系特性。作为基本单元的主体聚集后，它们之间的相互作用会形成大规模的复杂系统。聚集不是简单的合并，而是包含着主体间的互动关系。聚集的层次越来越高，原有的主体并未消失，而是在大系统中得到了更好发展，新的主体具有了原来主体所无法具备的优势。

CBD各主体间的互动关系可以总结为两大类活动：交易与交流。从CBD的发展历程和产业实践中我们可以看到，以交易为中心是CBD最大的特点。企业和人才聚集于此都是为了更好地将产品、服务、知识交易出去。在交易之外，交流也是必不可少的互动，交流是为了更好地交易，而交易促成了更深入的交流。

3. 非线性发展：集聚与辐射

非线性意味着整体不等于各部分简单累加之和。在复杂系统中，主体之间相互影响不是简单的、被动的、单向的因果关系，而是主动的相互适应关系。以往的经验和其他主体会影响主体将来的行为，也正是主体的这种主动性和适应性造就了系统的复杂性。

非线性发展意味着乘数效应。CBD作为服务业发展的集聚区，在人才、信息和市场上的优势使企业能用更低的交易成本获得更高的收益，带来更多的规模效应。同时由于CBD聚集大量的企业总部而往往对经济腹地产生极大的辐射带动作用，其关联效应和溢出效应也非常可观。

4. 要素流：虚拟与实体要素

要素流是对系统中各种各样具体的“流”的抽象概念。复杂自适应系统将“流”作为一种特性分析，并强调“流”的作用，认为“流”在主体间的传递渠道和传递速度直接影响系统的进化，也就是说主体间互动要通过“流”来实现和传递。要素流始终在主体形成的系统中循环流动，呈现一个持续动态的过程。

在CBD系统中，交易与交流的活跃度要通过资金流、信息流、技术流、物流、客流等承载。尤其是以现代服务业为主导的产业特征使CBD大量的要素是以信息流的虚拟形式来互动的。而这种虚拟互动背后调动的是CBD腹地经济范围的巨大的实体要素流。

5. 目标多样性：经济、文化、社会、生态

“多样性”这个词最早用于生物学物种研究领域，并认为多样性是环境变化的产物。复杂自适应系统理论认为分化的过程是由主体适应环境变化带来的。复杂系统的主体在相互作用和不断适应环境的过程中，主体之间的差别会发展与扩大，导致主体向不同的方向发展变化，最终形成分化，从而产生系统的多样性。

CBD具有经济、社会、文化、生态等多样性的功能，它使CBD相应地体现出多元的目标价值。CBD中各类机构、各类人群及不同阶段的不同诉求要通过发展目标的多样性来体现。

6. 特点标识：市场竞争力强

在主体聚集形成系统的过程中，标识是一个重要的引导性机制。主体通过标识在系统中选择互动的对象，从而促进有选择的互动。标识的这种机制揭示了系统要素流动及要素充足的奥秘。各个主体在相互作用时，总是选择共性的部分，使之聚集。那么，如果能很好地识别各个主体的特点，便可以有效地促进相互选择。而已经确立的标识，会在选择性互动过程中孕育出新的标识，为系统提供新的耦合和聚集的可能性。

什么样的企业会选择在CBD办公？什么样的个人会选择在CBD的企业？CBD作为城市商务中心，其商务办公及生活的成本也是非常高的，然而CBD是一个充满正面外溢效应的区域，更低的交易成本和便利的要素可行性促使企业争相集聚。此外，在CBD办公和工作能为企业和个人带来品牌效应，品牌价值无疑是一种无形资产。这些引导性机制都集中体现为市场竞争力强，这个特点标识反过来又吸引市场竞争力很强的企业、个人和要素集聚于此，进一步强化了这一标识。

7. 系统积木块与内部模型：政务管理、商业模式与文化理念

系统积木块在分析中的本质作用与“主体”是相同的。两者的区别是，主体是不可拆分的基本元素，而系统积木块是可拆分的子系统。在应用于分析较高层次系统的问题时，就会用到系统积木块的概念。它把下一层次的内容和规律即内部模型“封装”起来，暂时忽略”或“搁置”其内部细节，作为一个整体参与较高层次系统的相互作用。而内部模型则是指系统积木块之间的互动规律，当我们了解内部模型之后，便能在一定程度上预测系统的自适应行为，这是我们寻求解决系统问题的杠杆解的关键之处。

在CBD中，市场化组织、公共性组织都普遍存在，它们之间的

互动往往通过一定的管理模式或商业模式体现出来。而文化理念对CBD的整体氛围发挥着微妙的促进或阻碍作用，是影响CBD主体及其子系统互动的微妙因素。

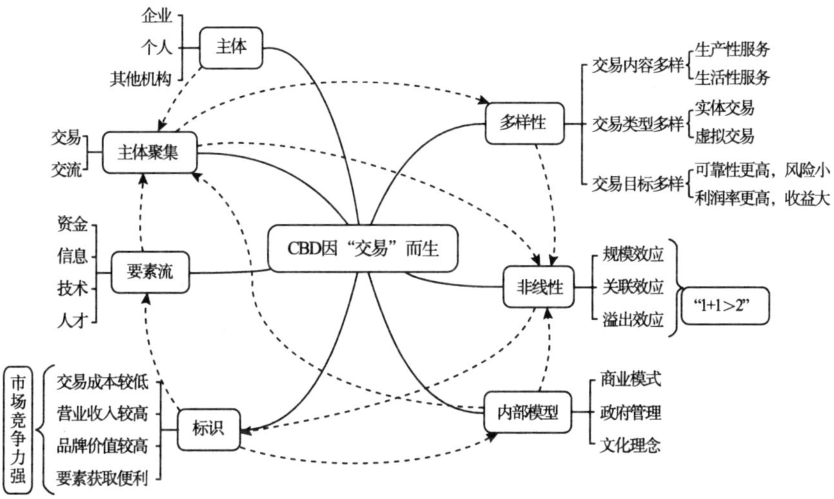

图3-1 CBD系统的基本概念

总而言之，CBD系统中的主体包含企业、个人和其他机构。主体聚集呈现出交易和交流两类状态。在CBD的交易与交流活动中，资金、信息、技术、人才等要素不断流动。CBD的交易与交流呈现出多样性，涉及内容和目标的不同，如生产性服务与生活性服务、实体交易与虚拟交易、利润最大化与风险最小化等不同体现。由于CBD中各类主体、要素的聚集带来交易成本低、品牌价值高、要素获取便利等有利标识，进一步强化了要素的流动和主体的聚集，产生规模效应、关联效应和溢出效应，呈现出乘数式的非线性发展效果。其中商业模式、政府治理和文化理念都是调节CBD交易和交流活动的重要机制。

因此，在不同的时代，CBD有着不同的形态特征、主导内容，但其本质脱离不了以“交易”为主导的产业功能，所以，CBD本质上是当期城市发展最高端、最具有竞争力、最有活力的产业功能区。同时，CBD是一个动态概念，它与时代特征相适应；时代变化了，则CBD也会映射出相应变化。

专栏：古老城市中的CBD雏形

1. 庞贝古城的繁荣集市

早在公元前6世纪，在欧洲的庞贝城，就已经诞生了世界上最早的CBD雏形。在庞贝古城的商业区聚集着不计其数的商摊店铺：水果摊、菜市、鱼市、肉店、奶酪店、橄榄油店、鱼籽酱店、面包房、酒馆、漂洗行、织布房、陶器作坊、打铁铺、铜匠坊、玻璃作坊、金银作坊等随处可见。在阿波罗神庙旁边有一个特制的石灰石小洞，这是市政府为防止不法商人缺斤短两而设制的标准容器，以保证交易公平。“市”的繁荣成就了庞贝城，使之从一个小渔村发展成为古罗马第二大繁华富裕的城市。在一家陶器作坊里，贴着一则布告：“每礼拜六，庞贝、诺卡拉有集贸；每礼拜天，阿特拉、挪拉有集市。”公元前2世纪，庞贝就建有食品市场，现在还依然能够看到出售商品时的遗迹。

2. 唐都长安的东市与西市

唐都长安城是中国古代实行“里坊制”城市的典范，宫城和皇城（政府机构所在地）居中偏北；东西两市（面积各90多公顷左右）分列两厢；街坊以道路划分，仍采取类似闾里的形。全城划分为108个里坊，每个里坊面积有25~70公顷，大体相当于今天一个大型的居住小区。

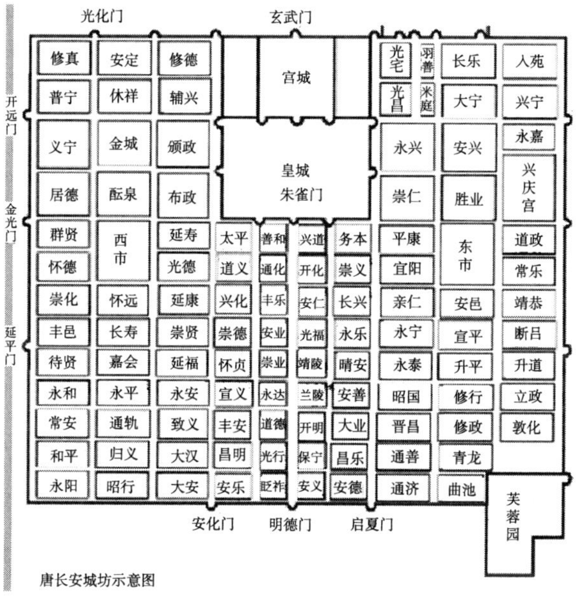

唐长安城坊示意图

其中，“东市”主要服务于达官贵人等上层社会，而“西市”不仅是大众平民的市场，同时还是聚集着大量西域、日本、高句丽、百济、新罗等国际客商的国际性大市场。唐代“西市”占地1600多亩，建筑面积100万平方米，有220多个行业，固定商铺4万多家，被誉为“金市”，是当时世界上最大的商贸中心。两市商贸繁荣，人们购物多去这两处，时而买东，时而买西，久而久之，“买东西”一词也就成了人们购物的说辞。

（三）四大必需系统支撑 CBD 发展

CBD 是一个微型的城市系统，规划系统、产业系统、基础设施系统、服务系统是支撑其发展必不可少的四大系统：①规划系统是 CBD 发展优劣的前提和先导，是 CBD 的智慧系统，指明 CBD 的发展方向和发展底线，对基础设施、产业和服务都发挥着指导作用。CBD 的规划系统，涉及战略规划、空间规划、产业规划和其他专项规划，每种规划都描绘了一种 CBD 的蓝图剖面。②产业系统是 CBD 的核心功能，是 CBD 的动力系统，是 CBD 竞争力的终极体现。规划、基础设施和服务是围绕产业发展需求而设置。CBD 的产业发展，涉及要素集聚、企业集聚和产业集聚等，多种集聚相互支撑，环环相扣。③基础设施系统包括水电气热、道路通信、园林绿化等公共设施的建设和维护，是 CBD 发展的硬件系统。CBD 的基础设施往往是城市基础设施系统的重要环节，拥有更高的建设标准和先进应用。④服务系统是 CBD 发展的软件，也是 CBD 发展的平衡系统。CBD 的服务不同于城市全方位的服务系统，而是要针对 CBD 的各类主体提供精细化的服务。

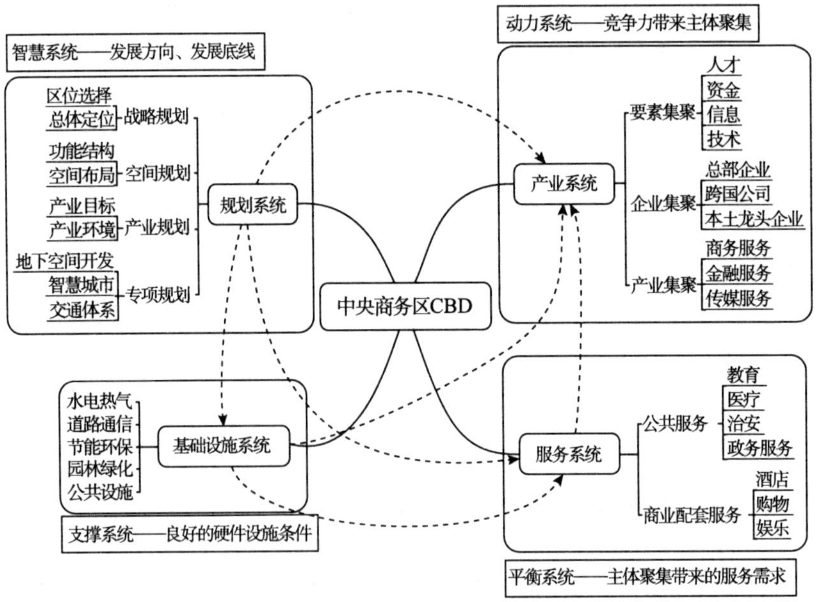

图 3-2 CBD 四大必备的基本系统

CBD 作为复杂自适应系统的非线性发展要求 CBD 的规划和实践

必须考虑不同子系统之间的关联性，形成系统性地解决方案。只有各子系统围绕优势条件较完美地配合发展，才能够最大程度地发挥出CBD的优势作用。任何一个子系统无法较好的配合，都将导致优势的弱化，如同“木桶理论”中的短板效应。

当前CBD发展面临的问题，往往也不是某一个子系统的问题，而是子系统之间的匹配性不足。CBD，因“交易”而生，一切发展皆是为了更好地交易，从而形成一个良性的动态循环。尽管CBD的功能越来越综合，但所有的综合都是为了更好地实现其产业功能。非产业功能，对于CBD既不可或缺，亦过犹不及。

因此，CBD的发展不只是一种模式，而是全方位、多层次的；不是局部的，而是整体的，要从整个城市、国内外的环境去全盘考虑；不是单层面的，不仅仅从经济功能的代表，也要从文化、区域控制力、生态环境等多个方面去认识和发展。另外，从CBD的发展现状来看，CBD也可以是一个广泛范畴，所有城市都可以打造适合自身的CBD，为自身地区的发展塑造永葆活力的载体和平台。

三、CBD面临的挑战与未来趋势

（一）CBD发展面临的挑战

尽管CBD已经朝着绿色生态的方向发展，追求经济与环境的和谐，但CBD可持续发展作为一个新的理念更多地是停留在概念层面，从概念到实践的实施机制还不明朗。除此之外，CBD的可持续发展还应该包括生态以外的更多内涵，体现经济动力、社会活力和人文魅力。因此，高度聚集下的CBD还面临着许多挑战。

1. 中心扩散性不能适应 CBD 对紧凑、高效发展的要求

由于用地日趋紧张所造成的地价飞涨和周围建筑限制等因素的限制，在一定程度上制约了第三产业的进一步发展。为了疏导、分散 CBD 的职能，为城市第三产业特别是信息业的发展创造条件，从而迁出 CBD 的部分高档机构、人为降低 CBD 的中心性，这种做法不仅增加了 CBD 的交通量，使 CBD 面临严重的交通压力，同时也增加了能源资源的消耗，违背了提高 CBD 效率的初衷，而高度密集的 CBD 区域需要精细化的管理。因此，如何更好地运用信息化的开放、共享和创新，使 CBD 更加宜居宜业，是值得我们进行思考和探索实践的课题。

2. 单一价值取向不能适应 CBD 日益复杂的功能需求

CBD 源于集聚经济效应，以追求经济效益为主要目的，其终极目标的理想化、单一的价值取向，给它带来诸多的不足——理性主义的规划方法，使 CBD 形成了刻板的内部结构，同质化的空间形态，使环境失去丰富的生活情调。同时，高昂的地价造成了工作与生活的分离，使 CBD 在夜间和休息日失去了活力；而对地域文化的漠视和无限制的发展模式，则使文化和生态环境受到一定的破坏。另外，随着 CBD 中经济、社会及人文要素组合的日益复杂化，功能使用性质（如公共性、私密性）、空间特征（如动态、静态）等因素的差别和矛盾，增加了空间组织、交通组织、功能组织等各设计方面的复杂性。但是单一的价值取向，将使 CBD 仅仅成为一个工作的场所，则熄灭其作为一个社交场所和文化交融空间的活力，也难以满足集聚的人群对其功能内涵的需求。

3. 高密度楼宇空间不能适应人类对舒适生活的渴望

高度的集聚也给区域内人与自然的共生带来挑战，安全、舒适度

与防灾成为急需解决的问题。实际上，CBD高楼大厦的过于集中，对交通、信息流通、物资供给、环境治理、消防安全等多方面提出更高的要求，当这些配套措施和条件达不到的时候，就会造成混乱，降低效率，给人们的工作和生活带来很多的麻烦，如消防安全问题，不同阶层的包容问题等。而CBD作为经济集聚的产物，常常忘记了与人性的融合。现代CBD的空间设计往往以汽车为主要尺度，汽车给我们带来了速度和效率，也使城市人丢失了人性中必须有的休闲和文化品质。然而，一个真正活跃和可持续的CBD将包括各种各样的人群和提供不同功能的用途，成为城市人（不仅仅是西装革履的商务人士）进行社会交往和文化交融的活动场所。休闲娱乐功能和游憩功能逐渐成为CBD的主要功能之一。CBD从对建筑的关注转向为更多地重视人性化场所，更加重视购物者的休闲体验。大到城市规划层面的城市设计，小到建筑单体设计和园林绿化，锐意为城市商业功能增添更多的人性化场所与景观元素。

（二）CBD可持续发展的导向

CBD作为可持续发展的先行者，它在自身高速发展的同时，也引领着全社会对美好生活和工作的憧憬，率先实践着城市可持续发展的种种要求。从经济产业来看，CBD以“低碳”的现代服务业为主导，逐步占领未来经济和社会发展的制高点；从组织方式来看，CBD以高效智能的管理体系为纽带，带动区域内的企业和个人率先践行低碳生活；从空间载体来看，CBD以高密度、高容积率的建筑群适应了低碳城市在空间形态塑造上的紧凑性要求，蕴含着较大的节能降碳潜力。可以说，CBD的可持续发展是城市可持续发展议题中非常重要的环节，甚至对城市的可持续发展起到决定性的作用。

在追求CBD可持续发展中，一些趋势已初见端倪，也引发了社会各界的热议。西方国家的CBD已经走过兴盛繁荣，经历过种种由于规划或模式带来的历练，在走向可持续发展的道路上先行探路。而发展中国家的CBD正处于青春年少，发展仍是第一需求。此时对发展中国家的CBD来探讨CBD可持续发展，也许会引发“为时过早”的争议，但我们却认为眼前的发展与可持续发展的终极目标并不矛盾，高瞻远瞩反而是一种幸运，能够帮助这些新兴的CBD避开西方国家CBD曾经沉陷过的泥泞道路，走得更快、更好、更远。

图3－3　可持续发展CBD的战略导向

1. 理念上低碳集约

CBD相应集中了最高级别的经济活动，是城市地域结构和功能系统的核心，是城市及区域繁荣、发展的动力源及标志。同时，伴随人类活动的高度聚集以及物流、人流、资金流、信息流的高效传输，在城市CBD及周边一定距离的地域空间范围内，各种形式的能量流动必然产生大量直接或间接的二氧化碳排放。因此，推进CBD空间发展模式的低碳转型，相比城市其他地区而言，可以收到更为明显的节能降碳效果，为城市低碳化发展作出更大贡献，并带来较直观的经济和环境效益。

CBD 低碳集约最明显地体现在其生产方式的不同：首先，从依靠自然资源的“外在化”生产转向开发人的智力的“内在化”生产，减少对自然资源的消耗，非物质财富的增长成为经济的主要增长点。知识型产业成为产业结构的主体，创造知识和智慧的价值将成为经济增长和社会发展的主要推动力。其次，CBD 的低碳集约体现在单位 GDP 的低能耗水平上。尽管 CBD 作为一个整体能耗并不低，但相比这一区域产生的 GDP 而言，其效率还是很高的。此外，CBD 内倡导绿色建筑，把低碳的工作和生活方式嵌入其中，广泛地宣传了这一理念，因此 CBD 也是城市绿色建筑最集中的区域。

2. 功能上高度复合

城市是一个有机体，其内部存在着各个部分彼此错综复杂的相依性，具体的表现就是城市生活的多功能交叠。简·雅各布斯在《美国大城市的死与生》中写道：“有一点毫无疑问，那就是，单调、缺乏活力的城市只能是孕育自我毁灭的种子。但是，充满活力、多样化以及用途集中的城市，孕育的却是自我再生的种子。即使有些问题和需求已经超出了城市的限度，但他们也有足够的力量延续这种再生的能力并最终解决那些问题和需求。”

美国休斯顿市的 CBD 就是一个典型的反面案例。休斯顿 CBD 占地 1.5 平方公里，建筑面积 420 万平方米。其 CBD 的功能单纯地定位于办公，基本无公寓、住宅及配套商业、娱乐设施，这样虽然符合 CBD 的商务功能定位，但明显过于单一。休斯敦 CBD 内早晚都发生着大量的通勤交通，下班后则很少有人留在区域内活动，夜晚很冷清，而且也造成巨大的停车场面积的低效占用。1982 年，在休斯顿中心工作的有 12 万人，其中 86% 的人使用私人小汽车，这一比例是世界上最高的。因此，中心区内建筑用地实际上是较少的，而绝大部分地面被用作露天停车场。这一现象被作为 CBD 过度集中而使城市中心区活力衰退的典型受到广泛的批评。

功能复合有利于这一问题的解决，即提高中央商务区功能土地的混合使用，把生产和生活功能相结合，在每座城市中心区开发大量的服务业岗位，让更多的人就近上班，以缓解城市交通拥挤。同时，功能的高度复合也造就了更多的社会交往机会、更多的安全感、更好的城市活力与街道生活等。在这一战略选择中，伦敦走在了前面。2004 年版的大伦敦规划不再提 CBD 的概念，而提出了 CAZ（Central Activity Zone）的概念和实施举措：一是尽力为商务、旅游、零售等相关的商业化开发提供支持，尽力为国际中介机构、院所及服务机构的发展提供必要的条件。二是重视国际性购物中心建设的广度、深度和质量；维持和管理一些具有战略性的娱乐设施，与规划的广度目标保持一致。三是注重人性化空间的塑造，建设充足的绿化带和步行道等公共空间，组成绿化系统，并辅以布局合理的休息设施、便利设施；在充分考虑到其设计的功能性、艺术性的同时，着重注意其休息性、安全性及便利性，体现以人为本的原则。

巴黎拉德芳斯则是一个吸取过功能单一带来负面效果教训的案例。通过业态的多元化，它现在已经成为一个建有完善的配套服务设施为区内各类企业及居民服务的多功能复合型 CBD。20 世纪 80 年代，区内已建成当时欧洲最大的购物中心，总面积达 10 万平方米。拉德芳斯区还有以 CNIT 会议中心为代表的数家大型会展中心，基本满足企业会议和展览的需要，并举行过七国高峰会议等高等级的国际会议。文化建设也是拉德芳斯区建设中的特色之一，IMAX 剧院、CNIT 会展中心、德芳斯宫（The Defense Palace）、新凯旋门屋顶展厅（Toit de la Grande Arche）等经常举行展览、艺术表演、音乐会等文化活动，提高了拉德芳斯Sub-CBD的城市品位，丰富了其城市内涵，也聚集了更多人气。

3. 空间上垂直拓展

传统城市都是沿着二维平面而生长的，街道、广场、园林等城市空间主要在城市地面上发展，城市的各种分项系统分别占据城市土地的二维平面。在城市职能体系日趋复杂的今天，这种方式不仅浪费了有限的土地资源，又使复合功能的实现受到空间限制。城市中可利用土地日趋减少和城市职能多样化的需求，促使人类更普遍地探讨城市空间的三维立体综合运用，这改变了传统的城市二维使用模式，构成一个地上、地面、地下互动的空间体系。对于CBD这样一个土地紧张、楼宇密集、交通繁忙、人口聚集的区域，充分利用地下空间资源特别是通过修建发达的地铁、隧道、停车场、方便的地下人行过道和加强中心区的汽车管理等方式来增加交通的可达性显得尤为必要，这也是国际通行做法。

开发地下空间的总目的是在不过多扩大用地规模的前提下，使空间得到扩大，而扩大空间的最终目的，是使人们获得更多的开敞空间、更充足的阳光、更新鲜的空气、更方便的交通、更优美的景观和更舒适的生活。因此，在CBD区域中每天占用人们大部分时间的居住和工作，适宜留在地上自然环境中，而将其他短时间的活动，如出行、购物、文娱、体育、业务联系等可以移到地下空间中去。此外，只需少量人员加以管理的物流，如货物运输、邮件运输、垃圾运输，以及各种公用设施系统，也可以整合到地下。瑞典学者伯格·扬森提出的“让人留在地上，把物放到地下”，也是类似的一种设想。

例如日本，重视地下空间的环境设计，无论是商业街，还是步行道，在空气质量、照明乃至建筑小品的设计上均达到了地面空间的环境质量。而在美国纽约曼哈顿的街道上则可以看到建筑物并非从地面开始，建筑物的下面几层用来停车，道路上面的空间则被建筑所利用。这种立体化的规划充分地利用了空间，也给曼哈顿省出了更多的土地用来绿化。

4. 环境设计上以“人为本”

专栏：纽约中央公园

中央公园位于曼哈顿矩形区内，占地341公顷，是大规模的中央商务区公园的代表。设计者奥姆斯特德运用景观设计的手法对纽约城市结构进行了整合，将中央公园作为曼哈顿纵横交错的城市路网中的一个巨大“活眼”，设计了大规模的绿色开敞空间和视线走廊，使周围的楼房、街道充满无限的生机。中央公园不仅创造了赏心悦目的自然环境形象，而且还与摩天大楼一起构成了一道独特的美国纽约的城市景观。

城市是人的聚集地，“人”是城市设计之本，对“人”尺度的思考是最本源的思考。中央商务区作为城市各个要素高度集聚的地区，是公共性活动强度最高的地区，必须满足活动参与者的需要，尊重人、尊重人的行为、尊重人的活动。从空间维度上要求关注人的心理和生理要求，从社会维度上要求关注各个阶层人群的发展状况和需求。

一方面，要设计以人为本的感知系统。CBD的各个空间要素，如道路区域或地标等，要让人从视觉上一目了然，以帮助人们找到场所的方位感。在各个节点或功能区的连接上，要有足够的、清晰的交通指引（如路标、地图、指示说明牌等），引导人流、物流在城市各功能区或主要建筑物之间顺畅地通行，尤其是对于指引牌语言要考虑CBD的外向性和国际化特点。另外，CBD是人流众多、活动繁杂的地带，容易给人一种嘈杂、混乱、无序的感觉，要通过动静皆宜、小尺度的细节上的城市设计，最大限度地降低负面因素的影响，让人获得安全、舒适和愉悦的感受。另一方面，在这样一个多元化的社会，多样化正是可以表明人的不同行为和意志的融合。CBD要以包容的氛围反映和表达这种差异。城市是人类聚居的产物，而成千上万的人聚集在CBD，这些人的兴趣、能力、需求、财富甚至口味又都是千差万别的。但CBD不能专属于某一类人，而要能够包容不同的阶层、不同的文化，因为它们都是CBD的不可或缺的组成要素，而正是这种人的差异所产生的丰富性才给CBD带来了活力和色彩。

5. 文化上创新引领

商务区作为城市各个要素高度集聚的地区，它不仅仅是金融和商业的代名词，它也延续了浓厚的文化艺术气息，是公共性活动强度最高的地区，知识和精神在这里盛行。在新经济的时代，商业模式是自主创新的微观基础，与原创性技术创新同样重要。甚至可以说，在某种程度上商业创新更加重要，因为如何把技术变成金钱，其中最核心的是商业模式创新。苹果公司在2011年8月11日超越美孚石油，成为世界上市值最高的公司就是一个鲜明的案例。在中国，互联网火热的时候，搜狐、新浪等门户网站便脱颖而出；门户网站火热的时候，做B2B的阿里巴巴便迅速壮大；而做电子商务火热的时候，盛大又把网络游戏做大了。当然新的商业模式不仅仅表现在IT行业，在其他各个领域也出现了新的商业模式：如家改变了传统的酒店模式，以连锁和简化酒店功能的新型商业模式，获得了商务人士的广泛推崇；分众传媒“发现”了楼宇广告，并开创了户外媒介传播的新方式等。这些商业模式创新的企业大多聚集在CBD，它们引领着产业发展方向和消费潮流。同时，作为企业大规模的集聚地，每天都有大量新的商业创意被投资者捕捉到，促使绝大多数商业创新在这里发生，并对社会、经济甚至文化产生着巨大影响。这正是CBD创新引领的魅力所在。

6. 运营上智能高效

在信息化时代，E-CBD已成为CBD发展的重要趋势，它是以电子数据交换、电子商务、电子金融等最新信息技术为支撑，以电子货币为主要媒介，以现代化的金融服务和电子商务为核心功能，以国别、人文为地缘标志，面向世界的现代化商务区。E-CBD凭借先进的网络和信息技术，具备了全球性、双体性、动态安全性等优势。

首先，信息像磁石一样吸引经济向这些节点城市集聚，而通信技术则使得节点城市对信息网络覆盖的范围具有强控制力，加之信息技术发展与投资之间的互动效应，使信息网络有助于增强CBD作为控制和交易中心的力量。

其次，利用信息传递取代或减少交通通勤，减少CBD交通量，克服原本存在于人机交流中的一些时间和空间障碍，对城市发展所产生的替代效应使得城市发展呈现扩散化趋势。人们可以在家里办公、网络购物等，大大减少了对物质场所的需求。面对中心的拥挤和较高的使用成本，替代效应亦使城市空间的扩散提供可能，一些功能迁出，从而使CBD的功能结构得以纯化，空间区划更为明晰。为高级管理功能提供支持的后台办公，如：金融公司的票据清算、汇款、信用卡办理业务、银行批发业务外迁至劳动力和办公场所都更为廉价的郊区。

再次，信息技术的应用有助于增加现存交通和能源网络分配物流、人流和资源的效率、容量和安全性。基于信息化带来的机遇，由于经济全球化产生的新经济活动不可能均匀分布，也不会沿袭固有的经济部门和经济地域分配，城市之间必然面对发展的竞争，而信息技术则成为城市参与竞争最有效的手段，因此不少大城市都确立了依靠信息技术增加城市吸引力的发展战略。

一言概之，可持续发展的CBD，在空间层面，是城市环境与区域环境的有机结合；在时间层面，它是城市传统历史环境与现代高尚环境的有机结合；在功能层面，它是城市经济环境、社会环境与生态环境的有机结合。

评价篇

CBD作为一个资金、信息、人口高度集聚的人工化生态系统，其本身是一个自适应的复杂系统。如何实现CBD这个高度集聚的人工生态系统的良性发展是一个非常值得研究的课题，构建CBD可持续发展评价体系应当是这一课题研究的重要成果之一。

第四章　CBD 可持续发展能力评价

构建 CBD 可持续发展评价指标体系是促进 CBD 良性发展的需要。评价只是手段，以评促建，重在建设。对 CBD 发展进行指标评价，一方面是为了对比 CBD 目前发展现状，在比较中突出不同 CBD 的特色和优势，借鉴经验，反思不足，抓住优化提升的着力点；另一方面是引导 CBD 的健康发展，评价指标要具有引导性，体现 CBD 的本质特征，其所衡量的发展能力应该是 CBD 建设发展的指南针。

从目前我国 CBD 的发展情况来看，由于各城市对 CBD 的认知程度不同，导致部分 CBD 在建设发展中要么照搬西方走过的道路，要么干脆走样成为一种热炒的房地产概念，未能取得预期的发展效果。盲目规划建设 CBD 项目，不仅是对公众资源的浪费，而且将导致 CBD 面临建成后不具有生命力而被迫转型的阵痛。2012 年 3 月商务部颁布了《商务领域标准化管理办法（试行）》，要求对中央商务区制定标准、分类指导。期望通过制定和贯彻中央商务区标准，从思想上提升对中央商务区的认识，从实践上科学引导中央商务区的建设和发展，从影响上吸引社会各界更多地关注中央商务区的发展，推动对中央商务区发展的探讨、研究。可以说，通过构建 CBD 发展评价体系，对 CBD 的规划、产业、配套等多方面进行引导，显得十分及时而且必要。

一、国内外相关评价体系的研究借鉴

（一）国外相关研究成果

1. 联合国可持续发展委员会（UNCSD）可持续发展指标体系

为了响应1992年联合国环境与发展大会和《21世纪议程》的号召，联合国可持续发展委员会（United Nations Commission for Sustainable Development）于1995年批准了《可持续发展指标工作计划》。该计划的主要目标是通过明确定义、阐明方法、提供培训和能力建设等活动，制订可为国家一级的决策者们所接受的可持续发展指标。同时，这些用于国家政策的指标也会应用于提交给联合国可持续发展委员会以及其他的政府间机构。1996—1998年世界上24个国家（非洲6个国家，亚太地区4个国家，欧洲8个国家，美洲6个国家）对有134个指标的初步指标体系在国家尺度上进行了检验和应用。测试国家总体上反映不错，但提出三个方面的重大意见：该指标框架适合于环境问题而不甚适于社会、经济和体制问题；框架的缺陷影响了国家指标的选择；指标数目过多，难于测试与开发。在此基础上，UNCSD对指标框架进行了修改，修改后的新框架包括15项39个子项，其特点是：强调了面向政策的主题，以服务于决策需求；保留了可持续发展的四个重要方面——社会、经济、环境与制度；并未严格按照《21世纪议程》中的章节来组织，但也有一定的对应关系；取消了对“驱动力—状态—响应”的对应分类，尽管最终所选指标仍代表了对它的综合（UNDSD，2001年）。

2. 瑞士洛桑国际管理开发学院（IMD）国际竞争力评估指标体系

瑞士洛桑国际管理开发学院IMD从1989年开始出版《世界竞争

力年度报告》，对世界上主要国家和地区的国际竞争力进行评估和排序。该年度报告已经成为世界上对国家的环境如何支撑其竞争力的领导性分析报告。《世界竞争力年度报告》使用的评价指标体系不断有所变化，目前包括经济表现、政府效率、企业效率和基础设施等四大类指标，每个大类指标又分为五类指标，一共 20 类 314 项指标（IMD，2002 年）。依据该指标体系，《世界竞争力年度报告》对世界上 49 个主要国家和地区（30 个 OECD 成员国家，19 个工业化国家和新兴经济国家）的国际竞争力进行了研究和排序（IMD，2002 年）。更关键的一个因素是，每一年根据当年的全球经济环境和投资环境，报告都会加入一些新的内容。如 2010 年报告中有一个很重要的内容，即加入了各个国家的抗压指标，就是一个国家经济体的抗压指标。据《世界竞争力年度报告 2010》，新加坡、香港稳居前 2 名，而 16 年来一直稳坐第一的美国却跌至第 3 名。另外，中国大陆也比 2009 年上升了 2 位，排在第 18 名，领跑英国、法国、日本等这些老牌的经济强国。由于该指标体系的约 1/3 指标是主观指标，因而其评价结果受人为因素影响明显，导致评价结果的波动比较明显。

（二）国内相关研究成果

国内学者在借鉴国外相关研究成果的基础上，结合中国国情，在研究区域可持续发展指标体系方面，在理论创新和实证分析上都取得了一定的成果。

1. 中国科学院可持续发展研究课题组

中国科学院可持续发展研究所设计了中国可持续发展指标体系。该指标体系分为总体层、系统层、状态层、变量层和要素层五个等级。其中，总体层将表达可持续发展的总体能力，代表着战略实施的总体态势和总体效果；系统层由生产支持系统、发展支持系统、环境支持系统、社会支持系统、智力支持系统等五大系统组成；状态层是在每一个系统内能够代表系统行为的关系结构，其表现形式可以是静态的也可以是动态的；变量层共采用48个指数，从本质上反映状态的行为、关系、变化等的原因和动力；要素层采用可测的、可比的、可以获得的指标及指标群，对变量层的数量表现、强度表现、速率表现给予直接的度量，由208个指标组成。

2. 国家统计局统计科学研究所和中国世纪议程管理中心课题组

国家统计局科学研究所和中国世纪议程管理中心联合成立了“中国可持续发展指标体系研究课题组”，研究提出了中国可持续发展指标体系，从大的领域看，包括经济、社会、人口、资源、环境及科教六大部分。该课题组认为，可持续发展指标体系分为两种，一种是描述性指标体系，具体反映某种现象的状况，共有196个指标；另一种是评价指标，藉以反映可持续发展各个领域、各层次以及总体的趋势变化动态，共有各类指标100个。

3. 国家发展计划委员会国土开发与地区经济研究所课题组

国家发改委国土开发与地区经济研究所中国可持续发展指标体系研究课题组设计的中国可持续发展的指标体系，包括社会发展指标、经济发展指标、资源指标、环境指标以及非货币指标五个方面，其中社会发展指标23个，经济发展指标18个，资源指标6个，环境指标20个，非货币指标12个。

综上所述，虽然有众多的学者和机构对区域发展水平的评价指标体系进行研究，也涌现出了大量的相关研究成果，但至今未出现一个被全球公认并易于应用的指标体系，这说明区域发展水平的评价指标体系研究还有待进一步完善。

一是评价指标体系不能很好地体现主题。研究主题是评价指标体系的核心灵魂，评价指标体系应紧扣研究主题，具体而清晰地体现主题，但一些综合评价活动的评价指标体系往往会出现“文不对题”的问题。因此，在 CBD 发展综合评价中不宜过多地罗列指标，那样会掩盖主题的个性和内在本质，而应紧扣 CBD 的本质特征和最终呈现出的发展水平来构建指标体系。

二是规避资料取得的难度，自创一些似是而非的指标或用一些相关性不大的指标来代替，这将使评价的效果大打折扣。考虑 CBD 作为城市的一个功能区，数据统计缺乏普遍的完备性，将以 CBD 统计体系最为完备的北京商务中心区为模板，借鉴北京 CBD 统计数据库来设计指标。另外，将借鉴已经发布的相关评价结果中的指标来进行相关方面的评判，如普华永道发布的《全球机会之都评价报告》、世界银行的《投资环境分析报告》等。

三是权重系数确定的合理性不够。大部分综合评价都涉及权重系数确定的问题，其对评价结果具有较大的影响。权重系数一般都是通过专家评分法确认，这要求专家对评价领域具有相当的专业性和熟悉度，并且这样的专家评分要进行至少三次，最后得出较为一致的权重判断结果。

目前对 CBD 的评价还只是停留在对 CBD 生态、经济等某一方面的评价，还尚未建立起一个整体的可持续发展评价指标体系。虽然这些研究成果为评价 CBD 可持续发展能力提供了有益的参考，但也存在很多问题，突出表现在这些指标体系多针对一个区域乃至一个国家，往往评价的视角过于宏观，不能突出 CBD 区域特色，不完全适合于 CBD 这种城市内的单独区域，而且这些评价体系考虑的因素过多，指标动辄上百个，不利于数据的获取和计算。因此，需要针对 CBD 这一独特区域，对其可持续发展评价体系进行重新设计，力求以较少的指标，最大限度地反映 CBD 的可持续发展能力。

二、CBD 可持续发展能力评价体系构建

CBD 是以商务服务、金融服务等为主导的现代服务业集聚区。CBD 与一般的产业功能区不同，它因聚集了众多跨国公司、总部企业、国内知名企业、国际组织等而对区域、全国甚至世界范围发挥着辐射带动、创新引领的作用，是决策中心、管理中心和信息中心。

CBD 对要素聚集的整合能力，直接决定了它不可能是一个普遍性的事物，而是一个极具稀缺性的事物，不是所有城市都能支撑起 CBD 的发展，不同城市的 CBD 也具有不同的要素整合能力。CBD 的发展同样需要吸取我国经济开发区、高新技术开发区发展的教训，即数量的激增并没有带来价值的提升，反而使园区的重要性和影响力弱化。因此，对 CBD 可持续发展能力的评价基于两个初衷：一是让适合建设 CBD 的城市重视它为城市和区域发展带来的价值，培育和发展 CBD；二是让不同能级的 CBD 形成梯次，在相应的梯次上提出针对性的要求，引导各 CBD 走出一条适宜自身条件的可持续发展道路。

（一）CBD 可持续发展能力的内涵

可持续发展的核心是经济、社会、人、科技和环境等方面的协调，实现发展与资源环境条件相互平衡。可持续发展的本质仍是以发展为核心，同时要求经济、社会、人、资源、环境、科技等各方面相协调，既要确保当代人利益，也要为未来发展留足空间，在资源、环境永续利用上做好文章。鉴于 CBD 作为动态发展系统的本质内涵，我们认为 CBD 评定标准必须抓住关键：集聚力、影响力、创新力和配套力（服务能力），而这四大可持续发展能力又建立在科学合理的规

划系统、高效活力的产业系统、坚实稳定的基础设施系统和完备精细的服务系统上。

对于规划系统，我们应该审视CBD的区位选择是否有硬伤，未来发展是否面临限制，建设规模是否与所在城市经济实力相适应，功能结构是否遵循合理的比重，交通体系和通信是否有较高的规划建设水平，有益于实体和虚拟的流通效率，节能环保上是否采取较好的规划建设举措，能否实践可持续发展理念。

对于产业系统，我们应该审视CBD的经济运行效率如何，CBD是否具有突出的产业集聚水平。CBD在相关经济指标上不但强调总量规模，将更强调地均GDP、地均财政收入、投资强度等相对值，以体现CBD发展的经济集约性。CBD的主导产业比较明显，主要是商务服务和金融服务，个别CBD还突出其在创意、传媒等产业上的特色。

对于基础设施系统，我们应该审视CBD的建设标准是否走在了时代的前列，是否率先探索新技术以解决超高密度带来的城市问题，是否能够适应信息化时代对速度的追求。

对于服务系统，我们应该审视CBD是否具有国际竞争力，能否吸引世界范围内的优秀人才、资金和信息汇集于此。服务功能是CBD的核心功能，服务业尤其是生产性服务业占据主导地位。服务业的规模和水平，直接关系着CBD的服务生产能力和市场竞争能力。并且服务业以人力资本为主，良好的生活环境是吸引人才的重要原因。

基于上述四大系统，CBD的可持续发展能力最终体现为强大的集聚力和影响力、非凡的创新力和服务能力。

集聚力是CBD的核心特征，但是CBD的聚集效应又比一般的产业功能区，如产业园区、开发区表现得更加突出。作为商务中心区，这里不仅有以商务服务业为主导的产业聚集，也有其主体高端企业总部的大量聚集，因此，其所具有的经济集中度和产业集中度都将具有较强优势。伴随着高端企业总部的大量聚集以及由此带来的大量产业要素聚集，这里也是城市资本要素、高级人才的聚集地，在商务功能强度、经济集中度、产业集中度、土地价值强度、资本聚集度、人力资源密度等方面都表现强劲。

商务功能强度主要衡量 CBD 区域商务功能所占比重，这是最能体现 CBD 特征的重要指标之一。因为如果 CBD 的商务功能不足，那么 CBD 就不能称之为商务中心区了，所以指标体现要能衡量 CBD 内部的商务功能比重。根据国际相关经验，这一指标的衡量可用区域内部商务建筑总面积比上区域内建筑总面积来定量计算。

经济集中度主要衡量 CBD 经济聚集度和贡献度。经济集中度越高说明 CBD 在城市中的经济地位越高，其作为一个城市高端要素资源聚集的作用越明显，这也是城市发展 CBD 重要的目的之一。经济集中度可用两个指标来衡量，分别是 CBD 年度国内生产总值占所在城市 GDP 的比重、CBD 税收占所在城市税收的比重。

产业集中度主要用来衡量 CBD 产业结构的高级化和合理化水平。CBD 不刻意追求城市传统产业结构的理想比例关系，CBD 的产业结构要能体现出其独特的功能价值和高端要素聚集特征。这一指标可用排名前 5 的行业增加值占总行业增加值比重或税收比重来衡量。比值越高，说明 CBD 主导行业在 CBD 中的支配地位越高，这一比值要和商务功能强度指标匹配使用，方能体现 CBD 的基本特征。

土地价值强度主要衡量 CBD 单位土地经济贡献度。作为经济要素高度集中和以楼宇经济为主要特征的区域，明晰单位土地的价值是检验 CBD 发展效率的重要指标。土地价值强度越高，说明 CBD 在区域发展上效率越高，贡献越大，这一指标也能通过与其他产业功能区的土地价值强度进行比较，从而显现出 CBD 的独特价值。土地价值强可用单位面积土地税收额来衡量，可以用 CBD 税收（产值）总额除以 CBD 单位建筑面积（或占地面积）来衡量。

资本集中度主要衡量 CBD 资本市场的聚集度。资本作为城市和 CBD 经济发展中的重要变量，是过去生产活动积累起来的财富，是物质财富的直接体现，也是经济活动的主要成果。因此，世界银行也根据这一思路提出用“资本”存量来衡量可持续发展。在资本构成中，最具流动性的部分是金融资本，如金融机构存/贷款余额、全年保费收入和外资利用，加上金融资本所具备杠杆的作用也使得其成为城市和 CBD 资本的核心。可用 CBD 全社会固定资产投资总额占所在城市该项总额的比重、CBD 年末金融机构存/贷款总额占所在城市该项总额的比重、CBD 年末实际利用外资总额占所在城市该项总额的比重三个指标来衡量。

人力资源密度主要衡量 CBD 作为一个高端商务聚集区其高级人力资源的聚集程度。人力资源是推动 CBD 可持续发展的重要动力之一。人力资源密度越高说明 CBD 的发展动力越大，其潜在的创新能力也就越强。人力资源密度可用 CBD 本科及以上学历就业人数占 CBD 就业人数的比重指标加以衡量。

影响力就是辐射力。CBD 成为强大辐射源头的核心是其能够整合全球最优秀的资源。CBD 集中了大量的金融、贸易、保险等跨国公司，对城市和区域经济的支配、主导、控制力较强。CBD 极大的影响力不仅体现在其营商环境的国际化上，而且还体现在其国际化水平、所覆盖的腹地经济范围的大小，以及知名企业的数量上。

首先，CBD 作为城市的高端商务中心区，始终坚持的是高端定位，其国际化水平的高低直接体现了 CBD 的影响力。第一，CBD 是城市中吸收外来投资最多的区域，区域内外资企业的数量以及外商投资额的大小会影响 CBD 区域内政策的开放度。外国投资带来的外部效应或“溢出效应”，即通过中间投入品的本地化，带动中上游产业的发展，并将使我国能够更加广泛地参与国际分工和竞争，提高我国产品在国际市场的占有率。外资企业数量的增多，在外资企业与原有体制的磨合中，也有利于 CBD 与国际接轨。第二，CBD 占据着区域内经济、政治、文化活动的制高点，是一个国家（或地区）参与国际政治、经济和社会分工的重要载体。第三，CBD 国际传媒产业的发展带来了信息流、资金流、人流的持续扩张，对该地区的物理承载环境形成了巨大的压力，也对政府公共服务能力提出了更高的要求。国际传媒产业作为集聚发展潜力的创意产业，本身蕴含着巨大的经济价值，另外又承担着传播文化、增强软实力的功能，凭借自身能融合文化、科技、创意和产业为一体的特性，能够为 CBD 实现国际化提供强大的动力。

其次，CBD 的影响力在很大程度上依赖于其区域腹地的范围和范围内的经济条件。CBD 的腹地经济范围表现在扩散和辐射的区域大小。区域腹地经济规模大，经济增长快，经济体系健康活跃，城市拥有开放自由的经济环境，都有利于 CBD 扩大影响力。根据 CBD 影响力的大小，全球 CBD 也构建了一个梯度丰富、层次鲜明的层级体系。

第三，CBD 的影响力可以通过区域内顶尖品牌企业的数量加以体现。企业是所有经济活动的主体，也是 CBD 各产业的构成单元，企业的活力和竞争力决定着 CBD 的活力和竞争力。值得注意的是，CBD 由于其自身的功能（商务服务功能）和定位（区域经济辐射中心），决定了区域内的企业必然集中于管理、营销等业务。CBD 区域通过汇聚总部型企业，可以发挥经营和决策的中枢作用，能够对 CBD 内总部企业所辐射的区域范围进行经济控制。这些顶尖企业入驻 CBD 之后，就会带来“品牌效应”。因为其代表的是全球最高的生产力，以及不同产业中的最高端环节，企业品牌的影响力使 CBD 突破区域界线，强力带动区外的上下游产业链，并且引领区外更大范围的经济发展方向。

创新力是CBD可持续发展的动力源泉。在CBD的发展史上，其每一项重大创新都在推动时代的发展，影响着世界的发展轨迹。往往CBD本身就是一个创新中心，它是诸多国际规则和国际业务的发源地，从CBD开始，现代证券、债券、商品交易等要素市场的形成，使CBD成为全球资源的综合配置中心。从CBD的发展历史和本质特征来看，CBD的创新力量主要体现为制度创新、商业模式创新和技术创新。

制度创新实际上是从社会政治、经济和政府管理、企业管理等制度角度进行的革新，通过变更支配人们行为和相互关系的规则，以及变更与其外部环境的相互关系，激发人们的创造性和积极性，促使不断创造新的知识和社会资源的合理配置及社会财富源源不断地涌现，最终推动CBD的发展。对于CBD的制度创新，主要从政策法规透明度及国际接轨程度、行业协会组织发达程度、商务签证周期、行政审批效率和管理模式角度加以评价。首先，国际化以及透明的政府政策是营造企业发展环境的重要手段。透明性是国际惯例和WTO的基本要求和原则。CBD发展需要向区域内的企业或个人提供没有歧视性的制度环境，以促进企业间的公平竞争；同时，CBD需要在企业或个人能够方便获得制度信息的媒体渠道进行制度信息公开，并致力于帮助企业和个人理解、运用相应的制度规则以获取合理的收益。其次，行业协会组织的建立，可以搭建政府与企业沟通的平台以及行业内部的联络平台，及时协调解决各行业发展中存在的问题，为区域企业资源共享和开展国际商务活动提供渠道。专业化的组织可以及时、全面地反映入驻企业、机构和个人的需求和意见，随时了解市场和社会对政府服务的满意度，并将信息反馈给政府。政府通过行业协会的工作，对入驻机构、跨国公司及相关企业，在创业、融资、经营、人员培训、产业政策咨询、与相关部门沟通协调等方面给予支持。另外，市场经济发展的实践证明，哪里的政府办事效率高，哪里的发展环境就好，就能够形成“洼地效应”，左右企业、资金、劳动力的流向。行政审批效能作为政府工作效率的“风向标”，在市场的竞争中起着至关重要的作用。

政府管理模式的创新决定CBD发展的持续动力。伦敦“金融城自治模式”、东京新宿CBD“组织共治式”模式、新加坡CBD公私合作、政府规范的模式、北京金融街和上海陆家嘴政府主导的“公司经营式”管理模式，以及纽约曼哈顿CBD“政府引导，市场运作”的模式，都是在当地CBD发展的条件上进行了适应性改进，提高了企业与政府的互动。

最佳技术不等于最佳产品，最佳技术不等于商业成功，最佳技术也不等于企业盈利。对于企业来说，要想开发出应和消费者的最佳产品，取得商业成功和企业盈利，商业创新比技术更加重要。CBD作为大量企业的聚集地，每天都会有大量新的商业创意被投资者捕捉到，同时又提供了大量为企业服务的资源，促使绝大多数商业创新在这里产生，并对社会、经济甚至文化产生巨大的影响。这正是CBD创新引领的核心魅力所在。CBD聚集行业门类繁多，而跨行业产品或服务的结合是商业创新的重要形式之一；CBD是人才与信息中心，汇聚了最前沿的消费和商务需求；CBD商务设施与服务完善，创投机构集中为商业创新提供了良好的孵化成长平台。商务区内企业和人员的多元化特征显著，外资企业和外籍人士众多，是城市范围内开放程度最高的区域，与国际市场联系紧密，是城市、区域乃至国内与全球进行联系的重要桥梁，思想的火花在CBD最容易得到激发，新的思想在这里最容易实现共鸣。

21世纪以来，以信息与互联网技术为代表的新技术对全球经济的推动作用越来越不容忽视，科技创新已经成为全球经济未来发展方向的先导，科技创新的推动功能已经成为 CBD 保持未来可持续竞争能力必要的支撑。从工业革命到信息革命，技术一直是推动经济增长最重要的动力来源，科技创新作为未来经济发展方向的引领，直接关系到经济在全球发展中的竞争力，CBD 通过其在金融资本、市场通道、交易展示等方面的优势加速了科技创新的产业化、市场化发展，并通过科技创新的引领始终保持其在经济发展中的先导地位。科技创新为金融资本提供了超额收益的投资机会。追求高收益是金融资本不变的追求，作为代表未来生产力发展的方向，科技创新在高风险的背后隐含着潜在的被无限放大的收益机会的可能，以私募基金、风险投资为核心的金融投资行为已经成为集聚金融资本的新兴行业代表。站在 CBD 的角度看，市场是衡量技术创新的最好标准，市场应用是检验创新水平的关键。

配套力（服务能力）对于保证一个经济体的正常运转至关重要，它是决定经济体的活跃程度、经济活动种类和经济活动效率的重要因素。从目前国内外 CBD 发展态势来看，区域内各项基础设施及配套服务水平已成为企业、人才投资发展需首要考虑的因素之一，尤其对高端企业和人才具有极大的吸引力。因此，配套力指标主要以基础设施配套、公共服务配套及商业设施配套三个方面为二级指标进行评估。

基础设施配套是 CBD 运行和发展的物质载体，其中交通与通信的通达性对 CBD 密集的物质流、信息流、人才流都至关重要。首先，交通设施是 CBD 与外界交换物质流、人才流等产业要素的主要通道和载体，涉及与机场、港口、地铁等重要交通枢纽之间的通达性。路网密度则直接决定了 CBD 内部的通达性及交通设施的运转效率。成熟的 CBD 要求在道路建设方面形成与 CBD 发展要求相适应的城市内部及区域间通达的道路网络，实现区域内外部交通的顺畅对接，提高CBD的外部可达性和内部畅通性。其次，随着信息技术、网络的发展，信息成为所有社会过程和社会组织的原材料，经济生产、主流文化、政治、军事赖以依存的社会结构都建立在对信息和知识的收集、储存、处理与生产的基础上。通信基础设施作为CBD与外界进行信息交换的主要通道和载体已经成为确保CBD有效集聚并对外辐射的重要条件。通信网络的质量和覆盖率能在很大程度上影响CBD作为信息中心的信息流转速率，从而提高整个经济体的整体效率。另外，CBD不仅仅是高楼林立的工作场所，更应该为在区域内活动的工作者提供舒适惬意的交互空间。因此，我们将以人均绿地面积作为衡量CBD生态环境的重要指标。

首先，公共服务配套是CBD的必备功能，但与一般城区的公共服务不同，CBD公共服务更多地是针对在此经常居住和工作的商务人士，为他们提供必需性配套服务。“精准”而非“全面”是CBD公共服务的重要特点。具体来说，我们将从区域内配套教育机构数量、配套医疗机构数量及配套文化设施数量三方面来考虑CBD的公共服务配套能力。由于CBD的国际化与多元性，对于一些有特殊需求的群体，CBD应具备提供相应服务的能力，如国际化双语幼儿园、高质量的职业教育和在职教育等。初级教育机构能够为在CBD区域内工作的部分群体免除子女教育的后顾之忧。而职业教育和在职教育对劳动力技能的持续升级有着重要的作用，是CBD人才资源的主要提供者。其次，针对CBD的人群特点，CBD的配套医疗机构应以常见病诊治、一般性服务为主，兼顾国际商务人士对国际性医疗服务的需求，如提供高质量的配套服务。另外，CBD作为城市的中央商务区，精英人才的聚集自然带来多元文化和活跃氛围，而文化则能够发挥黏合剂的作用，因此相应的文化载体，如博物馆、影剧院、艺术中心、健身中心等文化设施的配套也是CBD社交生活的主阵地。

商业设施配套则是凸显优质商务环境及服务水平的重要标志，包括高品质写字楼、酒店餐饮设施以及高档的购物场所。随着企业及人才对娱乐和人居环境需求的增加，商业综合体成为CBD配套设施的重要组成部分，包括影院、购物中心、餐饮服务中心等设施。首先，商业综合体提供的购物、餐饮等服务和文化娱乐设施作为CBD功能的必要补充，使CBD摆脱了非工作日冷清的局面，而实现“7天24小时”繁华。其次，写字楼、酒店也是CBD商务办公的必要设施。5A认证代表CBD写字楼的高端品质。商务活动的开展、会议会展、技术交流等高端服务业的发展对酒店有较高的需求。作为对外服务的窗口，CBD区域内4星级以上酒店、5A级写字楼等商务基础设施的数量，在硬件方面能够反映出CBD现有的商务设施的品质和功能完备性，同时也显示了CBD以国际化发展为导向所能提供的商务服务能力及水平。

（二）指标体系构建思路

1. 指标选择的理念

（1）立足CBD的本质特征

指标体系作为CBD建设发展的指南针，用于评价CBD最具代表性，最能体现CBD本质特征，最能体现其发展能力和价值。尽管CBD的发展与其所在的城市、国家的经济社会发展环境密不可分，但同样的影响因素却能在各个CBD打下不同的烙印，因此，我们更应该直接从这些影响因素所导致的最终结果来评判CBD的发展能力（如公司经营中的业绩评价：performance - evaluation），即所谓“外因通过内因来作用”。CBD就像城市母体的“心脏”，评价CBD不能简单地套用对城市发展能力评价的标准，如同检查心脏功能时，不能照搬整个人体体检的检查指标一样，而只需要知道心跳次数、供血量等是否正常，而这些心脏的指标都是紧紧围绕心脏在人体中的功能来确定的。

认识一个事物，必须追溯其出现与成长的历程，这样才能从纷繁的表面现象中挖掘和抽象出其本质特征。因此，我们主张从城市 CBD 的起源及其逐步发展的过程中提炼出 CBD 最核心、最本质的特征。我们认为 CBD 最核心的特征首先是“集聚”，所以，CBD 的发展评价指标不能单纯地强调规模，而更要强调单位强度。其次是由“集聚”这一核心特征衍生而来的“辐射”，通俗地讲就是“影响力”，以及集聚和辐射的外溢促进了 CBD 的创新和引领能力。

（2）结合中国 CBD 发展的特性

欧美的 CBD 大多数是伴随着市场规律而自发形成的，在成形之后才多多少少地注入了政府的力量。回溯伦敦金融城、纽约曼哈顿这类老牌 CBD 的发展历程，我们可以看到这些 CBD 是由港口而兴起，随国家的产业更新换代而繁荣，又在全球一体化进程中发挥着巨大的影响力。另外，因为在欧美国家中一般一个国家只有不多的一两个 CBD，因而 CBD 显得格外耀眼，而城市间的产业分工界限较为分明，其 CBD 往往代表的是国家的经济实力。

中国 CBD 的发展跟国外 CBD 有着许多不同。对于中国而言，大多数 CBD 一开始就在政府主导的模式下发展。作为后发的 CBD，中国有机会向世界上已经成功的 CBD 直接借鉴发展经验，往往短短数十年就能打造出一个“东方的曼哈顿”。而且，中国面积广大，区域及城市间产业分工并没有那么显著，相反产业结构同质化现象更为明显，往往是多个区域和城市同时在争抢同一个经济增长点。CBD 的建设也如此，中国各省基本上都有 1～2 个城市打造 CBD，甚至同一个城市有多个 CBD。在这种情况下，除了北京、上海、香港等 CBD 能够代表国家的经济实力以外，更多的CBD腹地仅仅限于一个省域甚至一个城市。因而，中国的CBD发展不可能一律瞄准伦敦金融城、纽约曼哈顿的模式，而需要在同质化发展中“百花齐放”，各自结合所处的腹地经济，走特色化发展之路。

（3）反映CBD发展的未来趋势

CBD是城市“以最少的资源，获取最大的效益”的最佳选择，是城市集约性、规模性、高端性的集中体现，代表了城市发展的最前沿，也是城市实践创新理念的先行区。CBD所实践的创新理念，未来将推广到城市的其他区域，这是CBD固有的基因决定的，它必然将履行“城市长子”的义务。

欧美国家的CBD已经走过兴盛繁荣，经历过种种由于规划或模式带来的历练，不断地在危机和挑战中更新换代。相比之下，我国的CBD正处于青春年少，发展仍是第一需求。但我们却认为眼前的发展与可持续发展的终极目标并不矛盾，反而应该秉持“人无远虑，必有近忧”的信念，构建出鞭策CBD更新换代的有效机制，避开西方国家CBD曾经沉陷过的泥泞道路，走得更好更远。CBD发展评价指标体系就如同信号灯一样，能够及时帮助我国新兴的CBD纠正偏差，防患于未然。

2. 指标选择的原则

作为一种城市业态，CBD虽然已经存在近90年了，但是国外CBD往往作为一个城市的一部分没有明显的边界概念；而国内的CBD，除了北京、上海陆家嘴、深圳、广州等少数区域形成规模之外，其他区域仍处于规划期和建设期。所以，在构建指标体系时，要考虑到能以合理成本收集到高质量数据的现实性、能反映实际情况且利于指标在不同城市商务区内使用的广适性以及能反映CBD综合发展水平的代表性。另外，CBD 发展指标评价工作的意义在于，对比国内外 CBD 发展的现状，认清 CBD 所处阶段和发展中存在的问题，更好地指导实际工作，因此，尽量选取日常统计指标或容易获得的指标，以便直观、简要地说明问题。此外，CBD 的发展能力体现在集聚、辐射等多种非线性活动中，有些领域很难用数字来衡量，而更多地体现为人的感受，因为这些领域确确实实影响了人。鉴于此，CBD 的发展评价指标体系应介于虚无的理念和僵化的数字之间，连接定性与定量，成为一套以代表性指标来呈现一般性理论的评价体系，使指标体系更加灵活，既具有方向性，又具有实践的指导性。因此，CBD 发展评价的指标选择应把握如下六个原则。

（1）层次系统性

CBD 发展是一个复杂的系统组合，其中很多因素之间既相互独立，又相互制约，这需要我们设定合理的评价层次，从大层面入手，层层深入，形成一个系统的树形评价指标体系。同时，在 CBD 发展评价中，各个因素的作用或各个表象特征的内在机理是不同的，这就需要选择影响 CBD 发展系统的主要因素，忽略次要因素，以便对城市发展进行有效评价。

（2）指导示范性

指标的选取与设计应对 CBD 的建设和发展具有正向激励作用，指标的设计应对 CBD 发展起到标准示范的作用，成为 CBD 未来发展可以借鉴参考的标的。

（3）清晰规范性

评价指标应在范畴、影响方向等方面具有清晰的界定和较为明确的规范性，而不能含糊其辞、似是而非。如仅论述总部、产业结构这样的指标，就比较含糊，缺乏可比较性，要明确什么类型的总部、什么样的产业结构是合理的。

（4）代表性与全面性的平衡

评价指标应该涵盖CBD发展的各个主要层次，力求全面地反映CBD发展的内在动力，以避免信息的缺失。但在指标的全面性中，应把握一个合适的度，即以较少的指标全面地反映问题，切不可罗列过多的评价指标。一些指标具有高度的统计相关性，在指标选取设计中只要涵盖那些具有可靠信息承载量的关键指标即可。通过这些具有代表性的指标即可全面地反映问题，同时又可避免过多的指标对核心指标体现出效果的冲击和磨损。

（5）定性与定量相结合

综合评价指标体系的灵活与完美需要定量指标和定性指标的有效结合。在CBD发展中，诸如商业模式创新、文化活力等一些更为依托感知的层面很难通过一些量化的指标来完全体现，这需要引入一些定性指标来衡量。另外有些定量指标具有片面性、存伪性等特征，也需要引入一些定性指标加以全面衡量。

（6）替代性与针对性相结合

在CBD发展中，会受到所在城市和国家的影响。另外，一些地方的CBD多是一个概念范畴，在地域空间上并不具有明确的范围，数据统计量很少。这需要我们在评价指标中通过相关区域的指标来替代，但这种替代并非是完全的替代，一定对CBD发展具有明确的针对性。若对所有的CBD而言，这个相关区域的指标与CBD都具有高度一致相关性，则我们可以通过这个指标来替代。若一致相关性的程度差别较大，则需要根据它们之间的联系进行有针对性的处理。

（三）评价指标的解读

可持续发展的核心是经济、社会、人、科技和环境等方面的协同"发展"，而且这种发展应该与资源环境条件相互平衡，既要能够满足当代人的各种合理需要，同时又不至于危及后代人满足其需要的能力。因此，我们构建可持续发展指标体系的思路是：结合国内外CBD建设的相关经验，深入分析总结CBD在经济、社会、环境、开放度等领域上所具有的特征，以突出CBD特征、数据现实性、科学有效等为原则，以促进区域可持续发展为重点，建立一套“以经济、服务、环境、创新”等领域相辅相成、“以量化指标为主，兼顾定性评价”的CBD可持续发展指标体系。其具体的指标一方面是从应用于城市的统计指标中摘取的相关定量指标，另一方面是用专家打分法评价的定性指标。

必须指出的是，在构建CBD评价指标体系时，鉴于国际、国内在指标的获取性难易程度上的不同，数据的数量级、单位等不同，在指标体系设立中，从国际、国内两个维度进行梳理。同时在国内的CBD位于能级不同的城市并处于不同的发展阶段，也需要有梯度式的评价指标。

1. 构建CBD评价指标体系

表4-1 国外CBD可持续发展能力评价指标

一级指标	指标说明	二级指标的考虑
经济集约性	体现CBD在经济、投资、土地、人才、建筑上的集约性	• 人均GDP • 产业集中度 • 投资强度 • 土地利用强度 • 劳动力密度
服务完备性	体现CBD在公共服务设施和服务上的实力。包括公共空间、经商环境、医疗餐饮、安全等服务配套职能	• 教育培训服务 • 宜商环境 • 医疗卫生服务 • 生活配套服务能力 • 交通通达性

续表

一级指标	指标说明	二级指标的考虑
文化多元性	凸显文化交流传承与文化产业发展和国际交流	• 文化活力 • 文化公司指数 • 历史文化指数 • 语言多国性指数 • 国际交往与文化交流
创新引领性	凸显 CBD 在业态创新、科技创新、新型商业模式等方面突出的示范作用	• 全球企业品牌 • 高等教育人数比例 • 风险投资集聚度 • 新兴业态的成长指数 • 总部经济指数

如表 4－1 所示，CBD 可持续发展能力评价指标体系是由 4 个一级指标和 20 个二级指标组成的。文化多元性、经济集约性、服务完备性和创新引领性 4 个一级指标下的二级指标数分别为 5 个，各占二级指标总数的 25%。

对于国内 CBD，则从功能复合、高效集约、网路通达、持续创新、人文魅力及宜居宜业等六个方面对 CBD 发展进行评价，见表 4－2。

表 4－2　国内 CBD 可持续发展能力评价指标

一级指标	指标说明	二级指标的考虑
功能复合度	体现商务区在办公、商业、居住、娱乐休闲等各方面功能的合理性	• 业态配比的合理性 • 城市综合体支撑力度
经济集约度	体现商务区整体经济贡献和要素单位贡献的程度	• 经济总量水平 • 经济效率水平 • 人均收入水平

续表

一级指标	指标说明	二级指标的考虑
网路通达度	体现商务区在交通、网络、区位方面的贯通性	• 出行基础设施支撑力度 • 信息基础设施支撑力度 • 商务基础设施支撑力度
持续创新力	体现商务区创新的实力和潜力，在制度、观念、研发等方面的综合体现	• 企业创新能力 • 人才支撑力度 • 创新环境氛围
文化影响力	体现商务区人文发展水平，彰显商务区的发展灵魂和包容力度	• 历史文化水平 • 社会包容水平 • 企业文化动力 • 国际交往能力
宜居宜业度	体现商务区居住办公、企业发展成长的适宜程度	• 居住条件 • 购物环境 • 教育环境 • 保健娱乐环境 • 营商环境

2. 国外CBD评价指标解读

(1) 经济集聚性

高度的集聚性是CBD区域区别其他区域的一个重要特征。不论国际CBD还是国内CBD，往往地处城市核心区域，通常在几平方公里内就聚集了大量的500强企业、金融机构，地均投资强度极高，实现了人流、物流、资金流等的高度集聚。

人均GDP是一个城市和区域发展水平的重要指标，也是CBD居民收入水平的一个重要表现。产业集中度通过以CBD每个产业分布与该城市CBD所有产业分布的比值来表示该CBD每个产业的集中度。

投资强度采用地均 GDP 来衡量。劳动力密度通过 CBD 就业人数与面积的比值来获得。

（2）服务完备性

完备的公共服务是 CBD 发展的必要保障。CBD 是国际顶级商务办公场所的集聚地，5A 级写字楼、星级酒店等商务基础设施云集，商务硬件设施品质和功能较强，同时伴随着完善而优质的公共性产品和服务，交通设施及服务体系较为通畅，生活设施及服务体系便捷，以促进企业在 CBD 的正常经营和发展。

教育培训服务指标包括高等教育、职业教育、培训服务等几个方面。宜商环境从商业环境、政策法规完善程度、社会安全稳定性、商业机会、金融支援、商业结算便利性等多方面来表征。医疗卫生服务可用城市人均寿命值替代，数据资料来源于世界卫生组织《2009 年世界卫生报告》。生活配套服务能力包括完善的多语指示标识、公园广场绿地、公共休憩场所等城市体系等设施，通过专家打分法获得。交通通达性选择以道路便利度来表征城市道路交通便捷程度。

（3）文化多元性

全球化是 CBD 产生和发展的原因之一。在 CBD 的长期发展中，容纳了来自世界各地的多元传统和文化，其中包括宗教、教育和种族关系等领域，CBD 同时作为国际商务和商业区，也兼顾了各种文化间交流与传播、展示与发展的使命。

语言多国性指数通过城市 CBD 区域范围内四星级以上酒店所使用的语言为衡量依据。历史文化指数通过历史文化遗产数量和建成时间两个指标来衡量。文化公司指数通过福布斯世界 2000 强企业中文化公司在全球的网络分布结构，结合文化公司分布于全球网络的架构体系及其分布特点来衡量。文化活力、国际交往与文化交流 2 个指标通过专家打分法得到。

（4）创新引领性

CBD区域创新要素高度集聚，拥有大量的高级人才和金融、专业服务、企业总部等高层次机构，也是金融、商贸、专业服务等领域技术、产品、服务、业态等的主要创新中心。CBD在商业模式、文化创意、建筑风格、服务创新、业态创新、技术创新等方面，占据着价值链高端和品牌优势，是全球新型业态的引领和示范。

全球企业品牌数据资料来源于世界品牌榜。总部经济指数用跨国公司发展指数表征。高等教育人数比重用世界顶级的5000家大学在世界各城市的分布表征。风险投资集聚度用金融发展指数表征。新兴业态的成长指数采用专家打分法。

3. 国内CBD评价指标解读

从国内CBD来看，评价其可持续发展能力，可以从功能复合、高效集约、网路通达、持续创新、人文魅力及宜居宜业等六个方面重点考虑。对于其中的细分指标和变量，我们会综合考虑CBD所在城市、所在区县及周边区县、商务区自身的发展情况进行灵活选择和构建。之所以如此考虑，是因为从承担的城市功能、规划建设进程等方面来看，目前评价的16个国内CBD具有较大的差异性，我们可将其分为如下三种类型：一是核心中央商务区，承担着城市的核心功能。它是一个城市实力的体现，如北京CBD、上海陆家嘴CBD、广州天河CBD等。对于该类商务区，我们会考虑应用城市可持续发展的一些变量。二是副中心型中央商务区。该类商务区一般是其所属区及周边区县的核心实力的体现，但它不像核心CBD那样能够体现整个城市的实力，如上海虹桥CBD等。对于该类商务区，我们会考虑应用其所属区的一些变量。三是规划建设初期的中央商务区。该类商务区还处于建设阶段，一些楼宇刚刚建成，尚未有企业入驻，或仅有少量企业入驻。对于该类商务区，我们根据其规划区域和规划水平，融入其所属区域及城市的变量进行评价。该类CBD得分仅代表目前的发展能力，并不代表未来的发展水平。

（1）功能复合度

从国际经验来看，CBD作为城市的一部分，往往是多种职能兼顾、各种业态混合的区域。既有办公和商业设施，又有居住和公共设施等，而这些设施的合理配置需要通过规划以适应商务区的发展。

作为一个城市的CBD，商务办公是其主要功能，因此应占据较大的比重，但同时又需要商业、居住和娱乐功能的配套支撑，才能使CBD充满活力。因此，CBD的商务办公是否占据主导地位，其他功能能否支撑商务区的发展，城市综合体的数量和吸引力就成为衡量CBD功能复合性的重要考虑要素。

（2）经济集约度

高度的集约性是CBD区域的一个重要特征。CBD往往地处城市核心区域，通常在几平方公里内就云集了大量的大型企业、金融机构，实现了人流、物流、资金流等的高度集聚，为地区贡献了大量的产值、税收和居民收入。

由于目前国内各大城市CBD在占地面积、容积率、范围界定等方面存在较大的差异性，因此，我们不仅应通过总量指标和单位要素指标进行综合考量，同时还要对每个指标融入产值、税收、财政收入和居民收入等变量进行综合评价。CBD的经济总量反映在CBD的GDP、税收、增加值等指标的综合。CBD的经济效率反映在人均或地均GDP、财政收入等指标的综合。CBD的财富支撑水平通过综合区域内人员的收入水平和财政支出水平得出，因为两者均能体现区域内所能产生的财富价值。

（3）网路通达度

高度集聚的人流、物流、信息流，对区域交通、区位、商务设施、通信环境等提出了较高的要求。上述方面的便捷、便利程度及对外的贯通能力将对商务区的可持续发展具有较大的影响。

对网路通达性的三个二级指标，出行设施支撑力度反映商务区的对外接待能力，可通过宾馆设施、邮电设施、商业设施、银行服务、交通设施和用户的交通满意度等综合考量；信息基础支撑力度可通过通信设施、网络设施等综合考量；商务基础设施支撑力度主要是通过城市的路网通达性、港口支撑及自然区位等方面进行综合考量。

（4）持续创新力

创新是 CBD 可持续发展的主要基础之一，持续创新可以有效地为可持续发展的决策提供依据和手段，促进区域可持续发展管理水平的提高，提高 CBD 的资源综合利用效率、经济效益和社会管理能力，从而实现可持续发展的战略目标。CBD 的创新，表现在商业业态、社会管理方式、制度创新以及政策创新上。

在具体评价时，可以从企业、人才和环境氛围三个方面考量商务区的持续创新能力，企业反映管理、制度、观念等方面的综合创新水平，人才是商务区人才知识、人才技能和区域内人才供给的综合体现，环境氛围需要从商业业态、政策创新、社会管理等方面所体现的创新环境来考量。

（5）文化影响力

可持续发展的最终目的是实现人的可持续发展，文化同样也是商务区发展的不竭动力。CBD 是区域核心实力的集中体现，往往也是国际化氛围浓厚的区域，是各种文化交织、碰撞的区域，因此对 CBD 而言，人文魅力也是 CBD 可持续发展的核心要素之一。

城市商务区文化影响力的评价，可以从如下四方面来看：一是商务区及其所属城市或区县的历史文化积淀；二是商务区所属区域的社会包容力度，比如对外来健康文化的接受、社会各阶层的融洽相处等；三是企业的文化内涵，企业是CBD的基本要素，因此，企业整体所体现的精神风貌、员工与企业的和谐程度等都会体现出商务区的人文魅力；四是商务区的国际交往能力，当然这方面与其所属城市的实力有很大关系。

（6）宜居宜业度

宜居宜业的环境正成为一个城市可持续发展的重要考量要素，也是目前国内城市发展的一个重要趋势。同样，对于凝聚城市核心资源的CBD，宜居宜业环境也是其可持续发展的重要推动力。

宜居宜业可以通过住房、居住地的生态环境、购物环境、保健娱乐环境、教育环境和营商环境来综合评价。居住条件通过人均住房面积、生活配套设施、物业服务质量、居住地的生态环境和住宿满意度等指标来衡量；购物环境是通过每万人拥有的商业连锁店数、每万人金融机构网点数、餐饮环境和购物满意度等指标来衡量；教育环境是通过人均中小学数量、每百人公共图书馆藏书、普通高校人数、教育质量等指标进行综合评价；保健娱乐环境是通过区域的万人医院床位数、人均剧场（影剧院）数、人均体育运动场馆数和娱乐满意度等指标综合评价。

（四）数据来源和评价方法说明

1. 数据来源

国内CBD的数据来源于多个方面：一是包括2010年的《中国统计年鉴》、政府统计公报、国家有关部委的专业年鉴和各城市的统计年鉴，以及《中国城市竞争力发展报告》、《中国城市竞争力报告》等社会机构研究报告；二是由于所有CBD仍在建设之中，很多数据无法取得，因此指标均以已建成的其他城市CBD的相关数据推导而出；三是通过中国CBD联盟，向国内其他CBD管理委员会发放问卷调查获得。

国外CBD的数据来源主要是以下三个方面：一是基于其官方统计机构初步的年度统计报告和统计年鉴获取；二是国际性统计机构、国际性研究机构或公司的主题报告，如世界银行、经合组织、普华永道公司发布的报告等；三是通过联系近百位专家，采用专家打分法获得。为了使研究便于理解，避免复杂的加权，我们赋予了每个变量同等的重要性。

2. 评价方法

（1）标准化数据

由于全球各个城市CBD的指标体系相对庞杂，使用的数据冗繁，各项指标的量纲不同，需要首先进行标准化的综合集成，所有指标数据都必须进行无量纲处理。本文中采用的是Z-score标准化法。

（2）专家打分法

对于一些难以获得的指标和软性指标，通过匿名方式征询有关专家的意见，对专家意见进行统计、处理、分析和归纳，客观地综合多数专家经验与主观判断，对大量难以采用技术方法进行定量分析的因素作出合理估算，再经过多轮意见征询、反馈和调整后得到。

三、CBD发展评价结果说明

（一）国际CBD评价结果

1. 可持续发展能力综合评价

国际CBD从文化多元性、经济集聚性、服务完备性、创新引领性四个方面，综合打分，得出的评价结果见表 4 - 3。

表 4 - 3　国际 CBD 可持续发展能力评价

国际 CBD	文化多元性	经济集聚性	服务完备性	创新引领性	综合评价
曼哈顿 CBD	78	93	87	92	87.5
伦敦 CBD	88	82	83	71	81
巴黎 CBD	59	70	86	69	71
东京 CBD	48	74	86	63	67.75
悉尼 CBD	56	60	88	42	61.5
芝加哥 CBD	42	76	85	42	61.25
新加坡 CBD	42	59	94	48	60.75
香港 CBD	49	50	84	52	58.75
首尔 CBD	35	58	81	42	54
斯德哥尔摩 CBD	25	65	86	25	50.25
北京 CBD	45	35	80	39	49.75
马德里 CBD	40	49	80	26	48.75
上海 CBD	38	39	81	31	47.25
柏林 CBD	29	46	85	22	45.5
莫斯科 CBD	41	29	78	33	45.25
利物浦 CBD	13	46	83	8	37.5
开普敦 CBD	8	25	70	9	28

从表 4 - 3 中可以看出，在可持续发展中排名前五的 CBD 分别是纽约曼哈顿 CBD、伦敦 CBD、巴黎 CBD、东京 CBD 以及芝加哥 CBD。应该看到的是，由于世界经济中心长期掌控于欧、美、日，传统西方发达国家的 CBD 在综合排名中依然保持着难以撼动的地位。“领头羊”纽约曼哈顿 CBD 以微弱优势保持领先。作为老牌发达城市 CBD，曼哈顿在四个方面上表现均衡，这种优势也帮助纽约经受住了金融危机的考验。不过也应该看到，纽约 CBD 在居住质量、交通往来等方面得分不高，这表明未来在宜居性、人口结构等方面，纽约 CBD 仍有较大的发展空间。

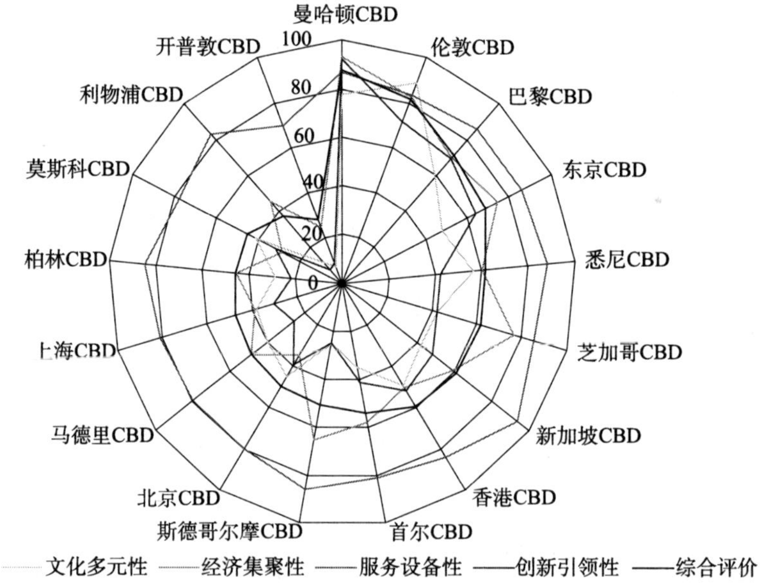

图 4－1　国际 CBD 可持续发展综合评价雷达图

随着亚洲城市的崛起，中心转移的趋势明显，中国、俄罗斯、巴西等国家以其经济高度的活跃程度，在世界经济的影响力日益提高。亚洲国家和非洲国家的 CBD 也在全球 CBD 中扮演着重要角色。我国排名比较靠前的是香港 CBD，排名第 8 位；北京 CBD 位列中游，排名第 11 位；上海 CBD 排名第 13 位。

排名靠后的分别是柏林 CBD、利物浦 CBD 和开普敦 CBD 等，它们在经济集聚性和创新上都有待于进一步突破。

2. 可持续发展能力专项评价

借助 CBD 可持续指标体系，从文化多元性、经济集聚性、服务完备性和创新引领性等五个方面，将纽约、东京、巴黎、伦敦、新加坡以及中国发展相对较好的香港、北京、上海等 CBD 进行分析和对比，根据专家的打分意见，得到各指标得分，通过得分平均值得到指标的最终得分。

（1）文化多元性分析

文化多元性是从文化活力、语言多国性指数、历史文化指数、文化公司指数以及国际交往与文化交流五个方面来进行分析的，各城市 CBD 文化多元性指标得分情况见表 4－4 所示。

表 4－4　国际 CBD 文化多元性指标综合评价

国际 CBD	文化活力	语言多国性指数	历史文化指数	文化公司指数	国际交往与文化交流	文化多元性综合打分	排名
伦敦 CBD	94	100	64	88	96	88	1
曼哈顿 CBD	100	58	30	100	100	78	2
巴黎 CBD	88	17	52	59	79	59	3
悉尼 CBD	76	100	4	56	46	56	4
香港 CBD	65	33	38	41	66	49	5
东京 CBD	82	17	9	57	76	48	6
北京 CBD	18	4	100	45	59	45	7
新加坡 CBD	41	42	11	48	66	42	8
芝加哥 CBD	71	67	2	22	46	42	9
莫斯科 CBD	59	13	44	32	57	41	10
马德里 CBD	53	13	36	41	58	40	11
上海 CBD	24	33	43	32	57	38	12
首尔 CBD	29	4	51	38	50	34	13
柏林 CBD	35	8	36	29	35	29	14
斯德哥尔摩 CBD	41	8	20	19	39	25	15
利物浦 CBD	6	13	22	0	25	13	16
开普敦 CBD	6	3	5	2	25	8	17

从文化多元性综合结果看，伦敦 CBD、纽约曼哈顿 CBD、巴黎 CBD、悉尼 CBD 和香港 CBD 位列前 5 名，首尔、柏林、斯德哥尔摩、

利物浦和开普敦CBD排后5名，香港、北京、上海分列第5、7、13位。

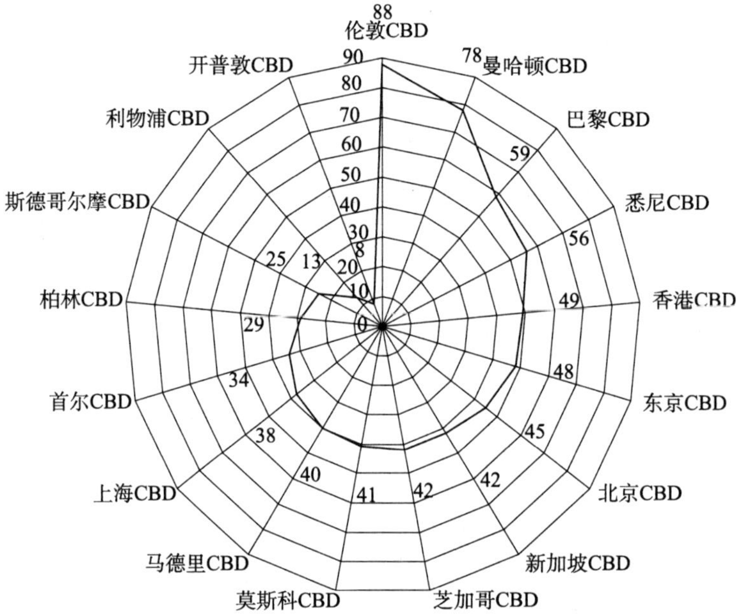

图4－2　文化多元性综合评价雷达图

排名榜首的伦敦CBD依托英国在全球的文化、语言地位，在文化活动量、语言多国性、历史文化、文化公司发展、国际交往和文化交流等多个方面均保持领先优势。伦敦每天有超过200项的文化活动节目。早在2002年，平均每月进入剧场的成年人近43.9%，平均每年进入剧场的成年人为316.1万人次，进入艺术馆或展览馆的成年人为248.4万人次。现在伦敦的人口构成中，传统的英格兰人只占50%，剩余的50%包括印度人、东欧人、其他地方的欧洲人等，此外，文化较为复杂，伦敦是世界上语言使用最多元化的城市，所使用的语言多达307种。

北京、伦敦等古都在历史文化指数上排名靠前，而曼哈顿CBD

则在文化活力、文化公司指数、国际交往和文化交流中称雄。纽约是美国文化教育和电视、广播中心。其中最著名的大都会艺术博物馆是全美洲规模最大的一所。自然历史博物馆也享有盛名。纽约的公园、游乐场、海滩疗养地、剧院、歌剧院、音乐厅、画廊等均居美国城市的首位。百老汇是纽约市最能够吸引游客的地方，每年访问纽约市的3540万游客当中超过50%的人是专程为看百老汇演出而来。在纽约市以外的百老汇产业，包括每年在北美140个城市上演的百老汇剧目，年票房总收入高达6亿美元。

（2）经济集聚性分析

经济集聚性是从人均GDP、产业集中度、投资强度、土地利用强度以及劳动力密度五个方面来进行分析的。各城市CBD经济集聚性指标得分情况见表4－5所示。

表4－5　国际CBD经济集聚性综合评价

国际CBD	人均GDP	产业集中度	投资强度	土地利用强度	劳动力密度	经济集聚性综合评价	排名
曼哈顿CBD	87	100	100	88	89	93	1
伦敦CBD	84	97	41	94	96	82	2
芝加哥CBD	73	84	100	35	88	76	3
东京CBD	63	73	41	100	93	74	4
巴黎CBD	70	81	32	71	96	70	5
斯德哥尔摩CBD	73	84	34	41	94	65	6
悉尼CBD	56	65	16	65	99	60	7
新加坡CBD	44	51	31	76	92	59	8
首尔CBD	31	36	59	82	81	58	9
香港CBD	39	45	27	47	93	50	10
马德里CBD	45	52	25	29	95	49	11

续表

国际 CBD	人均GDP	产业集中度	投资强度	土地利用强度	劳动力密度	经济集聚性综合评价	排名
柏林 CBD	42	48	18	24	97	46	12
利物浦 CBD	47	54	20	12	95	46	13
上海 CBD	14	16	5	59	100	39	14
北京 CBD	10	12	2	53	100	36	15
莫斯科 CBD	12	14	13	18	88	29	16
开普敦 CBD	8	9	1	6	100	25	17

从经济集聚性综合结果看，纽约曼哈顿 CBD、伦敦 CBD、芝加哥 CBD、东京 CBD 以及巴黎 CBD 名列前茅。利物浦、上海、北京、莫斯科以及开普敦的 CBD 排后 5 名。上海、北京等排名靠后，表明我国的 CBD 在经济集聚度上仍有较大的发展空间。

其中，排名首位的纽约 CBD 面积仅占纽约市区面积的 2.78%，但它却集中了纽约 60% 的就业岗位和 60% 的制造业的就业人数。这里曼哈顿岛南端的华尔街 CBD 集中了 3000 多家金融和保险公司，10000 多家外国银行和办事处，其中世界闻名的纽约证券交易所经营着 2100 多家美国公司和 30 多家外国企业的股票和国内外债券。金融保险行业占曼哈顿就业总人口的比重接近 20%，仅华尔街的金融从业人员就达 28 万人左右。

排名第二的伦敦 CBD 面积仅 26.9 平方公里，占伦敦（包括内、外伦敦）面积的比重只有 1.7%，但是办公建筑面积占全英国的 50% 左右，集中了伦敦 25% 以上的就业人数。金融城管理了全欧洲近 80% 的对冲基金资产，进行全球 42% 的外国股票交易，从事超过 70% 的国际债券交易，掌握着 60% 的欧洲债券初次发行业务；拥有全球最大的场外衍生品交易量（43%）和第二大交易所衍生品交易量；它还是世界

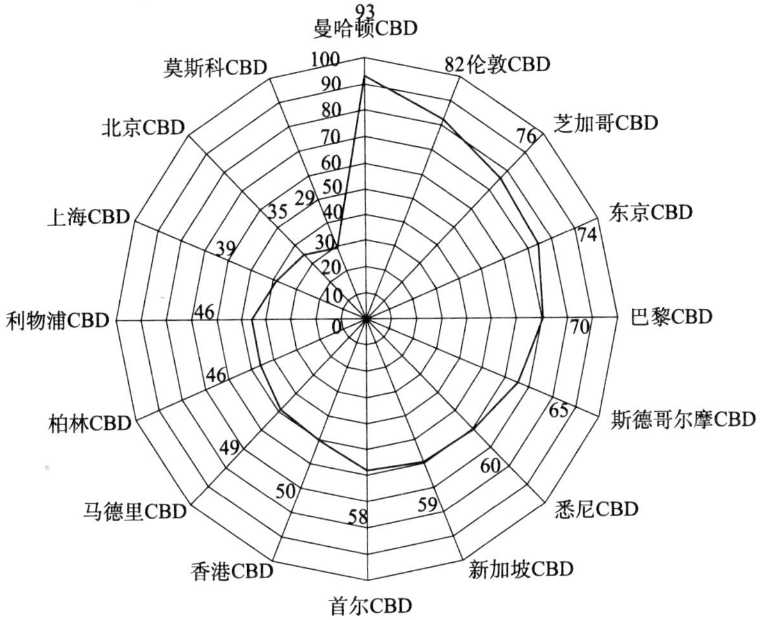

图4-3 国际CBD经济集聚性综合评价雷达图

最大的海运和航运保险市场，占据全球23.7%的海事保险市场；同时，它也是世界黄金交易中心，世界90%的金属交易在这里进行。

排名第三的芝加哥CBD是美国中西部重要的金融中心，芝加哥的期货交易所和商业交易所世界闻名。这里拥有300多家美国银行、40家外国银行分行和16家保险公司。这些银行和金融机构在商业贷款数额上名列美国全国的前3名，各种金融资产总额居美国联邦储备委员会管区的第3位。世界《财富》500强企业中有33家，美国《福布斯》500强企业中有47家在此落户。这里还聚集了10万就业人口，占芝加哥市约1/6。除了鳞次栉比的商务楼宇，这里还聚集了众多豪华的购物场所，夜晚人气仍然很旺。

日本东京新宿CBD是亚洲规模最大的商务区。仅以新宿车站为中心，在半径7000米的范围内，就聚集了160多家银行。据统计，新宿就业人口已超过30万，且为通勤人口，约为东京都心区的30%～50%。

其他的如莫斯科CBD和开普敦CBD还不是世界知名的经济中心，而北京CBD的金融业尚不发达，其经济聚集度与其他CBD相比略低。

（3）服务完备性分析

服务完备性是从教育培训服务、宜商环境、医疗卫生服务、生活配套服务能力以及交通通达性五个方面来进行分析的。各城市CBD服务完备性指标得分情况见表4－6所示。

表4－6 国际CBD服务完备性综合评价

国际CBD	教育培训服务	宜商环境	医疗卫生服务	生活配套服务能力	交通通达性	综合水平	排名
新加坡CBD	100	100	80	91	100	94	1
悉尼CBD	67	100	81	96	98	88	2
曼哈顿CBD	67	100	78	100	87	87	3
斯德哥尔摩CBD	79	100	81	96	77	86	4
巴黎CBD	67	100	81	92	89	86	5
东京CBD	60	98	83	100	88	86	6
柏林CBD	65	99	79	96	87	85	7
芝加哥CBD	67	100	78	96	83	85	8
香港CBD	63	100	82	103	73	84	9
利物浦CBD	63	100	79	96	80	83	10
伦敦CBD	63	100	79	87	85	83	11
首尔CBD	49	96	79	96	86	81	12
上海CBD	44	98	82	93	86	81	13
北京CBD	44	98	80	98	82	80	14
马德里CBD	35	97	81	96	91	80	15
莫斯科CBD	44	100	66	96	84	78	16
开普敦CBD	16	99	54	96	84	70	17

从服务完备性综合结果看，新加坡 CBD、悉尼 CBD、纽约曼哈顿 CBD、斯德哥尔摩 CBD、巴黎 CBD 排名靠前，上海、北京、马德里、莫斯科以及开普敦的 CBD 排名靠后。可以看出，我国 CBD 在医疗服务、公共交通等公共服务上仍有一定的差距。

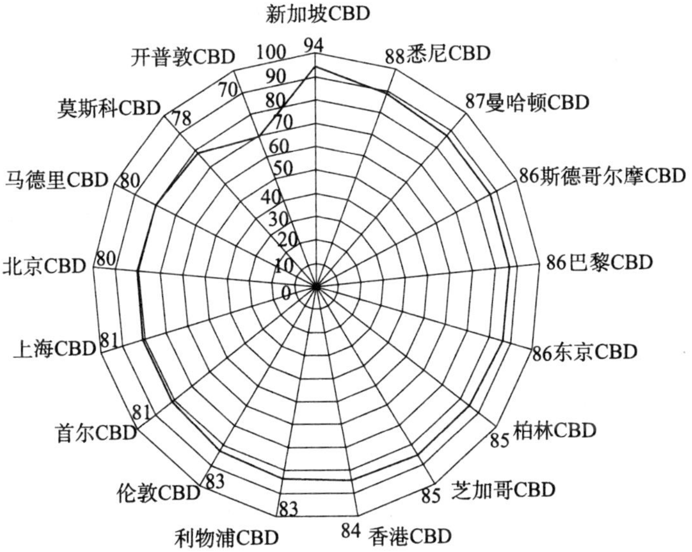

图 4－4　CBD 服务完备性综合评价雷达图

公共服务和设施作为一个城市的重要组成部分，其重要性是不言而喻的。而世界一流的 CBD 必然有世界顶级的基础设施和配套服务，如新加坡、悉尼、纽约曼哈顿等。但总地来说，各 CBD 在服务完备性上的梯次并不明显，毕竟每个 CBD 都是所在城市最精华的区域。

新加坡 CBD 在公共服务完备性中排名榜首。新加坡融合了东西方文化及生活方式，从社会保险福利制度到城市环境建设都体现了西方社会的特点，而在文化、语言、饮食及居家环境方面，则又明显表现出了东方风情。新加坡拥有世界级的医疗保健制度，在东南亚备受推崇。大多数医生能说流利的英语，其中不少人是在国外受训的。新加坡也是世界上交通最发达的国家，它拥有全球最完善的交通系统，普通公路、高速公路、地铁网络一应俱全，其中普通公路的长度达到了2900公里。新加坡的公共交通线路也很多，除了地铁网络外，还有各种汽车线路200多条，并有9300多辆公共汽车为乘客提供交通服务。

芝加哥CBD排名靠前得益于芝加哥是美国最大的铁路枢纽，是美国中北部30多条铁路线的集结点，城市铁路线总长超过1.24万公里，年货运量5.12亿吨，均居世界各大城市之首。这里的公路交通也非常发达，12条公路干线经此。

利物浦CBD、伦敦金融城、曼哈顿CBD、巴黎CBD、悉尼CBD、香港中环和莫斯科CBD的宜商环境都比较优越。

我国的CBD，如北京、上海等排名靠后，主要原因是商务出行便捷性、公共交通便利程度、停车服务便利化水平不高，路网密度有待加强，教育医疗机构配套及服务水平、电子化支付便利性以及信息通信网络设施需要进一步优化。

（4）创新引领性分析

创新引领性是从全球企业品牌、高等教育人数比重、风险投资集聚度、新兴业态成长指数、总部经济指数五个方面来进行分析的。各城市CBD创新引领性指标得分情况见表4－7所示。

表4－7 国际CBD创新引领性综合评价

国际CBD	全球企业品牌	高等教育人数比重	风险投资集聚度	新兴业态的成长指数	总部经济指数	创新引领性综合评价	排名
曼哈顿CBD	100	77	100	82	100	92	1
伦敦CBD	32	72	91	65	97	71	2
巴黎CBD	51	84	74	71	66	69	3

续表

国际 CBD	全球企业品牌	高等教育人数比重	风险投资集聚度	新兴业态的成长指数	总部经济指数	创新引领性综合评价	排名
东京 CBD	38	100	73	41	64	63	4
香港 CBD	5	4	85	94	72	52	5
新加坡 CBD	2	14	70	94	61	48	6
芝加哥 CBD	14	45	27	82	41	42	7
首尔 CBD	4	50	47	59	48	42	8
悉尼 CBD	3	14	39	100	55	42	9
北京 CBD	14	19	70	29	60	38	10
莫斯科 CBD	1	27	49	35	55	33	11
上海陆家嘴 CBD	4	13	54	29	57	31	12
马德里 CBD	2	16	52	6	52	26	13
斯德哥尔摩 CBD	5	7	21	53	37	25	14
柏林 CBD	6	15	18	47	23	22	15
开普敦 CBD	1	2	14	12	15	9	16
利物浦 CBD	1	5	10	18	6	8	17

从创新引领性看，曼哈顿 CBD、伦敦 CBD、巴黎 CBD、东京 CBD 以及香港 CBD 排名前五位。马德里、斯德哥尔摩、柏林、开普敦以及利物浦的 CBD 排名靠后。我国的香港 CBD、北京 CBD 和上海 CBD 分别排名在第 5 位、第 10 位和第 12 位。

曼哈顿 CBD 的创新引领主要体现在全球企业品牌、风险投资集聚度和总部经济指数等三个方面。尤其在金融创新上，曼哈顿的纳斯达克市场作为全球三大 IPO 场所之一，吸引了世界各国具有高成长性和创新型的企业上市。曼哈顿的金融创新支持着美国乃至世界的科技

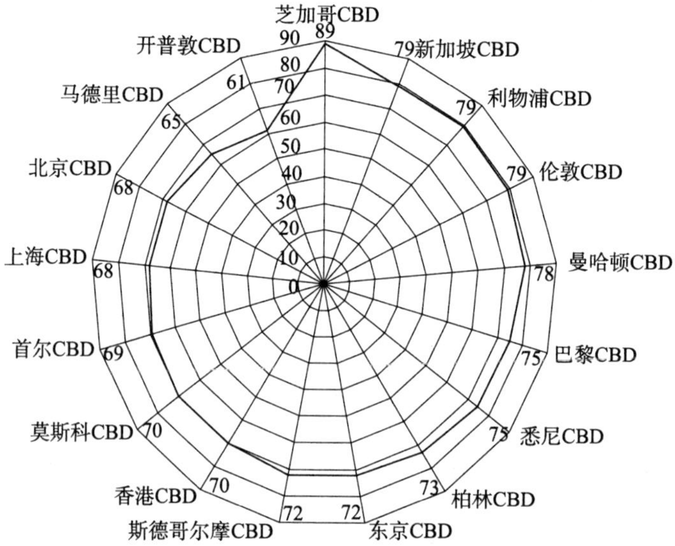

图 4－5　国际 CBD 创新引领性综合评价雷达图

创新，极大地提高了科技成果的市场转化率，因此有专家称“复制微软不如复制纳斯达克”。伦敦金融城在风险投资集聚度和总部经济指数上的得分也较高，但其在全球企业品牌的拥有方面与曼哈顿差距较大。而拉德芳斯在创新引领上较显著的优势在于其全球企业品牌拥有度、高等教育人数比重和新兴业态的成长指数上。东京新宿和香港中环则分别在高等教育人数比重和新兴业态成长指数上具有较好的表现。

相比上述全球性 CBD，区域性 CBD 如马德里、斯德哥尔摩、柏林、开普敦、利物浦等在创新引导上有所滞后，中国的上海 CBD 和北京 CBD 在这方面也有待提升。

（二）国内 CBD 评价结果

1. 可持续发展能力综合评价

国内 CBD 可从功能复合、高效集约、网络通达、持续创新、人文魅力和宜居宜业六个方面进行综合评价，得出的结果见表 4 - 8。

表 4 - 8　国内 CBD 可持续发展能力评价

国内 CBD	综合分值	功能复合度	经济集约度	网络通达度	持续创新力	文化影响力	宜居宜业度
北京 CBD	90.8	100	82	86	91	95	94
上海陆家嘴 CBD	90.4	91	96	93	89	83	87
深圳福田区 CBD	83	88	81	87	86	73	71
广州天河区 CBD	80.8	85	78	85	84	72	78
上海静安区 CBD	78	77	70	85	77	81	76
杭州下城区 CBD	76.8	86	71	65	78	84	81
上海虹桥区 CBD	74.8	77	62	85	70	80	71
天津河西区 CBD	70.6	75	63	68	82	65	75
大连中山区 CBD	69.6	77	60	66	75	70	77
重庆渝中区 CBD	67.6	85	65	70	49	69	87
沈阳沈河区 CBD	68.2	83	61	82	48	67	73
南京河西新城 CBD	66.8	80	61	65	54	74	75
郑州郑东新区 CBD	67	79	60	76	51	69	63
天津滨海新区 CBD	63.2	72	47	66	66	65	76
杭州钱江新城 CBD	48.6	61	36	35	47	64	71
武汉王家墩 CBD	48.4	63	30	40	42	67	62

由表 4 - 8 可以看出，北京 CBD 和上海陆家嘴 CBD 的可持续发展能力最强，不相上下，这也与这两个城市的总体实力密切相关。两者在六大指标方面也基本位于前列。北京 CBD、上海 CBD 以优化的功能、强劲的实力排在第一梯队。

深圳福田 CBD 与广州天河 CBD 位列第二梯队的领头位置，但在人文魅力方面略显不足。上海静安区 CBD 和杭州下城区 CBD 紧随其后，各有千秋，其中杭州下城 CBD，集中了浙江大部分企业总部和 80% 的省级以上银行总部，同时在商贸、文化和环境方面具有较强的实力。

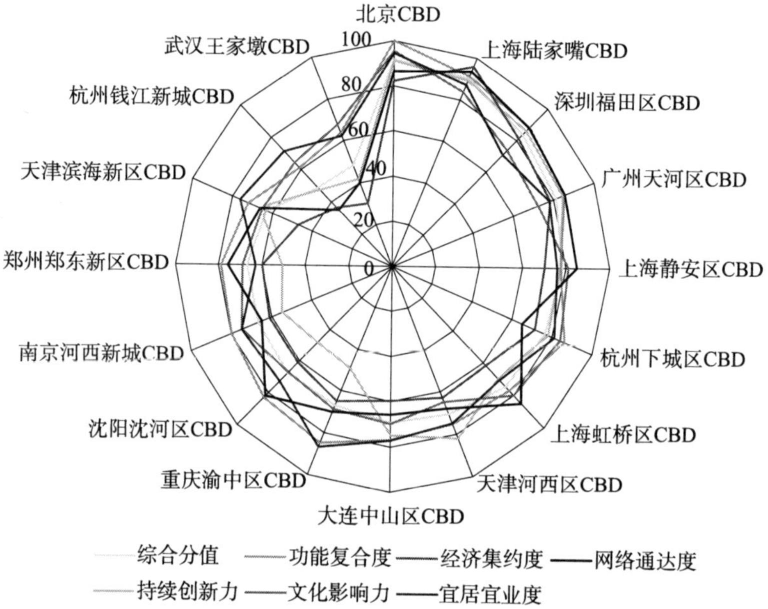

图 4－6　国内 CBD 可持续发展能力综合评价雷达图

由于天津滨海新区 CBD、杭州钱江新城 CBD 和武汉王家墩 CBD 处于初始建设阶段，入驻企业较少，因此在基础设施配置、功能优化、总体实力方面还有较大的提升空间。虽然目前天津河西 CBD 要强于天津滨海新区 CBD，但由于后者地处滨海新区，正大力打造于家堡金融区和响螺湾商务区，正吸引金融企业、跨国公司和大型总部入驻，因此未来发展的潜力较大。

2. 可持续发展能力专项评价

（1）功能复合度分析

从表 4－9 中可以看出，北京 CBD、上海陆家嘴 CBD、深圳福田区 CBD、杭州下城区 CBD、广州天河区 CBD 在功能复合方面排名前五。天津滨海新区 CBD、杭州钱江新城 CBD、武汉王家墩 CBD 排名靠后。

表 4－9　国内 CBD 功能复合度评价

国内 CBD	功能复合度综合得分	各业态功能配比合理性	城市综合体支撑指数
北京 CBD	100	100	100
上海陆家嘴 CBD	91	94	87
深圳福田区 CBD	88	92	84
杭州下城区 CBD	86	82	91
广州天河区 CBD	85	87	84
重庆渝中区 CBD	85	82	87
沈阳沈河区 CBD	83	86	80
南京河西新城 CBD	80	91	70
郑州郑东新区 CBD	79	82	75
大连中山区 CBD	77	81	73
上海静安区 CBD	77	70	83
上海虹桥区 CBD	77	71	82
天津河西区 CBD	75	78	72
天津滨海新区 CBD	72	70	74
杭州钱江新城 CBD	63	60	61
武汉王家墩 CBD	61	62	64

从功能复合综合得分来看，除北京 CBD、上海陆家嘴 CBD、深圳福田 CBD 具有较高的水平之外，杭州下城 CBD 也具有较强的竞争力，杭州下城 CBD 作为杭州的新“名片”，位于素有“购物天堂”、“天堂丝绸”的下城区域，功能配置比较完善。

广州天河由于目前仅建成规划楼宇的 1/3，在功能复合方面仍有待提升。而重庆渝中区解放碑 CBD 的商业历史悠久，对区域可持续发展有较好的支撑。与其他方面相比，郑州郑东新区 CBD 在功能复合方面具有较强的竞争优势，建设七年来，十分注重各大功能的合理配置，功能复合度较高。而杭州钱江新城和武汉王家墩由于在建设初期功能过于偏重住宅和商业功能，商务功能有待增强。

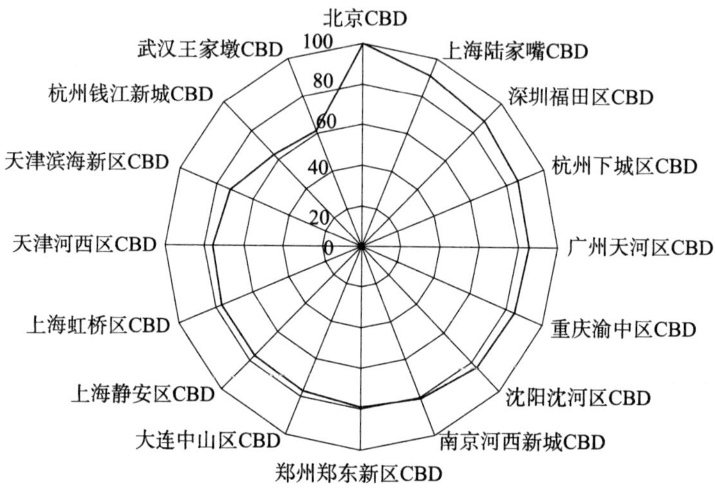

图4－7　国内CBD功能复合度评价雷达图

（2）经济集约度分析

从表4－10中可以看出，上海陆家嘴CBD、北京CBD、深圳福田区CBD、广州天河区CBD和杭州下城区CBD排名靠前，而天津滨海新区CBD、武汉王家墩CBD、杭州钱江新城CBD排名靠后。

表4－10　国内CBD经济集约度评价

国内CBD	经济集约度综合得分	经济总量水平	经济效率水平	财富贡献水平
上海陆家嘴CBD	96	100	87	100
北京CBD	82	76	80	91
深圳福田区CBD	81	66	100	78
广州天河区CBD	78	64	77	93
杭州下城区CBD	71	62	68	81
上海静安区CBD	70	62	71	78
重庆渝中区CBD	65	58	58	78
天津河西区CBD	63	58	64	68
上海虹桥区CBD	62	61	65	58

续表

国内 CBD	经济集约度综合得分	经济总量水平	经济效率水平	财富贡献水平
沈阳沈河区 CBD	61	59	64	61
南京河西新城 CBD	61	57	52	73
大连中山区 CBD	60	60	74	47
郑州郑东新区 CBD	60	54	47	78
天津滨海新区 CBD	47	43	53	45
武汉王家墩 CBD	42	24	44	59
杭州钱江新城 CBD	36	24	35	48

在高效集约方面，上海陆家嘴 CBD 具有较大的优势。2010 年，浦东新区 GDP 大约 4500 亿元，而金融业占据了 1/6。陆家嘴金融核心区凭借 500 万平方米建筑量，创造了 300 亿元的巨量税收；凭借 75 栋办公楼创造了 1500 亿元的收入。陆家嘴商务楼营收总额占整个浦东办公楼市场的 90%，楼均 21 亿元。作为高收入的金融人才在陆家嘴汇聚，也凸显了陆家嘴的财富贡献。

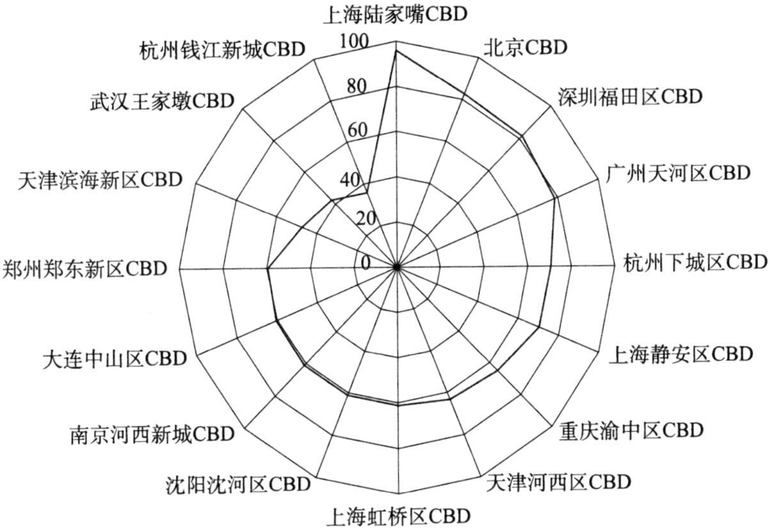

图 4-8　国内 CBD 经济集约度综合评价雷达图

北京CBD虽然整体不及上海陆家嘴CBD，但作为北京产业复合度高、功能多样的核心区域，北京CBD外资金融机构、世界500强企业、跨国公司地区总部等三类重点企业占据了全市的70%。

深圳福田CBD在高效集约方面也同样具有较强的竞争力，它以750万平方米的建筑面积创造了1200亿元左右的生产总值，作为深圳的核心区域，体现着深圳在人均GDP和地均GDP等方面较高的经济效益。重庆渝中区CBD、杭州下城区CBD和上海静安区CBD也在高效集约方面具有较强的实力，比如重庆渝中区集中了3/4的驻渝世界500强企业，上海静安区CBD办公区域内办公楼的集聚程度较高，写字楼物业水平较高，国际企业的进驻率也具有较高的水平。

（3）网路通达度分析

从表4-11中可以看到，上海陆家嘴CBD、深圳福田区CBD、北京CBD、广州天河区CBD、上海虹桥区CBD排名靠前，杭州下城区CBD、武汉王家墩CBD、杭州钱江新城CBD排名靠后。

表4-11　国内CBD网路通达水平评价

国内CBD	网络通达度综合得分	出行基础设施支撑力度	信息基础设施支撑力度	商务基础设施支撑力度
上海陆家嘴CBD	93	80	100	100
深圳福田区CBD	87	77	87	96
北京CBD	86	100	86	71
广州天河区CBD	85	77	84	95
上海虹桥区CBD	85	80	79	97
上海静安区CBD	85	77	79	100
沈阳沈河区CBD	82	77	74	95
郑州郑东新区CBD	76	75	62	90
重庆渝中区CBD	70	54	59	98

续表

国内 CBD	网络通达度综合得分	出行基础设施支撑力度	信息基础设施支撑力度	商务基础设施支撑力度
天津河西区 CBD	68	61	56	88
大连中山区 CBD	66	55	56	87
天津滨海新区 CBD	66	56	59	82
南京河西新城 CBD	65	51	57	88
杭州下城区 CBD	65	62	59	74
武汉王家墩 CBD	40	44	32	44
杭州钱江新城 CBD	35	40	30	36

在网络通达方面，上海陆家嘴 CBD 独占鳌头，它凭借上海的国际化地位和区位优势地位，凭借浦东新区的建设，在信息基础设施和商务基础设施支撑方面具有明显优势。而深圳福田区 CBD 凭借深圳毗邻香港的区位、金融市场的活跃而在信息基础设施和商务基础设施支撑方面具有较强的优势。

北京虽然在出行设施方面支撑力度较大，但在区位和交通的便捷支撑方面远不及上海和深圳。上海虹桥和上海静安区作为上海的老牌 CBD，背依上海，在网络通达方面具有杭州等其他地区 CBD 所不具有的优势。南京河西新城 CBD 的交通和信息化网络设施仍处于完善之中，有较大的提升空间。

沈阳是东北的核心辐射城市，是东北地区的交通枢纽。作为“中国最具竞争力金融开发区”的沈阳沈河区 CBD 依托沈阳的区域地位，在网络通达方面具有较强的竞争力，通过与法国拉德芳斯 CBD 合作，在区域基础设施规划建设方面取得了较好的发展成效。

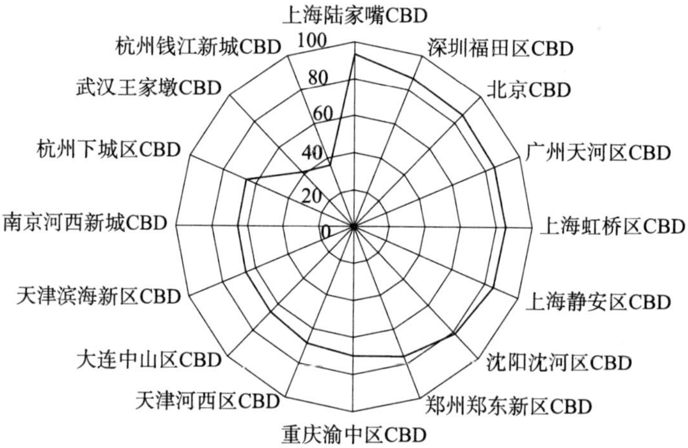

图4-9 国内CBD网络通达综合评价雷达图

（4）持续创新力分析

从表4-12中可以看到，北京CBD、上海陆家嘴CBD、深圳福田区CBD、广州天河区CBD、天津河西区CBD排名靠前，沈阳沈河区CBD、杭州钱江新城CBD、武汉王家墩CBD排名靠后。

表4-12 国内CBD持续创新力评价

国内CBD	持续创新力综合得分	企业创新能力	区域人才支撑	区域创新环境
北京CBD	91	83	100	90
上海陆家嘴CBD	89	82	85	100
深圳福田区CBD	86	100	76	83
广州天河区CBD	84	92	81	80
天津河西区CBD	82	82	80	83
杭州下城区CBD	78	79	79	77
上海静安区CBD	77	74	79	79
大连中山区CBD	75	78	77	71

续表

国内 CBD	持续创新力综合得分	企业创新能力	区域人才支撑	区域创新环境
上海虹桥区 CBD	70	67	76	67
天津滨海新区 CBD	66	44	79	75
南京河西新城 CBD	54	42	59	62
郑州郑东新区 CBD	51	57	50	45
重庆渝中区 CBD	49	49	51	46
沈阳沈河区 CBD	48	36	55	52
杭州钱江新城 CBD	47	45	52	43
武汉王家墩 CBD	42	28	53	45

在持续创新方面，北京 CBD 和上海陆家嘴 CBD 显然具有绝对优势。深圳福田区 CBD 曾经凭借创业板等金融市场条件，凭借特区所积淀的创新精神，企业的创新能力具有较强的优势，但近几年深圳福田区 CBD 的创新氛围有所减弱，其在人才支撑上相对较差，但从整体上来看，深圳福田区 CBD 在持续创新方面仍然具有较强的内在动力，如在深圳福田的创投机构占据了全国的 1/3。

天津河西区 CBD 在持续创新方面具有一定优势，这也是它能在持续发展综合排名中比较靠前的主要原因。作为天津市中心区域，天津河西是天津的文化中心，在河西区 CBD 的核心区域小白楼商务区，中西文化交融，政府服务水平高效，同时集中了天津金融业总部的 60% 以上，以及全市 40% 的律师事务所、会计师事务所，依托京津区域的人才支撑，它在持续创新方面具有较强的竞争力。

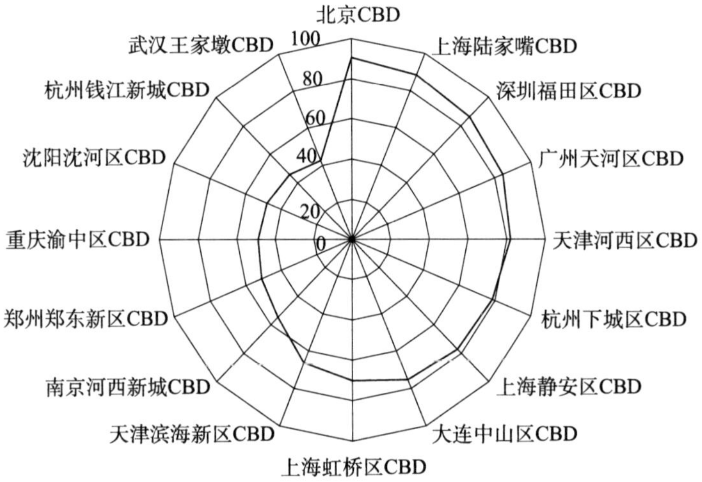

图4－10　国内CBD持续创新力综合评价雷达图

（5）文化影响力分析

从表4－13中可以看到，北京CBD、杭州下城区CBD、上海陆家嘴CBD、上海静安区CBD、上海虹桥区CBD排名靠前，天津河西区CBD、天津滨海新区CBD、杭州钱江新城CBD排名靠后。

表4－13　国内CBD文化影响力水平评价

国内CBD	文化影响力综合得分	历史文化指数	社会包容指数	企业文化动力	国际交往指数
北京CBD	95	100	86	93	100
杭州下城区CBD	84	63	95	100	77
上海陆家嘴CBD	83	55	89	95	94
上海静安区CBD	81	52	90	92	88
上海虹桥区CBD	80	43	89	95	94
南京河西新城CBD	74	57	100	67	72
深圳福田区CBD	73	27	96	93	77

续表

国内 CBD	文化影响力综合得分	历史文化指数	社会包容指数	企业文化动力	国际交往指数
广州天河区 CBD	72	38	86	89	73
大连中山区 CBD	70	43	88	73	77
郑州郑东新区 CBD	69	54	82	74	67
重庆渝中区 CBD	69	60	78	66	71
武汉王家墩 CBD	67	44	73	72	79
沈阳沈河区 CBD	67	52	81	73	60
天津河西区 CBD	65	39	81	73	67
天津滨海新区 CBD	65	35	81	64	79
杭州钱江新城 CBD	64	58	66	89	43

在人文魅力方面，北京 CBD 区域具有绝对优势。依托北京丰富而悠久的历史文化积淀和强大的国际交往能力，现代与历史的交相辉映，也让北京 CBD 区域增添了诸多人文魅力。而深圳福田区和广州天河区则由于历史文化根基相对较浅，亟待加强人文魅力建设。

上海三大 CBD 则凭借上海强大的国际交往能力和企业文化动力，在人文魅力方面十分突出。上海静安区自身也具有较高的国际化程度，其所属的南京路是上海的高消费和国际购物区域；上海虹桥区作为中国第一个涉外商贸、居住、外事活动的国家级开发区，吸引了众多著名的跨国公司。

而天津两大 CBD 则应加强国际交往水平，提升自身的国际交往能力和企业文化动力。大连中山、重庆渝中和天津河西 CBD 区域虽然它们都有着较深的历史文化积淀或中西文化的交融，但需要依托国际交往活动，转化成显性的人文魅力。南京河西新城依托南京深厚的人文底蕴和社会包容力度，也在小型社区商业载体、流动人口问题解决、人文危机处理和网络文明活动等方面取得了一系列成绩。

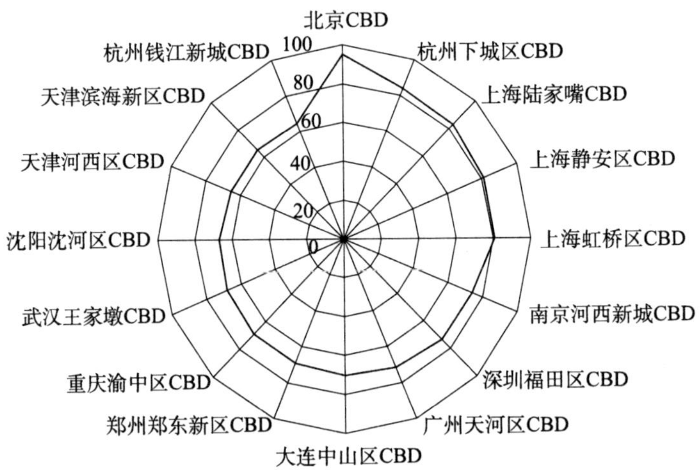

图4-11　国内CBD文化影响力综合评价雷达图

（6）宜居宜业度分析

从表4-14中可以看到，北京CBD、上海陆家嘴CBD、杭州下城区CBD、广州天河区CBD和大连中山区CBD排名靠前，杭州钱江新城CBD、郑州郑东新区CBD、武汉王家墩CBD排名靠后。

表4-14　国内CBD宜居宜业度评价

国内CBD	宜居宜业综合得分	居住条件	购物环境	教育环境	保健娱乐环境	营商环境
北京CBD	94	86	100	96	100	88
上海陆家嘴CBD	87	87	82	85	79	100
重庆渝中区CBD	87	87	82	85	80	98
杭州下城区CBD	81	100	88	49	89	78
广州天河区CBD	78	90	73	100	47	82

续表

国内 CBD	宜居宜业综合得分	居住条件	购物环境	教育环境	保健娱乐环境	营商环境
大连中山区 CBD	77	91	85	53	68	88
上海静安区 CBD	76	61	85	89	74	71
天津滨海新区 CBD	76	86	48	70	87	89
天津河西区 CBD	75	89	61	64	75	86
南京河西新城 CBD	75	84	56	88	58	89
沈阳沈河区 CBD	73	85	52	47	95	86
深圳福田区 CBD	71	85	79	40	75	75
上海虹桥区 CBD	71	67	72	85	65	64
杭州钱江新城 CBD	71	85	73	41	69	85
郑州郑东新区 CBD	63	77	47	60	58	72
武汉王家墩 CBD	62	61	48	70	68	62

在宜居宜业方面，北京 CBD 和上海陆家嘴 CBD 在居住条件等五大环境上具有比较一致的优势竞争力，因而在综合排名中位列前两名。

而重庆渝中 CBD、杭州下城 CBD 和大连中山 CBD 在宜居宜业方面具有较强的实力，杭州下城 CBD 和大连中山 CBD 都有优异的居住条件和较好的购物环境，杭州下城素有“购物天堂”的美称，也是居民幸福感较强的城市。而大连中山 CBD 凭依大连宜人的气候条件、附近的火车站商圈等，在居住和购物方面也有较强的竞争力。

由于深圳整体在教育环境方面仍有发展空间，因此深圳福田 CBD 需要在教育环境方面加以改善。

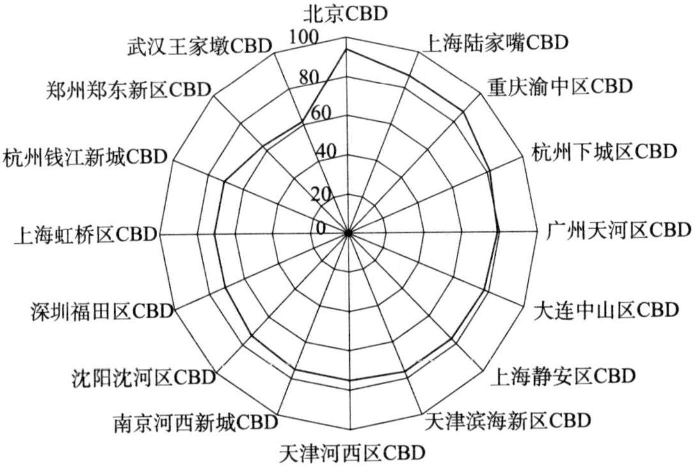

图 4-12 国内 CBD 宜居宜业度综合评价雷达图

(三) 评价的结论与改进

从对世界各国 CBD 可持续发展能力的评价可以看出，由于世界经济中心长期掌控于欧洲国家、美国和日本，传统西方发达国家的 CBD 在综合排名中依然保持着难以撼动的领先地位，如纽约曼哈顿 CBD、伦敦 CBD、巴黎 CBD、东京 CBD 以及芝加哥 CBD。同时，随着世界经济重心的东移，新加坡、中国香港、首尔、北京、上海等亚洲 CBD 也在快速崛起。

在我国国内方面，建设期相对较长、建设相对完备的北京 CBD、上海 CBD、广州天河 CBD、深圳福田 CBD 都保持着相对领先地位，但深圳福田 CBD 与广州天河 CBD 在文化影响力方面略显不足。上海静安区和杭州下城区 CBD 紧随其后，其中杭州下城 CBD，集中了浙江大部分企业总部和 80% 的省级以上银行总部，同时在商贸、文化和环境方面具有较强的实力。而杭州钱江新城 CBD 和武汉王家墩 CBD

由于在建设初期过于偏重住宅和商业功能的开发，因此商务功能今后有待增强。

对世界和中国的 CBD 发展能力进行综合评价的尝试，也为今后的学者和政府主管部门进一步优化和改进我国 CBD 评价体系预留了空间。由于我国辐员辽阔，规划建设 CBD 的城市较多，各 CBD 也处在不同的发展阶段，亟需避免同质化发展。因此，在全国范围内形成战略一体、功能联动、层次分明的中央商务区体系十分必要。我国的中央商务区发展体系应包括 1 ~ 2 个面向全球市场、参与国际资源配置的国际性中央商务区，3 ~ 5 个面向全国市场、主导全国要素资源整合的全国性中央商务区，发展 5 ~ 10 个面向国内主体功能区、面向沿边开放板块，承载区域发展战略的区域性中央商务区。

由于这种定位的区别，因此不同等级的中央商务区也将在指标类别和具体要求上有所区别。区域性 CBD 在规划建设水平、经济运行效率、服务支撑能力和宜居宜业环境上应达到高于所在城市的标准。全国性 CBD 则在这四个基本发展条件之上更应加强并优化产业集聚水平和辐射带动能力。而国际性 CBD 应当体现一国的经济实力，它们往往也是全国性 CBD，又在资源配置能力和国际商务环境上更为突出，对国民经济具有较强的创新引领能力。

案例篇

第五章　世界典型 CBD 发展启示录

案例一：纽约曼哈顿：美国实力的集中缩影

建立于全球化开始之初的纽约，原名新阿姆斯特丹，是荷兰西印度公司的一处偏远岗哨。这座贸易村落最先吸引的是富有探险精神的毛皮交易商到此赚取财富。纽约在 18 世纪超越了波士顿而成为英国殖民地最重要的港口，主要给南部殖民地运送小麦与面粉。19 世纪，是大型快速船只确立其统治地位的时代，也是美国纽约开始转变为一个轴辐式海运系统的时期。凭借着地理位置居中，且为安全深水港的优势，纽约一跃成为美国超级大港和美国海运系统的轴心城市。惠特曼在他的诗中曾提到："纽约，闪亮的都市！居于海浪的都市！看我，你让我具有生命就像我让你具有生命一般。" 曼哈顿则代表了纽约的"船之市"的盛名。

20 世纪，全球化趋势消弭了纽约的运输成本优势，其制造业也一度衰落，但正是在这种传统行业的衰落中，却凸显了纽约在观念上的优势，Calvin Klein 与 Donna Karan 这样的设计师正在重塑纽约的文化，他们的设计成为地球另一端工厂制作衣物的范本。从历史上走来，正像不少诗歌中所描写的那样，纽约一方面显示着战争、自由和活力，另一方面则充盈着温和、好客的风貌——每周接纳成千上万的移民，各种开放的声音到处飘扬。

一、城市中心的崛起

曼哈顿岛因其特殊的港口优势为货运提供了便利的条件，早期的仓储业和批发业自然聚集而来，由此逐渐产生了对为航运人员服务的金融保险业那样巨大的市场需求，从而推动了曼哈顿金融保险业的迅速发展。海运是纽约的经济命脉，但是纽约人更有可能从事的是港口周边的制造业。19 世纪末，美国的铁路和金融托拉斯率先开始在纽约设立办事处，选择中城为驻扎点。从 20 世纪 50 年代开始，众多著名大公司办公总部、专业服务事务所也陆续进驻中城，这便成就了今天的中城，成为众多著名跨国公司的总部所在地。

曼哈顿 CBD 是纽约市的中心，著名的百老汇、华尔街、帝国大厦、格林威治村、中央公园、联合国总部、大都会艺术博物馆、大都会歌剧院等名胜都集中在曼哈顿岛，使它成为了世界上最繁华的岛屿之一。这里集中了大约 3000 多家金融和保险公司，10000 多家外国银行和办事处。世界闻名的纽约证券交易所坐落在曼哈顿的华尔街，经营着 2100 多家美国公司和 30 多万家外国企业的股票和国内外债券，甚至可以说，曼哈顿 CBD 掌握了世界经济跳动的脉搏。

二、发展历程

从空间布局来看，曼哈顿 CBD 由上东区、中城和下城组成，各有分工。上东区（Downtown）CBD 是金融贸易区，因华尔街和纽约证券交易所而著名于世，这里汇聚了美国许多大银行、金融、保险、贸易公司和律师事务所。其超高层的建筑中有世界贸易中心、纽约银行等生动的建筑群形象，曾经是纽约的“标志符”。中城 CBD 以百老汇大街洛克菲勒中心和时代广场为著名标志。中城因开发了大量的娱乐业、广告业、政府机构以及公共机构等综合功能，提供了一个健康城市发展模式和适合就业的社区。下城区则是“9・11”事件之后“城市复兴计划”的重要实施地点，这里有着发达的交通网路和滨水景观，正在形成新的商业区和配套区域。

（一）上东区：依托中央公园形成富人区

1857 年，近乎蛮荒的 843 英亩土地变成了城市中央公园，这里有茂密的树林、宽阔的湖泊以及大片草地。中央公园就这样在纽约东北部被规划出来，现在周围密布的楼宇更凸显出这片绿地的可贵之处。随着中央公园在上东区的出现，公园所带来的优越的自然环境使富人区逐渐形成，并成为高于周围房价的因素。周围的房价开始上涨，公园建成 15 年之后，周边的地价增长了 9 倍。

如今，上东区已经成为富人“扎堆”的富豪区，生活在上东区就标识着进入了上流社会。这种上流社会生活由开着豪华汽车去上班、将孩子送进昂贵的私立学校、说着各国语言的保姆推着精致的婴儿车，以及一栋栋庭院深深的豪宅所组成。

虽然现在许多金融机构已经离开地理意义上的华尔街，搬迁到交通方便、视野开阔的曼哈顿中城区去了，但是曼哈顿仍然可被视作世界上最著名的 CBD 之一，这不仅在于它具有世界著名金融贸易区的地位和经济影响力，也在于其具有世界影响力的区域文化。谈到曼哈顿的气息，总是离不开奢华、时尚、潮流、名人等，但其实它远远不止这些，纽约著名的百老汇、华尔街、帝国大厦、格林威治村、中央公园、联合国总部、大都会艺术博物馆、大都会歌剧院等众多文化艺术场所或文化内涵丰富的地标性建筑都集中在这里。如此丰富多样的纽约上东区常常让人不知如何形容，人们只能发出：“This is New

York!”的赞叹。

（二）中城区：由制衣区向艺术区转变

曼哈顿第5至第9大道，35街至41街之间的地带，传统上被称为“制衣区”（garment district）。曼哈顿中城的制衣区半个世纪前曾经辉煌一时。然而全球化浪潮对于中城的制衣行业造成了巨大的冲击——海外廉价的劳动力、纽约上涨的房租使本地熟练工人和厂家大量外流，这些使得中城制衣区日渐衰落。在原有制衣业尚处于高潮的1975年，纽约市拥有159000名衣厂雇员，他们绝大部分分布在曼哈顿中城，但是到了2003年，仅剩25956份与制衣有关的工作。全球化削弱了纽约成为世界制造业核心的优势时，却也凸显了纽约在观念创新上的优势。虽然中城的制衣业者已经所剩无几，但还是有许多类似卡尔文·克莱因与维拉·王这样的设计师，他们的设计成为地球另一端制衣工厂的范本。

中城的形成虽晚于曼哈顿老城，却有后来居上的势头。从19世纪开始，优质的商业商务要素在中城区迅速聚集。1880年前后，许多金融垄断机构在曼哈顿设立办事处。进入20世纪以来，许多非盈利办公机构，如工会、研究部门、专业团体、政府机构等，以及许多相关的专职事务所，如地产业、广告业、税务部门等都迅速聚集区内，原来设在岛南部的保险业及银行业也纷纷被中城良好的环境吸引而来，商店、服务业等也渐渐聚集，这都使得中城愈发地具有吸引力。

作为纽约最大的“制衣业心脏”，中城区似乎在走向衰落，但是大批涌入的艺术家、演员与白领却逐渐将中城区变成一个富有魅力的艺术区域。除了原来的布店与服装店，11家小剧院已经入驻。在39街，与110个艺术作坊和一个画廊相伴的仅剩下一个制衣厂。中城的楼房业主们将衣厂分隔成一间间的小陈列室，然后出租给建筑师、广告制作人、雕塑家和艺术家，成为他们的SOHO办公区域，或是将原先的厂房改建为公寓，而他们将获益于年年上涨的房租。

与这些由低调的制衣厂所改建的艺术空间不同，时代广场（Times Square）则彰显着中城著名艺术区域的地位。时代广场位于由曼哈顿中城区42街的百老汇街与第七大道切割出来的三角形地带，这是曼哈顿的“心脏”地带，也被称为“世界的十字路口”。广场以举足轻重的纽约时报（New York Times）而命名。其前身是朗埃克广场（Longacre Square）——一个平静的马匹交易市场。1904年，随着地铁的出现和《纽约时报》的诞生而永远改变，并最终得到了“时代广场”的名字。如果你错过了也无须担心——时代广场流光溢彩的灯光效果每日都会上演。这个“世界的十字路口”，是在全球视野下最繁华、最强大的信息娱乐地带。百老汇（Broadway）这个名字，不但已成为纽约剧场的代名词，它更是剧场文化的象征。百老汇指的是以时代广场为中心，南北方向从第41街延伸至57街，东西方向从第六大道至第八大道之间的区域。

（三）下城区：“9·11”事件之后的阵痛与复兴

下城长久以来被公认为世界金融中心之一，是美国金融业的“心脏”。世界著名的华尔街就位于该区。长约1.5公里、面积不足1平方公里的华尔街，集中了几十家大银行、保险公司、交易所，还有约百家大公司总部也驻扎在这里办公，就业人口几十万。这里还坐落着纽约证券交易所（NYSE）和一些知名的金融机构，例如纽约证券交易所、美国证券交易所以及Merchantile交易所三大交易中心，纽约联邦储备银行、美林、所罗门美邦国际、美国运通、纽约银行、德意志银行等。曼哈顿金融中心的地位主要是通过华尔街以及巴特利花园城来体现的。

20 世纪 70 年代至今，老城西岸码头的扩建，以及 110 层世界贸易中心的建成都是该时期的重大事件。20 世纪 80 年代末又建成巴特利花园城，其中包括世界金融中心（WFC）在内的一组建筑群，更加强化了其作为金融和商务办公中心区的地位。从 20 世纪 90 年代开始，纽约金融、保险、房地产业所占 GDP 的比例大幅度上升，由 1990 年的 26% 上升到了 2000 年的 37%。

巴特利（Battery）花园地处曼哈顿下城的西南河岸，紧邻原来的世贸中心。修建初衷是完善曼哈顿下城的金融服务设施，其核心项目是总建筑面积达 65.1 万平方米的世界金融中心。与传统的商务功能设施不同的是，世界金融中心强调生态化、休闲化的滨水办公，综合体设施功能复合，内设酒店、博物馆和室内广场，室外还有大面积的滨水绿色休闲公共空间，如公园、广场、滨河步行绿化带，以及旅游观光码头。

2001 年 9 月 11 日上午，巴特利花园旁边的双子大厦因遭到恐怖袭击而轰然倒塌，这就是著名的“9·11”事件。这次事件使美国遭受的直接经济损失较重。地处纽约曼哈顿岛的世界贸易中心是 20 世纪 70 年代初建造起来的摩天大楼。除了对于 CBD 高楼的恐惧，人们还质疑高密度的 CBD 区域安全隐患会导致灾难性的后果。这种担心还影响了人们的投资和消费信心，使美元相对主流货币贬值，股市下跌，石油等战略物资价格一度上涨，并实时从地域上波及欧洲及亚洲等主流金融市场，引起市场的过激反应，进而导致美国和世界其他国家经济增长减慢。2008 年，“9·11”事件式的恐慌再次蔓延，美国前五大投资银行只剩两家在苦苦支撑，4 万名华尔街“金童”面临失业危险。金融海啸席卷全球，一切将如何发展，世人在焦灼中注视着……下城的金融区因为世贸中心在烈火中的消逝，仿佛转眼回到 20 世纪 60 年代，纽约人回望天际线，再也没有了“双子星座”傲然的身影。不能不说，这改变了曼哈顿的商业格局，越来越多的金融机构从下城搬到了中城和上城的商业区，而让华尔街变得更像一个属于游客的风景点。

2004 年，纽约宣布对曼哈顿下城投资 100 亿美元，主要用于对曼哈顿岛西侧哈德逊河岸的开发。在下城区的格林波因特和威廉斯堡的东河码头区，废弃的码头和仓库将消失，取而代之的是新的滨水区域、公园和公寓。下城曼哈顿的交通网络相当发达，共有 15 条地铁线、25 条快速巴士公交线，另外还有多个渡口以及开往新泽西州的区间火车。下城区域内的各大主要道路都与四通八达的桥梁、高速路以及隧道等交通枢纽相联系。

最近十年，对“9·11”事件的恐惧以及曼哈顿昂贵的地租使很多大企业搬出了曼哈顿 CBD，在纽约近郊办公。但这里失去了纽约中心城区便捷的公共交通、丰富的娱乐生活和多元的消费文化，很多在曼哈顿如鱼得水的纽约客们无法适应近郊的生活，他们反而愿意付出高昂的房租，住在中心城区，每天不辞辛劳地到郊区上班。就在 130 万通勤族涌入曼哈顿上班的同时，离开曼哈顿而通勤至别处上班的人数也在增加。这些居住在曼哈顿的纽约人大多数都前往郊外社区，从事零售业、服务业和保健业工作。离开曼哈顿华尔街的还有诸多的对冲基金企业，他们纷纷将公司总部从曼哈顿区中心的狭长地带为核心的下对冲斯坦区域搬到格林威治的上对冲斯坦区域。尽管格林威治有着明信片般的美景、不错的餐厅、体面的停车场和游艇泊位，以及大量的设计师商店，但是对于这些不得不到郊区工作的纽约人来说，离开丰富多彩的纽约生活还真有点不适应。

他们所有的消费习惯都与华尔街周围的区域紧密相连。密度不仅促进了知识的交流与社交生活的吸引力，同时也在促进消费上扮演了重要角色。纽约丰富的文化娱乐休闲设施和令人眼花缭乱的餐厅提供不同的色彩、价格与气氛。训练有素的厨师们将各种食材加工成美味佳肴，百老汇每天都在上演制作精良的音乐剧。城市中心区消费所带来的巨大吸引力，使得在郊区工作的人们对纽约曼哈顿区域流连忘返，宁肯花费高昂的租金住在 CBD 附近和消费中心区，来享受大都市所带来的隐形红利。生活质量在决定特殊区域的吸引力上尤为关键，要求高生活品质的纽约人认为，选择一个合适的区域居住是最自然的消费方式。近年来的一系列数据表明，纽约中心区的逆向通勤正在因为内城消费的吸引力而迅速崛起。逆向通勤者的增加也在改变着曼哈顿的面貌。从 42 街的纽约中央车站（Grand Central Station）往格林威治去的“逆向通勤”正越来越常见。

百老汇有纽约最棒的餐馆和剧院，这些有吸引力的社会伙伴组合却是难以运输的区域性设施。随着收入的提高，纽约人更渴望居住在有吸引力的地方。有吸引力的城市区域将存活，令人不悦的城市将衰退，华尔街和百老汇能够长盛不衰的原因在于——他们能够提供最有价值的社交咨询，以及最具舒适度的都市消费享受。

时代广场附近的剧院几经兴衰，从早期的几家发展到“一战”之后的近百家，上演剧目将近 300 台。在全盛时期的 1928 年竟有 2000 万人观看了百老汇演出，这个数字放到今天都是天文数字。后来的衰退再到复苏，现在的百老汇老剧常演常新，有的甚至连演几千场，《猫》、《歌剧魅影》、《狮子王》已成为与帝国大厦、自由女神、大都会博物馆并称的音乐风景。而新剧也层出不穷，让百老汇剧院区成为纽约最具活力的创意产业园区。

作为曼哈顿岛东区和西区分界线的地标性主要大道，第五大道始终都是纽约时尚生活的一个标志，并因享誉全球的百货商店而闻名。这些商店大多分布于第 34 街和第 59 街之间，包括“萨克斯第五大道”、“卡地亚”、“范思哲”、“罗德－泰勒”、“蒂梵尼”以及“柏朵古德曼”等。沿着第五大道继续南行不乏赏心悦目的建筑与常年人潮涌动的旅游胜地，其中包括堪称经典的帝国大厦、洛克菲勒中心和圣帕特里克大教堂（世界上最大的哥特式天主教堂）。

到第五大道购买当季最棒的时装，或到百老汇欣赏一出优美的音乐剧都是不错的都市娱乐选择。这是一项一个普通纽约人也能负担得起的娱乐。因为前者也可以是免费的休闲场所，而后者的固定成本是由数千名观众共同分担。纽约人如果离开了百老汇音乐剧和第五大道的时尚消费，生活肯定会变得不堪忍受，这也就是他们不辞辛劳进行逆向通勤的原因之一。

除了剧院和奢侈品，纽约还有其他丰富的娱乐设施与活动。棒球队、歌剧公司和综合性的艺术博物馆需要拥有观众。对想定期去观看歌剧或者想去现场看棒球大联盟比赛的观众而言，居住在纽约中心成为一种必要。在餐饮业中，规模经济和专业化经济也很明显——曼哈顿人可以轻易地利用区域中和附近专门化的基础设施，如高档的厨房与餐厅，这些餐饮设施的成本由数千名消费者共同分摊。纽约的知名餐厅从世界各个角落收集各种食材，融合各地的烹调风格，来满足纽约人天差地别的喜好。

在逆向通勤的生活中，他们普遍付出了更高的租金居住在远离工作地的地方，仅仅因为他们需要中心城区的消费价值。纽约的商务中心是华尔街与消费中心57街和第5大道共同构成的内城核心吸引区域。如果说高薪文化和高密度社交是曼哈顿的本来面貌，那么逆向通勤的市民文化和消费城市的价值则正在重塑曼哈顿岛的城市景观。

三、电梯使CBD发展如虎添翼

20世纪50~70年代，曼哈顿CBD从老城向中城扩展，进而扩大到新泽西州、布鲁克林等地区。中城的标志性建筑之一洛克菲勒中心和中央广场系统横向连接多个商业中心和21座大型公共建筑，形成一个长达两公里的人形走廊，以及庞大的地下一层立体购物步行街，不但扩大了CBD中央活动区，而且丰富了CBD的公共空间景观。借电梯和钢框架结构之助，便可以自由地行走在这丰富的公共空间。摩天楼发展至今已有一百多年历史，其间花样翻新、规模宏大的高层建筑群不知有多少，但却难有能与纽约洛克菲勒中心相匹敌者。洛克菲勒中心建成于20世纪中期，半个多世纪以来，当淡雅石灰石和耀眼铝合金外墙挂满了尘埃时，它那保守冷静的外表却仍闪耀着内在的生命力。

四、高薪文化与艰辛生活

有一个关于华尔街的小幽默广为流传。一个急于致富的美国青年在一次聚会上，偶遇著名的投资家、亿万富翁巴菲特，于是上前斗胆求教：“巴菲特先生，像我这样的年轻人，在美国入哪一行赚钱最多最快呢?”巴菲特笑笑说：“很多聪明的年轻人都问我这个问题，我只能一只手捏着鼻子，另一只手指向华尔街。”虽然华尔街因为其“铜臭味”声名远播，但这个巨大的磁场仍不断吸引着全球金融精英到此一展拳脚。即使在金融危机肆虐的时期，华尔街仍然保持着令人咋舌的高薪文化。这种高额薪酬机制下的基本工资一般为10万~100万美元不等，华尔街年末的奖金和高管们的年薪更是炫目。这里的银行家们总是被形容成雄心勃勃、渴望成功并拥有过人胆识的人，他们从不惧风险系数很高的金融赌局，对于高投入、高回报金融游戏的热衷是华尔街永不落幕的职业文化。

对于那些被认为是有雄心或野心的年轻人来说，进入华尔街的投行是开启他们成功之门的第一把钥匙。每周 100 小时的加班是家常便饭，和伦敦金融城注重生活质量的商业精英们不同的是，华尔街人喜欢把生活等同于工作，加班是一种修炼自己的哲学。华尔街的各大企业也在积极地配合这种理念，向员工提供食品和交通等津贴以鼓励员工超负荷运转。在这种艰苦的华尔街生活中，每个人都必须像古罗马的角斗士一样，为了自己心中所描绘的成功蓝图而努力打拼。

五、高频社交文化

然而纽约的曼哈顿 CBD 不总是冷冰冰的商务文化，除了那些正式的商务活动，以及艰辛的职场打拼，这里也有温情的社交。当然，这些社交还是有很强的商务性质，但是同那些死板的职场生活比起来，面对面的交流使很多生意多了些人情味。许多商业新贵可以轻而易举地借由电子通信设备与人沟通，但是却仍愿意花大价钱买下华尔街最贵的办公室，只是为了能在这个顶尖投行与商业机构扎堆的地方与人进行面对面的交流。对于华尔街这个高密度的地区，极端空间临近的信息优势尤为重要，成功往往意味着比别人早几秒种知道将要发生的事。曼哈顿 CBD 不只是世界上最大的一个摩天大楼集中区，商务生活也并不总是紧张忙碌的工作。

为了满足商务人士的生活、娱乐以及社交的需求，除了密集的商务楼宇，一些商业设施和文化设施也在兴起，它们的存在使曼哈顿从商务场所变成了 24 小时 CBD。比较知名的是洛克菲勒中心的引入。作为唯一规划、设计并落成于经济危机和两次世界大战之间的综合体，洛克菲勒中心是完全由私人投资的项目，开发、建设及运营自始至终统一管理。它是第一座摩天楼城市，微型的国际大都会，辅助配套设施一应俱全的独立王国。它的车库和后勤运输全部依靠统一设计的内部系统，使工作人员和游客不受车辆干扰，也在很大程度上保证了中心不解体。从城市设计的角度看，中心没有考虑如何与周围环境协调，是庞大规模和自给自足的体系维持了它的运转。纽约是在有限的物质环境中，利用集聚发达的金融贸易活动，通过永无休止的竞争，成为世界首屈一指的国际大都会。这个既用于众人休闲又绝对利于商业活动的极其复杂的综合体，不仅开启了纽约的娱乐社交生活的新时代，还带动了第五大道和百老汇的发展。

以洛克菲勒中心为主要区域的中城 CBD，不仅白天游人如织，晚上更是灯红酒绿、歌舞升平。究其原因，中城的 CBD 除了发挥其“世界著名大公司所在地”商业写字楼的功能外，还发挥了它作为国际化大都市所具有的消费、娱乐功能。“第五大道”云集着世界一流品牌，24 小时挤满了全世界来此购物的游客。每晚 8 点，附近百老汇大街的歌舞剧才刚开演。等到 10 点一过，夜生活才刚刚开始……人们从林肯中心、卡内基音乐厅、无线电城出来，便一头扎进了附近的酒吧、餐厅。

博物馆、剧院和各式艺术中心那浓厚的文化艺术气息充斥着各种形态的公共空间，有了繁华都市里购物、娱乐、休闲的五光十色，有了喧嚣繁荣中那田园式的中央公园……曼哈顿的生活便由此变得丰富多彩。而在这些公共空间中所进行的社交活动也会对商业决策与职场的成功构成重大影响。在咖啡馆或博物馆里偶然得到某种知识，可能为某个细心的华尔街人带来巨额的财富回报。共同的话题形成了共同的社交圈。你不用总是谈论工作，也许和老板在酒吧里轻松地谈论一场热门的棒球赛，就会增加他对你的好感和认同感，从而在未来的职业生涯中对你青睐有加。

六、“9·11”事件的阵痛与复兴

20世纪70年代至今，老城西岸码头的扩建，以及110层的世界贸易中心的建成是该时期的重大事件。20世纪80年代末又建成巴特里花园城，包括世界金融中心（WFC）在内的一组建筑群，更加强化了曼哈顿作为金融和商务办公中心区的地位。从20世纪90年代开始，纽约金融、保险、房地产业所占GDP的比例大幅度上升，由1990年的26%上升到2000年的37%。

与此同时，随着服务业的繁荣，应运而生的文化消费行业也成长为曼哈顿CBD新的经济增长点。私营机构对曼哈顿文化设施的大量投资，使纽约拥有了最集中的文化设施。至1992年，纽约地区大约有500家美术馆、49个博物馆、34家剧院、31个歌舞团和26个交响乐团，仅游客每年在纽约的文化产业消费就高达98亿美元，曼哈顿一片繁荣之象。

但在2001年9月11日上午，双子大厦遭到恐怖袭击而轰然倒塌，这次事件使美国遭受的直接经济损失较重。所幸的是，现在曼哈顿下城经历了一次“复兴”（renaissance）。和原来相比，华尔街新进驻的公司更加多元化。自从2005年后，搬进金融区的307家企业中，27%是专业服务，18%是创意服务，15%是非谋利机构。纽约下城联盟（Downtown Alliance）2011年8月11日发布了一份报告，指出自从“9·11”事件发生后的十年来，曼哈顿下城经历了一次“复兴”，展现出了它新的风采。

七、你真的了解曼哈顿吗

每一个CBD都像一个人，虽然有着大众化和显而易见的A面，但有着自己特殊的文化品格和精神气质，这是它的 B 面，即它有别于其他商务区的、让人难忘的地方。城市的个性需要同时通过 A、B 两面来展示。其中，历史的产物和文化的凝结一旦形成便永难更改，岁月的变迁只会磨损它的容颜却不会消蚀它的魅力。人们常常通过一条小小的街道和别致的建筑物就能识别一座城市的性格特征，但只有当人与城市处于一种水乳交融状态的时候，城市的个性魅力才会真正放射出光彩。曼哈顿从不拒绝变化，当我们用感性的眼光打量它，从文化的视角来感悟其发展的脉络时，才能走进曼哈顿多姿多彩的精神世界，去品味意味深长而又妙趣横生的城市细节。

在大型快速船只确立其统治地位的时代，纽约开始转变为一个轴辐式海运系统。凭借地理位置居中且为安全深水港的优势，纽约一跃成为美国超级大港和美国海运系统的轴心城市。海运是纽约的经济命脉，但是纽约人更有可能从事的是港口周边的制造业。然而当全球化趋势消弭了运输成本优势时，纽约的制造业一度衰落，但正是在这种传统行业的衰落中，却凸显了纽约在观念上的优势，设计师们正在重塑纽约的文化。

正是因为脱胎于纽约这座更新频繁的城市，曼哈顿才逐渐发展成为全球商务区的“旗舰”。它被视作世界最著名的 CBD 之一，这不仅在于它具有世界著名金融贸易区的地位和经济影响力，也在于它具有世界影响力的区域文化。

初到曼哈顿 CBD，它最先向你展示的可能是 A 面——高楼林立和快节奏的都市生活。但如果你认为到华尔街和纽约中城区逛一逛，向上拍几张摩天大楼的照片，对洛克菲勒中心的建筑理念表示惊叹，听几个银行家讲几个小幽默，就能让自己了解纽约曼哈顿全貌的话，那就错了。因为纽约曼哈顿还有它更加独特的性格——B 面：在高密度的楼宇和拥挤的空间中，对商人而言最重要的社交价值便由此产生，为了能比别人早 5 秒钟知道某个消息，商人们会不惜耗费重金，在曼哈顿的核心地带购入或租赁价格高昂的办公楼。纽约曼哈顿也有自己的伤痛，“9·11”事件带来的负面安全影响使很多大型企业撤离这块寸土寸金的纽约中心区域。但纽约还是纽约，魅力无法阻挡。除了冷冰冰的商务文化，它还有由最棒的剧院、博物馆和交通等公共设施所构成的高性价比的消费组合。如果你是一个热爱消费文化的纽约客，怎么可能舍得离开曼哈顿？即使经历过“9·11”事件的阵痛，曼哈顿的“复兴”也能让这座城市重新焕发出新的活力。

案例二：伦敦 CBD——领衔世界的“金融旗舰”

伦敦金融城的独特之处在于其专门的市政机构——伦敦金融城政府。伦敦金融城当局在行政上没有任何政党介入，但却有资格声称，自己作为面积仅一平方英里的金融城的守护者，在英国经济中扮演着中心角色。金融城是伦敦的国际金融和商业中心，足以与华尔街开展竞争。在数世纪稳定的政治环境中，伦敦金融城得以发展，并不断地提升自身在创新、开放、灵活、高效方面的声誉。而新兴的金丝雀码头也在改变着伦敦的金融和商业中心格局。

一、财富渊渟泽汇的“一平方英里”

伦敦金融城发端于泰晤士河畔，最初只有 1.4 平方英里的范围。17 世纪下半叶以来，伦敦金融城一直是英国乃至国际金融垄断资本的“心脏”，更是国家政治的“财库”，具有不可动摇的实力。伦敦金融为当地政府提供服务，维护并提升伦敦作为世界领先的国际性金融商业中心的地位。它的责任远不囿于伦敦，也为整个英国公益事业提供额外的便利。

伦敦金融城将古老传统、庆祝活动与现代高效的权力机构结合在一起，每天关注居民、商业以及“金融城”32万工作人员的需求。伦敦金融城非常独特，它是英国最古老的无政党干预经营的地区。伦敦金融城在推动伦敦金融和商业服务上起到了专业化、榜样性的作用。根据伦敦金融城的政策，金融城的主席与政府以及布鲁塞尔一起制定政策，例如监管、税收等政策。伦敦金融城的市长扮演的是英国金融服务产业大使的角色。

金融中心区（Central Finance District，CFD）是金融产业发展和金融活动的“心脏带”。伦敦金融城就是这样一个CFD，伦敦金融城拥有便捷的交通、丰富的信息、即时的通信、高质量的办公设施及良好的金融和商务运营环境，可以大大节约公司的管理和交易成本，能够促进知识型、信息型、清洁型和高附加值的金融产业发展。在这一平方英里的寸土寸金之地，聚集了近2000家金融机构，近300家外国银行、180多个外国证券交易中心，每日外汇交易量达6300亿美元，金融就业人口达30多万。伦敦吸引了庞大的跨国金融机构。这里集聚了近180家外国证券公司，几乎一半的国际股权交易额是在这里进行的，还管理着28290亿英镑的全球资产。在伦敦股票交易所上市的外国公司有453家，其数量超过世界上任何其他的交易所。全球外汇收入的1/3在这里交易，而纽约、东京、新加坡却分别只有16%、9%、6%。伦敦金融城还承揽了全球36%业务量的场外衍生金融产品。近500家外国银行在伦敦金融城营业，经营着全球20%的国际银行业务。

伦敦金融城拥有全球最大的黄金交易市场，同时还是世界上最大的有色金属交易市场。伦敦金融城是世界保险和再保险中心，其中世界航空保险业务的31%和水险业务的20%都集中在这个市场。由于财富大量汇聚于此，伦敦金融城被世界金融界巨头奉为“全球的力量中心”，更有媒体形象地称其为“全球动力之都”。

二、伦敦金融城：完美的文化混搭

伦敦金融城，又因其原有的面积而被称为“一平方英里”，它是英国及伦敦市的金融中心，也是全球经济的“心脏”，因其强大的领导力被金融巨头们誉为“全球力量中心”。相对于伦敦来说，伦敦金融城毕竟只是以伦巴底街（Lombord Stree）和针线街（Threadneedle Street）的银行中心为主的一个狭小区域。但是作为世界三大全球性金融中心之一，伦敦金融城现已成为英国金融及商界的代名词，它不仅有着无可企及的金融影响力，而且还有着独一无二的混搭文化。

在大伦敦历史文化底蕴的滋养下，伦敦金融城有着不同于许多新近发展起来的 CBD 的特殊风格，随着时代脚步的前进，它也愈发展现出现代与传统文化的绝佳融合。伦敦这座富有活力的城市鼓励人们接触与交换观念，在古老文明与现代观念之间，伦敦金融城从罗马时代以来一直是经济活动的中心，具有不可动摇的实力。现在的伦敦金融城，执着与创新的商业理念在每个角落激荡，文化的盛大舞会徐徐展开，而伦敦金融城将是这场历史悠远的舞蹈最新的表演场所。有别于伦敦的其他区域，金融城的创意既不是科技上的激进，也不是人文上的深沉，而是一种奇妙的混搭，是一种像舞蹈一样融合的流体。数世纪以来，伦敦一直将自身的国际战略定位在金融市场和贸易。而现在，伦敦的国际领先领域包括了文化产业，如设计、传媒、时装、戏剧和娱乐业。

（一）国际人才的混搭

撒切尔夫人曾对英国金融业进行了大刀阔斧的改革，即被称为解除金融市场管制的“金融大爆炸”，可谓是金融城活力重现的重要原因之一。整个行业的开放性和国际化水平也从此越来越高。金融城从业人员背景多元，20 世纪末，这里还是剑桥、牛津学子毕业后的聚集地，但在今日，这里已经是国际金融才俊的大舞台。从伦敦各商学院的毕业生，到北美的商业精英，或是非洲和中东的金融天才，都开始频繁穿梭在这“一平方英里”的世界金融舞台上。不管是薪水还是职位，不论是伦敦发展的前景还是英国低水平的边际所得税率，伦敦能为他们提供的金融机会都十分诱人。英国目前有百万人从事金融服务业，仅金融城内就聚集了超过 50 万的金融专才。虽然伦敦本身的智力资源非常丰富，如 39 所大学、25 万名各国学生，在伦敦的 400 万劳动力中，大学毕业生占到三成，各类专业人才达到了 90 万。伦敦金融城引以为傲的是市民的国际化和年轻化，他们把自己充沛的活力带入了金融领域。8000 多名平均年龄 31 岁的金融从业人员为伦敦金融城注入了新鲜“血液”，保证了它的活力和前途。伦敦金融城接受了大批来自东欧国家的人才，给他们提供了比其他欧洲金融中心更好的条件。JP 摩根在伦敦金融城的雇员中有大批人来自德国、法国、西班牙、意大利，他们总在周末坐“欧洲之星”火车回家度假。比起他们，来自亚洲的年轻人已经显示出了很强的竞争力。他们受过良好的高等教育，思维敏捷，英语流利，来伦敦金融城进修、学习和工作，是为了探索亚洲未来的金融发展之道。

（二）历史与现代的混搭

金融城的历史感是每一个来到这儿的人都能明显感觉到的，毕竟这个城市有着和巴黎城一样的年纪。现在的金融城保留着有“针线街上的老妇”之称的英格兰银行、皇家商业交易中心、伦敦金融城市长官邸大厦之屋、伦敦大火纪念塔、伦敦塔等经典建筑。其中英格兰银行的大楼是一幢有着三百多年历史的古老建筑，占据着地理位置的中心。银行早期的交易大厅现在被改造成了英格兰银行博物馆，展出着丰富的实物、音像和图片资料，足以让你对英格兰银行的发展史、英国货币史有一个大概的了解。皇家交易中心则因其门前 10 根粗大的罗马石柱和骑马的威灵顿将军大铜像而显得十分雄伟，如今这里是名牌商店和高级饭店的聚集地。

在金融城这一伦敦老牌的金融、股票、证券、保险交易街区，新派、摩登的建筑物接二连三地拔地而起。但“老有老的味道”，比如有着二百年历史的勒顿活市集，处于其中也毫不逊色。最为引人注目的是市集所处的建筑群，是英国建筑设计师 Sir Horace Jones 的遗作，被列入伦敦建筑遗产保护的行列。这座具有典型维多利亚风情的建筑群，有着极其赏心悦目的漂亮穹顶。玻璃天窗的设计也成为成功利用自然光线采光的典范。悠久的历史和别具特色的建筑外观，也让这里成为不少电影的取景地，哈利·波特系列电影中通往神奇魔法世界的“对角巷”入口处就在这里。

（三）商务文化与休闲文化的混搭

金融城的悠闲通常由大大小小的集市展现出来。现在位于“十字交叉口上”的市集摊位不多，卖首饰、儿童衣物、丝巾头饰的摊位与售卖各式橄榄、快餐咖喱、手工甜点的摊位几乎平分秋色。周五的午餐时间，中间三条主要通道交汇的“十字路口”处却是一派繁忙景象。也可以看到不少上班族趁中午休息时间跑到附近的咖啡店、小酒馆去小酌几杯。走在市集的砖巷上，正午的阳光从错落有致的玻璃结构穹顶上倾泻而下，周围的商店井然有序地排列在独立单元里，主色调暗红与暖黄色的色彩搭配使人顿感温馨。在金融城东区，值得一去的历史味道浓厚的还有白教堂艺术画廊、衬裙巷和米德塞克斯街。在颇为传统的小商贩那里可以淘到从食品到五金的各种小玩意儿，还有美味的老字号百吉饼等。

（四）金融城与西区的混搭

伦敦的文化氛围为金融城的发展创造了良好的条件。伦敦共有各类文化设施620多家。博物馆、艺术馆、展览馆、画廊一应俱全，且品位高雅。坐落于伦敦金融城内英国著名的巴比肯中心有常年举办的音乐、舞蹈、戏剧和视觉艺术等活动。除此之外，巴比肯中心还是伦敦交响乐团的所在地。伦敦西区剧院是与美国百老汇齐名的戏剧圣地。这里聚集了近50家不同风格的大型剧场，每年有200多部剧目在这里上演，种类包括歌剧、话剧、舞蹈剧等，其中音乐剧最受欢迎，这些剧目每年吸引观众超过1400万人。

伦敦剧场对世界各地观众保持着恒久的吸引力，首先，现场演出的剧院牵涉到庞大的固定成本。不仅包括有经验的演员，还需要考虑复杂的灯光照明与音响设备，更不用说华丽的内部空间。对于在伦敦金融城工作的白领来说，晚上到金融城附近的皮卡迪利大街或牛津街欣赏一出优美的音乐剧是不错的晚间娱乐选择。这是一项普通白领也能负担得起的娱乐，因为固定成本由数千名观众共同分担。

柯顿（Curtain）、玫瑰（Rose）和环球（Globe）剧场都是早期伦敦剧院的代表。也许在50年前，伦敦西区只是为伦敦本地市民服务，上演的只有精致的欧洲戏剧与舞台剧，但是今天，作为世界城市的伦敦西区更多地是为世界各地的人服务。在这个戏剧圣地附近，是伦敦最富有活力的金融区域，每晚数千名金融城的精英和猎奇的观光客涌入剧场，在轻歌曼舞中开始了这座城市的夜生活。在伦敦晚间的地铁中，经常能够看到打扮得非常正式的企鹅绅士，着一身黑色晚礼服和高筒帽的他们，拿着黑色的雨伞煞有介事地搭乘地铁去参加某场音乐盛典。伦敦金融城数量庞大的白领观众使城中各类古老的剧院得以负担昂贵的演出成本，但是伦敦金融城的多元与开放性特性，也使得小型剧场在其中见缝插针。

除了剧场经济，伦敦西区还是身份与地位的象征，白金汉宫和皇室花园都位于此。金融城与西区的混搭不仅体现在文化方面，还体现在金融业务上。如今越来越多的对冲基金公司和投资公司也着眼在伦敦西区皇宫所在地的威斯敏斯特市的梅菲尔区（Mayfair，伦敦上流社会住宅区）和圣詹姆士区（St. James，以充满英国皇室风情著称）寻求新址来发展业务。

三、改容易貌的金丝雀码头

历经200多年，伦敦从一个航运贸易中心转变成为一个纯粹的金融贸易中心，金融城一直是一个供国际金融家、投资者们追逐巨大利益的角斗场。但是随着这“一平方英里”的饱和，为了在空间上给英国的金融发展提供必要的新空间，伦敦还将金丝雀码头区改造为一个新金融区，这里功能性很强的楼群都是近20年内建起来的，规划设计也更现代化。

金丝雀码头位于伦敦西印度码头的中心，它交通便利、四通八达，通过1991年开通的轻轨和2000年开通的朱比利（Jubilee）地铁沿线与伦敦市中心及其他地区相连。伦敦市机场距此只有几英里，乘公共汽车便可方便地到达。金丝雀码头现已成为伦敦新的金融和商业中心，最高层的写字楼群坐落于此，而在建和拟建的高档写字楼还有很多。在此落户的世界超级银行和媒体机构包括汇丰银行、花旗银行、巴克利银行、每日电讯、独立报、路透社以及镜报等。另外，该地区还建有200多家商店、餐厅及健康俱乐部，为日益壮大的上班族提供服务。目前码头地区有63000多名员工，这一人数在过去10年间增加了9倍。如今，伦敦东部的金丝雀码头对美国银行家变得越来越有吸引力，而西部的梅菲尔和圣詹姆士也吸引了越来越多的对冲基金经理，鉴于此，金融城当局也急于让金融城面貌焕然一新。

金丝雀码头不只是一个简单的商业改造项目，它对本地区、整个伦敦乃至全英国都具有重要的意义。在本地区最直接的影响就是提升了周边的土地价值，原来只适合低密度轻工业发展的码头岛地区突然升级了。在它的影响下，附近的南码头广场及东印度码头项目也相继完成。在整个伦敦市，金丝雀码头已经发展成为新的CBD，与伦敦市中心的金融城形成对峙局面。在全国层面上，码头又恢复了世界商业中心地位，所不同的是原来的工业码头不存在了，取而代之的是在大型写字楼办公的服务业。从这一点看，金丝雀码头改变了伦敦的金融和商业中心格局，也改变了英国的经济地理。

四、忘战必危：金融城大事记

20世纪初，伦敦作为全球第一金融中心的地位逐渐被纽约所取代；从“二战”结束到20世纪七八十年代，英国金融行业因缺乏竞争活力而面临进一步丧失全球领先地位的危机。为挽救颓势，在过去的20年中，英国进行了两次重大金融改革，即1986年以金融自由化为特征的“第一次金融大爆炸”和20世纪90年代末以混业监管体系为核心的“第二次金融大爆炸”。虽然这两次改革奠定了目前英国金融业繁荣的坚实基础，但经济危机中的金融城却经受了考验。

（一）“第一次金融大爆炸”形成开放的金融生态

1963 年，是欧洲债券在伦敦金融城国际证券市场上交易的起始之年。当外国政府和公司接二连三地在伦敦金融城筹集资金时，更增强了它们对伦敦金融城的信心，同时又使得伦敦金融城的债券市场日趋繁荣，蒸蒸日上。这些“正循环”为之后 40 年中伦敦金融城以惊人的速度成长为全球金融中心打下了坚实的基础。

20 世纪 70 年代，在撒切尔夫人任职期内，金融城实施了“金融大改革”，颁布了《限制交易行为法》，这是英国“第一次金融大爆炸”，这次改革在把国内金融企业推向混业竞争的同时，也引入了外国金融机构。1983 年，英国政府和伦敦证券交易所签订了著名的 Parkinson - Goodison 改革协议，交易所会员同意在 3 年之内放弃固定佣金制，同时结束自身的垄断地位，接受外国公司成为交易所的会员。该协议给了证券行业 3 年准备期，于 1986 年正式实施。

在对内放松管制的同时，英国向外开放了金融服务业。对比“大爆炸”前后英国本土证券公司的命运转变，就会发现这种巨大变革带来的双重冲击非常大，直接导致改革后的几年之内，从未形成混业竞争能力的英国本土证券公司毫无抵御能力，几乎全部丧失了控制权。

然而改革所创造的开放竞争环境给英国带来的收益也是巨大的，无论从伦敦证券交易所的国际地位、英国在金融产品领域的领先地位，还是英国本土机构的重生，都说明了英国金融体系的竞争力发生了根本性变化。今天，伦敦证券交易所（LSE）被认为是世界上最国际化的证券交易所，它不仅是欧洲债券及外汇交易领域的全球领先者，还受理超过 2/3 的国际股票承销业务。按市值计算，伦交所是世界第四大证交所；按日交易额计算，伦交所全球排名第三。

（二）“第二次金融大爆炸”奠定适度有力的监管

“第一次金融大爆炸”后，英国金融市场恢复了活力，外国金融机构大举进入英国金融市场，市场竞争日益激烈。但是，随着金融业混业经营程度的加深，传统的金融监管框架已经不适应新的形势，阻碍了金融业效率的进一步提高和创新发展。于是政府下决心将英格兰银行的金融监管职能分离出来，使其专注于货币政策，同时成立英国金融服务局（FSA），逐步将分散的金融监管职能集中到FSA。

FSA是一个权力高度集中的单一监管机构。一方面，配合FSA的成立，英国颁布了《2000年金融服务和市场法》，取代了以前一系列金融法律、法规，统一了监管标准，大大提高了金融监管效率；另一方面，FSA以风险管理为核心的监管资源配置和量体裁衣式的监管风格也对提升英国金融市场的竞争力发挥了推动作用。2003年，英国一家独立机构向全球300家金融机构做了问卷调查，结果显示这些机构对FSA的表现给予了很高的评价，认为“伦敦品牌”与英国监管机构的监管能力关系密切，英国监管者在能力和监管力度方面都胜过美国监管者。

英国开放竞争的环境和良好的监管吸引着世界各地的投资者和公司来到英国。1999年和2000年，在美国首次公开发行的外国企业规模超过800亿美元，10倍于伦敦。而到2005年，在伦敦首次公开发行的外国企业筹集了103亿美元，美国仅有60亿美元。欧洲大陆越来越多的金融服务机构都选择常驻伦敦金融城，对冲基金和私人股本基金也在伦敦发展迅速。作为领先的国际基金管理中心，欧洲超过3/4的对冲基金资产都在伦敦进行管理，私人股本资金有将近50%在伦敦管理。2002年，伦敦的基金管理着6100万美元的资产，占全球对冲基金资产的10%。到2005年，伦敦管理的资产达到了2.25亿美元，在全球资产中所占的比例升至20%。

（三）金融危机：飘风急雨下的金融城

2008年世界经济危机发生之后，昔日繁华的伦敦金融城也受到重创，沉浸在世界经济中心华丽梦想中的人们逐渐觉醒——昔日开放的金融环境和金融创新似乎酝酿了金融体系崩塌的连体效应，而随后英国政府推出苛刻的金融管制又饱受非议。金融城将何去何从？

金融服务业一直是英国的支柱产业之一。金融危机排山倒海到来之时，金融业首当其冲，连带实体经济遭受重创。同时增长缓慢、失业率高企和通胀居高不下都困扰着英国经济复苏的进程。在全球经济复苏乏力和欧美主权债务危机持续“发酵”的大背景下，英国的财政紧缩政策频遭质疑，这更给金融城的经济复苏前景蒙上了阴影。

金融危机严重打击了投资者信心，许多人转而购入实物黄金，出售黄金的商店前排起长龙，那时伦敦城内的实物黄金已经脱销。金融危机导致人们收入减少，更多的人搬到城郊居住或改乘公共交通，使得伦敦地铁的乘客数量持续上升。

2011年，英国经济增长率预计将只有1.5%，低于英国政府1.7%的预期。在美国债务评级被调降，在全球经济二次探底可能性增大及欧洲债务危机向纵深发展的情况下，英国贸易和投资的主要外部市场风险骤增，而起于英国伦敦北部的骚乱显示英国的经济危机逐步演化为社会危机，这对金融城的经济复苏无疑是雪上加霜。

种种现象表明，虽然英国经济离强劲复苏势头还显得十分遥远。但是CBI于2011年8月的调查数据表明，英国制造业为英国经济带来了信心。金融城能否从巨大的经济危机中复苏，充当英国经济崛起的引擎？我们拭目以待！

五、伦敦金融城深思

作为世界三大金融中心之一，伦敦金融城发挥着和纽约、东京不同的独特优势。伦敦金融城的地理位置处于东京和纽约之间，在时差方面亦成就了其存在的必然性。但从发展历程来看，伦敦金融城有以下几点值得借鉴。

（一）别具一格的“金融城自治”

自治式管理、独立经营是伦敦金融城CBD的一大特色。通过自治管理，伦敦金融城实现了规划、设计、建设和运营的一体化理念，确保了规划的权威性和可执行性，提高了行政效率，有力地促进了CBD的健康发展。伦敦金融城虽然只是伦敦市33个行政区中最小的一个，但它却有自己的市政府、市长、法庭，甚至还有警察，是伦敦市中名副其实的“城中城”。其政府由伦敦金融城市长、参事议事厅、政务议事厅、商业行业公会组织委员会以及由选举产生的市政委员会委员、城市管家等重要机构和人员组成。这样的组织使得金融城在政治地位上非常具有优势。伦敦金融城市长有非同寻常的“钥匙”，能打开海外门户，并接触最高级别的政府官员。

这种具有一定独立性质的管理方式对金融业的促进有着非常明显的表现，使其能够提供城市繁荣发展所必需的基础设施和战略性的经济规划。在中央及伦敦当地政府的密切协助下，伦敦金融城政府肩负起这项单独的使命：保护并发展着这个独特的品牌——伦敦金融城。

另外，伦敦金融城具有公司和政府双重属性，对相关业务统一规划，商业化运作管理，工作重心在于协调、服务、宣传推介与调研支持。但是，伦敦金融城服务于整个英国长远利益，都具有全球战略属性，而不是局限于一城之隅。从政策制定、对外承诺到管理体系，具有长期连贯性，使得外界国家、地区和企业法人对在此地进行经营运作都具有坚定的信心和稳定的预期。英国王室和政府赋予伦敦金融城独特的战略地位，职能权限具有很大的独立运作空间，在战略机遇出现时，伦敦金融城可以通过各种方式灵活执行创新决策权。

（二）人才和商业网络的兼收并蓄

伦敦金融城首先具备大量高层次的金融人才。在伦敦，几乎世界上所有语种的人才都能够在12小时内找到。类似于精算师、国际律师、高级财务分析师这样的尖端人才，也可以及时为企业或个人提供服务。伦敦还拥有数量众多的大学、学院、学校及学术研究机构，通过“产学研一体化”价值链整合，伦敦形成了面向全球的金融人力资源集群。

其次，伦敦金融城有着非常丰富的商业网络。伦敦金融城和其他国际金融中心保持了正向联系。一方面，伦敦金融城在主要的全球城市纽约、东京、法兰克福、瑞士、莫斯科以及上海都设立了办事机构，建立了联系的成效机制；另一方面，由于中国香港、新加坡、澳大利亚的悉尼以及加拿大的温哥华等金融中心，都曾在一定时期隶属于英国管辖，所以伦敦金融城与这些金融中心原有的联系机制仍然具有活力。此外，所谓的“离岸金融中心”，如英属维尔京群岛、开曼群岛、巴哈马群岛、百慕大群岛、西萨摩亚、安圭拉群岛等，它们和伦敦金融城在业务联系、信息交流和历史沿革上，也具有强烈的协同性，已经成为整个国际金融体系资本流通虚拟环路中的特殊节点。

（三）兼顾国际标准的柔性金融监管

伦敦金融城有一个宽松而严格的法规体系。作为老牌金融中心，其监管都是采用国际标准，在制度设计上注重原则，而不是规则。海外投资者只要遵守一组基本原则，就能在伦敦进行商业创新。金融服务监管局（FSA）、英格兰银行和财政部三方常设委员会是伦敦重要的金融监管机构。此外，贸工部、工作和养老部、职业养老监管局、公平交易办公室、打击严重欺诈办公室、国家刑事犯罪情报局也可以根据需要参与金融监管。为了促进金融业发展，金融城的监管也在不断创新和调整。特别在金融危机中，金融监管适时调整，加强了管制力度。

案例三：东京新宿 CBD——商业在东，商务在西

新宿副都心的经济、行政、商业、文化、信息等部门都云集于商务区的金融保险业、不动产业、零售批发业、服务业而成为新宿的主要行业，其人口就业构成已接近东京都中心三区。随着新宿副都心的开发建设，尤其是东京都部分政府办公机构的迁入，使副都心的魅力大增。各行业更加积极地涌入新宿，首当其冲的是金融业。仅在以新宿站为中心，半径为 7000 米的范围内，就聚集了 160 多家银行。新宿已经成为日本“银行的战争”的缩影。新宿是东京繁盛的代名词。作为东京第一大副都心的新宿，其功能定位是带动东京发展商务办公和文化娱乐中心。除了眼花缭乱的现代摩天大楼和大型购物中心以及新建的戏剧区，还有鳞次栉比的趣味小店和大街小巷内的小酒店，新宿可以说是应有尽有。

一、历史积淀商业繁荣

东京新宿对所有人来说都充满魅力。新宿是第一个沿甲州街道的

旅店市镇，1698 年修建的这条驿道从东京通向西北方。驿道曾是神社、集会及在岔道叫卖的商店云集之处，商业交易的繁荣可谓早有积淀。伴随着商贸发展，这里的外来人口众多，最多的是台湾人，其次是韩国人，近年来也涌入了大量的中国其他移民。

明治维新后，东京最繁华的地方是浅草和上野，1923 年后移到了银座，20 世纪六七十年代又移到了新宿，而到了 80 年代中期，涉谷和原宿成了年轻人喜欢的地方，但新宿并未因此衰退。时下人们评论说：“东京其他的繁华地都是针对不同年龄、不同爱好的人的地方，新宿却能适应所有年龄层、所有不同爱好的人的需要。”

今天你若是问东京人对新宿的印象，他会告诉你一堆名词，由你自己挑，百货店、人群、同性恋者集聚的町目、歌舞伎、滚石乐、酒、高楼、东京市府等。新宿的繁华常常使人来不及安静地思考，仿佛一切都是在流动中，人们来去匆匆，仿佛不需要去理解这片土地背后的来龙去脉，只需要知道新宿就该是这样的。

二、交通网络打造通都大邑

东京都政府高起点、高投入建设新宿 Sub-CBD，甚至迁入新宿，以增强新宿的吸引力，促进新宿的发展。依托新宿车站，新宿生产性服务业与商业活动取得了巨大的发展。新宿通过地下空间的开发利用以及人行天桥等步行回路的设计，将交通枢纽带来的分割效应减到最低限度，充分利用了交通枢纽的集聚经济。

日本的“新宿”是典型的交通枢纽型商圈，建有商圈、轨道交通中枢和游览胜地三大功能。新宿重视地下空间的开发利用，早在 1967 年前后就建成了贯穿新宿车站中心两侧商业区的“都会地下大步道”。新宿重视交通枢纽的立体开发，占地 2.46 公顷的地面层广场，作为庞大的交通枢纽，用高价步道系统连接商业设施和车站。新宿还重视商业设施“回游”成本，最突出的是时代广场商业综合体以及车站南口地区的再开发。

新宿车站作为日本铁路系统的一部分，是在1885年开放的，由于铁路线延伸至西郊，便很快发展成东京市中心的一个交通枢纽。在东京车站发展出第一个中央商务区之后，新宿车站发展成为东京市中心第二个中央商务区。新宿有小田急线运营的准高速铁路线，否则它几乎完全是服务于东京的通勤人口。新宿有五条口铁线、三条私营铁路线以及三条地铁线。这些线路穿过新宿站或者以新宿站为终点。如今，车站每天运送乘客达322万人，成为世界上最繁忙的火车站。新宿有11条轨道交通线路交汇，加之以周边密集的公交线路、高速线路等，为商务与商业职能的发展奠定了良好的基础。2008年6月，地铁副都心线开通，连接新宿、涩谷、浅草三大副都心，深化经济联系，强化副都心的功能互补，进一步加强了新宿Sub-CBD的区位优势。

三、商业综合体汇聚人气

依托新宿车站和大型商业综合体，新宿生产性服务业与商业活动获得了巨大的发展。新宿通过地下空间的开发利用以及人行天桥等步行回路的设计，将交通枢纽带来的分割效应减到最低限度，充分利用了交通枢纽的集聚经济。新宿在产业空间布局上，避免单纯地发展生产性服务业或者商业，而是充分将二者相结合，一方面利用商务办公功能集聚高品质的商务人群，另一方面利用商业集聚人气，避免CBD昼夜人口差距过大而沦为空城。

新宿副都心的经济、行政、商业、文化、信息等机构云集，金融保险业、不动产业、零售批发业、服务业成为新宿的主要行业，人口就业构成已接近东京都中心三区。仅在以新宿站为中心的半径为7000米的范围内，就聚集了160多家银行。IT产业和文化产业的聚集则是新宿CBD的两大产业特色：新宿CBD内及周边车站集聚了将近900家以信息服务、电子商务等为主导产业的IT公司，是日本IT产业集聚程度最高的地区；20世纪90年代后期起，大量文化产业公司总部入驻，由此也吸引了众多的节目制作业、录音业、动画制作等机构，使新宿成为东京都内最大的现代文化产业集聚地之一。

新宿CBD的商业配套与全球其他CBD相比也首屈一指。新宿站东口由以流行时尚名品为主的繁华商业街和以娱乐性为主的歌舞伎街组成。新宿车站南口方向是百货公司与商店街云集的商业地区，其中最著名的包括有高岛屋百货公司的旗舰店高岛屋时代广场与知名日本连锁书店纪伊国屋的总社。以新宿车站为中心共建有9条联结东京四面八方的地铁和轻轨列车线，发达的交通能从东京圈广域的地区吸引大量的客流。据统计，目前新宿商务区的日间活动人口已超过了30万人，周末达到了50万人。巨大的客流不仅为上下班的乘客和购物者，而且还有大量的来自全国各地及世界各地的观光游客，使新宿成为每天24小时运转的充满活力的区域。

四、西新宿生活片段

让人视觉紧张的西新宿，仿佛在讲述着白领们的办公生活。作为东京都的三大副都心之一，新宿聚集了大量的企业总部、写字楼所和白领精英阶层，鳞次栉比的高楼就是一个佐证。在这里你看到的是白领们紧张忙碌的生活，是日本人谦逊、礼貌、纪律感强，是他们对工作认真到超乎想象的真实写照。新宿的早晨，电车像从城市的四面八方投出的无数条彩带一般汇聚到城市，面无表情的白领们按步就班地登上交通车辆赶往办公地。即使被挤被踩磕磕碰碰，他们大多也就皱皱眉咬咬牙，整个车厢拥挤而安静。一旦穿上西装，也就意味着杜绝解放思想、杜绝创新幻想，尤其在日本。几乎每个人都得有一个公文包，而这包还非得是方头方脑的，杜绝柔软松垮，手提的不带电脑，肩挎的八成都塞了电脑。早晨的新宿车站上演着无声的喧嚣，无论进站出站，训练有素的上班族绝对可以保证纹丝不乱，即使验票机机再多，地下通道再绕，每个个体都像脚下引着铁轨一样，该去哪儿去哪儿，谁也不会碍着谁，又仿佛电车站的调度员闲暇之余同时兼顾着场外一样，什么时候快走，什么时候排队，被精确地计算后严格按照时刻表进行着。这确实跟他们从小受到的教育有关。

五、东新宿生活片段

给人另一种视觉冲击的东新宿，是一个热闹混乱的传统商业区。西新宿是现代化的、整齐的，映入眼帘的全是白领们谦虚谨慎的紧张工作，在很多人眼里这就是日本的写照。但是当你到了东新宿，你会发现新宿有两张脸，并且这两张脸风格迥异，让人大跌眼镜。东新宿是最热闹的也最混乱的传统商业街，闻名海外的红灯区歌舞伎町也位于此。新宿 CBD 的活力和魅力要得益于东新宿以及新近开发的新宿南口。说到购物休闲，东新宿整体看起来就像一个摊平了的巨型购物中心。东新宿的街道被商店、餐馆和走在日本时尚前沿的人们所充斥，当这一切突然出现在你面前时，你可能一时间会不知所措，但只要你确定自己想要什么，那么在新宿就几乎总能找到令人满意的东西。这里有伊势丹、高岛屋时代广场和三越百货等老牌商场；0101、Lumine、MYLORD 和云集了日本本土设计力量的 Beams、CommeCaStore

旗舰店等则是东京潮流的源头。

电影院、电器店、美食小店可以说到处都是，还有一些可以称为“新宿元素”的地方，其中就包括拥有16个购物楼层的小田急百货公司。这里还有大量价格实惠的餐馆，例如Dora餐厅等。“新宿黄金街”上满是小型的酒吧和俱乐部，无数知名的音乐家、艺术家、演员、导演在这个富有创意的社区里相互交流。这里是创意与灵感的国度。新宿南口是新开发的办公和现代零售业集聚一体的复合型区域，以高岛屋百货店为旗舰店，引入书店、影院、趣味专卖店、饮食街等业态，形成了一个紧跟现代流行潮流的区域，成为新宿集客能力最强的商业集聚区域之一。

东京新宿歌舞伎町，是一个给人强烈视觉冲击且印象深刻的地方。这里每天有30万人出入，是日本也是东洋最大的闹区、欢乐街。到了夜间，这里人来人往不绝，因此被称为“不夜城”或是“不眠之街”。从新宿的JR电车车站东口起步行数分钟，这个由靖国大道以及明治大道所包围、约35万平方公尺的地区，是电影院、剧场、餐厅、风化店、酒吧、宾馆、饭店、赌博店等密集区。单单向保健所申报饮食店的便有4000家，如果含向警方申报在内的风化店一共有5700家以上，来自中国台湾、韩国及中国大陆的人经营的店相当多。各种招摇的广告牌和五颜六色的灯光也十分密集，又因为很多店面很小，充其量只能容纳二三十人，着实让人目不暇接。有趣的是这里一入夜，常能看到成群结队的白领齐齐结队来玩，手里还挽着公事包，潇洒得很。夜晚的新宿展现出了它喧闹和浮华的另一面，入夜的新宿，属于它另一个时段的生活状态。

新宿CBD内金融、贸易、信息、传媒等中心业务活动高度集中，同时也有购物、文化娱乐和服务等商业功能的高度集聚，正是因为区域内经济生态和生活生态的有机结合、传统商业区的繁荣与现代商圈的开发并存，才使得新宿CBD的内涵丰富多彩。

六、新宿CBD启示录

新宿CBD的发展体现了产业多元、商业繁华和多中心系统的突出特点，是实现经济发展与配套服务较好结合的发展典范，它带给我们三个重要的启示。

（一）CBD应该追求经济和生活的平衡

新宿在1958年制定新宿CBD计划时，就以新宿车站为中心进行了明确的规划：新宿站东口以流行时尚名品为主的繁华商业街和以娱乐为主的歌舞伎街组成。新宿西口以银行、证券贸易、信息、传媒等大公司总部，写字楼、政府机关、高级饭店等集聚区为主。新宿南口是信息产业、办公和购物中心混合的多功区域。正是在这种细致的规划下，新宿CBD成为拥有不同特点和功能街区的集合体。

同时，新宿CBD在有限的空间内非常重视CBD区域内公共设施的规划和建设：它利用城市开发制度所预留的空地，建设起多姿多彩的公园；通过建设人行步道把区内各大楼底层联结起来，形成若干室内广场，以利于市民与游人的休息；建设CBD内人行步道网络，将不同功能集聚区联结在一起，方便了行人进出车站和交通枢纽等，最大限度地方便了行人的出行和生活。

而新宿CBD的休闲娱乐业、宾馆酒店业、餐饮业的发展也为生产性服务业以及零售商业提供了配套服务，形成了密切的关联效应。新宿经验对城市空间结构多中心发展战略最大的启示是：政府高起点规划，依托交通枢纽，促进产业空间集聚，推动商务与商业一体化发展，优化零售商业与休闲娱乐业、餐饮业的空间关联，增强CBD的复合功能。

（二）城市综合体塑造活力 CBD

城市综合体是由城市中多种单一功能的建筑通过赋予建筑商业综合价值、有机地组合在一起并互为依存的庞大建筑或建筑组群。一个全功能复合型的综合体能够推动城市经济的发展。东京新宿之所以成为日本享誉世界的 CBD，其最大的功绩莫过于六本木这个标志性建筑综合体的出现，它真正地使城市中的商业、办公、居住、旅店、展览、餐饮、会议、文娱和交通等城市生活空间完美组合，为人们创造了一个多功能、高效率的生活体，也正是六本木成就了新宿 CBD 的繁华。

（三）注重产业关联发展，以商招商

新宿 CBD 内人流、物流、资金流和信息流的相互结合，使新宿形成了一个以金融为龙头、以电子信息产业为总部主体、以动漫创意为特色，上下游产业链共存的现代化、都市化产业集群。产业关联发展，为入驻企业提供了抓住市场需求的“地利”，就近储备人才的“人和”，以及跟进行业前沿的“天时”，使 CBD 内企业的资源配置综合成本较低，从而“滚雪球”式地吸引更多相关联产业的加入，实现了“以商招商”的良性循环。

案例四：巴黎拉德芳斯 CBD——法国经济的复兴引擎

拉德芳斯 CBD 不仅是巴黎市，甚至也是“法国经济振兴计划”的主要部分。拉德芳斯通过适当的选址，以及对环境的营造成功地吸引了投资；通过人车分流等大量有效的交通建设，加强了与巴黎老城区直接的、强有力的联系，并且形成了“历史中轴线”的发展方向。

可以说，拉德芳斯与巴黎老城区的配合，将城市的历史、现在及未来完美地交织在一起，被誉为当今最具典型意义的新兴商务区在古老城市中的扩展案例。

一、从小村庄到“巴黎的曼哈顿”

20世纪60年代以前，巴黎以市区为中心、呈同心圆地向外扩展。巴黎的商业、金融、行政和科学文化主要集中于市中心的核心区内，巴黎城区边缘则主要为结构简单、单调的住宅群，市区街道布局呈现放射状。这种格局造成了巴黎市区绿地面积下降、居住地和工作场所之间的距离增加、交通紧张、城郊基础设施落后等问题。于是，巴黎市政府决定在拉德芳斯规划建设现代化的城市副中心，以巩固法国作为商业、交通和文化中心的重要地位，调整和改变城市核心区域东部和西部发展不平衡的状态，并对市区的历史文化遗址进行保护。

拉德芳斯（La Defense）Sub-CBD位于巴黎市的西北部，巴黎城市主轴线的西端，原是一个默默无闻的小村庄。1958年，为了满足巴黎日益增长的商务空间需求，缓解巴黎老城区的人口、交通压力，保护巴黎古都风貌，巴黎市政府决定在拉德芳斯区规划建设现代化的城市副中心。政府计划用30年的时间将包括Courbevoie、Manterra、Puteaux三镇，面积750公顷的拉德芳斯区建设成为集工作、居住、娱乐的设施齐全的现代化商务中心。经过近半个世纪的建设，目前拉德芳斯区现已成为欧洲最具影响力的商务中心，被誉为“巴黎的曼哈顿”。

二、从单一的商务区到“城市综合体”

从老巴黎乘地铁沿着主轴线一直向西，20分钟就到了拉德芳斯。

出站的感觉很有趣，仿佛穿越了时空隧道，把人一下子从中世纪带到了现代，众多设计前卫的摩天大楼充斥着人们的视线。如果说传统的巴黎是沐浴在古典文化光辉中的形象，那么今天的拉德芳斯则是巴黎的另一张面孔——现代、时尚、充满活力。从出生伊始，拉德芳斯便带着现代的文化基因，但这“未来派城市”也不无充斥着艺术的元素。

拉德芳斯区临近塞纳河畔，在1870—1871年的普法战争中，一小股法军退守这里并顽强抵抗直到弹尽粮绝，最后全部殉国。后人为了纪念这些法军将士就在高地上竖起一组雕像，题名“La Défense de Paris”（拉德芳斯），意为“保卫巴黎”。20世纪50年代后，巴黎面临着市区商务办公空间严重匮乏的挑战，但为了保留古老巴黎的原貌，老城中严格限制各种新建和改造工程，政府决定采取一个本世纪最大的都市开发行动，即开发一个巴黎的卫星城作为其现代化的中心商务区。在新区开发过程中，纪念雕像被完整地保留了下来，整个新区也因此得名——拉德芳斯。拉德芳斯，其名字带着浓厚的历史味道，但在最初的发展中拉德芳斯只注重商业功能的开发，曾一度变为“死城”，后来，各种人文、艺术元素的投入才使它重新焕发了活力。

拉德芳斯CBD的成功在于它实现了全新城市的发展模式——城市综合体（HOPSCA），即H：Hote（酒店）、O：Office（写字楼）、P：Parking（花园、停车场）、S：Shopping mall（商业）、C：Convention（会议、会展）、A：Apartment（公寓）。各项相互组合、相互依存、相互推动，形成一个多功能、高效率、功能复杂而又统一的建筑群落，从而获得良好的经济、社会及环境效益。

开发之初的拉德芳斯并未被大多法国人接受，他们不喜欢孤立而冷艳的摩天大楼，不喜欢下班后冷清又有些空闲的街道。平日里上班时人头攒动，一下班白领一族便好似“仓皇出逃”般匆匆赶地铁离开这里，缺乏人气是这里最大的问题。所以，这些年来巴黎人正逐渐改变拉德芳斯单一的商务功能，他们在这里建大卖场、娱乐设施，设置一定的居民住宅区，让其真正成为一个有人情味的地方。

在拉德芳斯，精心设计的回字形、圆筒形、飘逸形等外形与内部企业多样化相协调的商务空间，使得商务办公区颇具艺术性与人文关怀；四季商业中心、奥尚超级市场等大型购物中心和250家中小型商店让购物变得便利；在各色现代建筑群的中央，宽阔的彩砖广场上设置了花坛、喷泉、雕塑、儿童游乐场等；IMAX圆顶戏院拥有全世界最大的半圆形银幕；地铁、公交、一切车辆都在地下，人们可以在开敞的空间中休闲漫步。其中，建成于1958年的“国家工业科技中心”（Centre National des Industries et Techoniques，CNIT），完美地将商务功能与人文关怀融为一体，是最早落成的建筑和主要展览场所。它如一个巨大的倒扣的贝壳，由三个支点支撑，建筑的内部没有一根立柱，内部是“村落广场”的新颖设计，其中包括咖啡座、小商店及花房。

三、千磨百折：拉德芳斯大事记

近半个世纪以来，拉德芳斯的规划建设过程可谓一波三折，其高层办公楼的建设也经历了多个发展阶段，不仅反映了市场需求的变化，也展示了建筑设计、材料和建造技术等发展水平。

（一）初生：柯布西耶“现代城市”的实践

拉德芳斯CBD第一轮规划（1956—1964年）办公面积为27万平方米，在此期间拉德芳斯区域开发公司（Public Establishment for The Development of La Defense Region，EPAD）正式成立，代表国家和地方利益，负责开发750公顷的新区，并施工开挖拉德芳斯圆形交叉口，以建成公交换乘中心和郊区地铁快线隧道等。

法国现代建筑大师勒·柯布西耶（Le Corbusier）认为，从中古时期发展起来的城市，包括巴黎在内，已不能适应现代社会经济发展的需要，必须进行彻底改造。改造城市的基本原则是：城市按功能分成工业区、居住区、行政办公区和中心商业区等。城市中心地区向高空发展，建造摩天楼以降低城市的建筑密度。他提出建筑物用地面积应该只占城市用地的 5%，其余 95% 均为开阔地，布置公园和运动场，使建筑物处在开阔绿地的围绕之中。他认为城市道路系统应根据运输功能和车行速度分类设计，以适应各种交通的需要。他主张采用规整的棋盘式道路网，采用高架、地下等多层的交通系统，以获得较高运输效率；各种工程管线布置在多层道路内部。他强调现代城市建设要用直线式的几何体形所体现的秩序和标准来反映工业生产的时代精神。巴黎拉德芳斯区的规划是柯布西耶对“现代城市”的解读。通过人车分层、宽阔步行街轴线两侧建高层建筑的总体构想规划方案，拉德芳斯与卢浮宫被连成历史轴线，轴线上分布着很多的历史景点、名胜建筑。1956 年 Robert Camelot，Jean de Mailly 和 Bernard Zerhfuss 三位著名建筑师为改变拉德芳斯地区面貌及为申请 1958 年世博会而献计献策。他们建议通过两侧高层办公、公寓围合成的界面来延伸历史轴线，这些高层都用天桥连接起来，把拉德芳斯建为复兴法国的窗口。

而拉德芳斯最宏伟壮观的工程首推新工业和科技展览中心（CNIT），巨大的拱顶具有很强大的震撼力。1958 年，戴高乐总统为展览中心开幕剪彩。在拉德芳斯以后 10 年的建设历史上，工业和科技展览中心（CNIT）一直是仅有的大型建筑；后来的事实也表明，它是拉德芳斯 CBD 建设启动项目的成功实例。

（二）波折：石油危机

拉德芳斯CBD第二轮规划（1964—1972年）办公面积为85万平方米，在此期间建成了第一代高层办公楼，实现地铁快线RER通车，从凯旋门到拉德芳斯CBD只需5分钟。

为了保持建筑的统一性，拉德芳斯所有的办公楼都必须遵守当时统一规定的设计原则，即基底面积都必须是1008平米，100米高，约30层楼，每层约1000平米，总建筑面积30000平米，提供完全相同的设施。在遵守此原则的前提下，各建筑的造型可自由发挥。20世纪60年代末，巴黎的第一批高层建筑也就是拉德芳斯第一代高层建筑。

拉德芳斯CBD第三轮规划（1972—1986年）面积为160万平方米，在此期间建成了第二代高层办公楼，并经历了第一次经济危机，导致60万平米办公楼空置，经济复苏后拉德芳斯CBD规划增加了35万平方米办公面积，就业人数也从3万上升到5万。

美国设计师对法国传统观念上的办公楼高度和尺度做了改变，将每层楼核心轴到玻璃外墙之间距离加大，这有利于安排功能性组团空间，产生了新型的工作环境。

这一阶段新增办公建筑面积49万平方米。至1973年，拉德芳斯CBD办公面积达76万平方米。第三代高层办公楼投入使用：外形较小，标准层建筑面积没有严格限制，要求办公空间直接采光，更舒适，更经济，降低运行维护费，是采用新技术的节能型办公楼。

但1973年世界爆发石油能源危机，严重影响了法国经济。当时拉德芳斯出现了60万平方米的办公楼空置，市场销售形势严峻，拉德芳斯遇到了开发建设的黑暗时期。1974—1978年的五年间拉德芳斯区域开发公司（EPAD）没有转让和卖出任何土地，积压的办公楼毫无进展，办公用地过剩，高层建筑卖不出去，开发商都转换了投资方向。但这种办公楼过剩并不意味着办公楼市场已经饱和。到1978年，法国政府开始通过政策促进拉德芳斯建设的复苏，特别是商业方面地产市场开始得到恢复，占地11公顷的购物中心于1981年建成，它是欧洲最大的购物中心之一。

（三）谷底：第二次经济危机

拉德芳斯CBD第四轮规划（1986—2001年）办公面积为208万平方米，在此期间，标志性建筑“大拱门”建成，使巴黎历史轴线上的拉德芳斯有了标志性建筑，有了继往开来的“窗口”。这项重点工程也带来了拉德芳斯开发建设的黄金时代，这一阶段新增办公建筑面积134万平方米。

1989—1995年第四代办公楼建筑规模扩大，更注重建筑造型的美观与变化，强调曲线和锐角的新建筑不断出现，标准层建筑面积的要求比第三代略小，并要求办公空间直接采光，减少了外墙面的反光材料，更追求舒适经济。1992年建成的La Pacific、1995年建成的Société Générale等都是第四代办公楼的代表。

1993—1997年爆发了拉德芳斯建设以来的第二次经济危机，同时也引发了拉德芳斯的房地产危机。这期间没有售出任何建设权，建成的办公楼总量维持在250万平方米。这是拉德芳斯建设史上的零增长期，仅仅完善了一些已建工程，例如对20世纪60年代建成的ESSO大厦进行整修等。

（四）重生：危机之后的辉煌年代

从1958年起，经过40多年建设的拉德芳斯，2000年到达了它的辉煌年代。1999—2001年拉德芳斯办公楼市场需求达到空前高涨，出现了供不应求的局面。投资激增，租金和市值都大幅增长。2000年整个巴黎大区办公楼投资总额达360亿法郎，其中拉德芳斯办公投资100亿法郎，占巴黎大区投资总量的29%，而且在拉德芳斯投资回报率也处于领先地位。如今拉德芳斯已成为法国国内外投资商寻找商机的必到之处。

2001年9月建成了拉德芳斯中心大楼，它由两个椭圆形塔楼组成，标准层面积1667平方米，总建筑面积18万平方米，采用最新技术，环保隔热玻璃外墙（中空三层，中间层是电动窗帘），室内外设计温差达10℃。作为拉德芳斯最新的办公楼，规模比以往更大，市场出租率很高。这是在拉德芳斯最辉煌时期建造的办公楼。

四、拉德芳斯启示录

蕴藏在辉煌背后的，不仅是拉德芳斯CBD规划发展50多年来的成功经验借鉴，也饱含了如何克服重重困难、苦尽甘来的启示。

（一）政府对整体开发强力把控

在拉德芳斯的开发中，拉德芳斯区域开发公司（Public Establishment for The Development of L a Defence Region，EPAD）扮演了相当重要的角色。拉德芳斯的全部土地在20个世纪50年代就已经全部被政府组建的开发公司EPAD买下，实行EPAD与社会开发商共同开发的模式。在具体分工上，EPAD向社会开发商收取土地使用权费用，但不提供土地产权，EPAD利用该收入兴建道路、广场、交通等公共配套设施。虽然引入了私营机构参与开发，但EPAD仍然对项目主要指标进行严格审核，对建筑风格进行掌控，以保证众多建筑形成较为协调的景观效果。

EPAD是带着强烈政府色彩的开发公司，一方面，EPAD与中央政府密切联系，贯彻执行政府对拉德芳斯地区的发展规划，对开发建设进行有效调控，保证政府在区域开发中的主导权；另一方面，EPAD在土地收购、基础设施建设与出售上又拥有较大自主权。初期，EPAD通过建设交通道路等基础设施，吸引投资者，向开发者出售建筑权，取得收入；后期，它通过与政府的沟通合作，恰当处理政府与当地居民的利益关系。EPAD在中央与地方、政府与市场、政府与居民之间打造了一个最佳平台，平衡着各方利益关系，为Sub-CBD的开发建设提供体制保证。目前，我国一些特大城市也在建设Sub-CBD，如上海的徐家汇、花木、江湾五角场、真如副中心，广州的天河副中心等，法国拉德芳斯CBD的成功案例为这些城市提供了可贵经验。

（二）业态多元，人车分流

拉德芳斯一期80%为写字楼，住宅、商业配比很少，业态过于单一，导致非工作时间该区域缺少活力与互动。EPAD意识到该问题的严重性，因此在二期的开发上，强调商务办公的配比不得高于50%，在商务区内穿插布置住宅、商业等，增加了城市的活力，减少了人们的出行距离；另外，新的规划理念强调城市由纵向发展转为水平延伸，新规划不再有大量的高层、超高层建筑，以推进项目的可持续发展。

拉德芳斯一期的交通设计实现完全的人车分流，创造出舒适的步行空间，一直被认为是很好的借鉴模式。拉德芳斯地下有地铁M1、RER-A线，将CBD与巴黎市中心区紧密联系起来；地面1~3层是车型快速干道、立交桥和停车场。其中地下停车位共有2.6万余个。地面3~5层的平台上建有人行道，步行系统总面积达到67公顷，整体上组织清晰，互不干扰，为比较理想的交通组织模式。目前该区域公交出行率达到83%以上，每天完成35万人次以上的通勤，极大地节约了社会资源和时间成本。

案例五：新加坡 CBD——年轻岛国的成长优势

作为一个严重依靠外部经济的蕞尔小国，新加坡充分利用 CBD 的规划和建设，成功实现了城市的顺利转型，保证了其在世界城市网络体系中的重要节点地位。新加坡虽然是个岛国，但它既是亚洲著名的金融和贸易中心，也是全球最繁忙的港口之一。其最大特点是几乎不存在贸易壁垒。优越的地理位置和发达的海空运输、通信网络及高素质的服务，使新加坡这一自由港的市场优势十分显著。新加坡是两大洋的海上交通枢纽，地理位置优越，环境的优势和人口的高素质也造就了“花园城市”和“优雅社会”的称号。新加坡 CBD 的繁荣是新加坡产业成功升级的集中体现。随着新加坡成为海内外投资者的理想港湾，新加坡 CBD 已成为全球企业的亚洲总部中心和全球化网络中联结东西方的战略节点。

现在，新加坡是亚洲主要的金融中心之一，拥有超过 650 家著名的国际金融机构，全国金融和保险业的年运行收入超过 150 亿美元，房地产和商务服务业的运行收入超过 200 亿美元。新加坡面积虽然很小，但各种纷繁复杂的元素却在这里较为和谐地融合在一起，这里有迷人的城市风光、干净整洁的路面、穿戴整齐穿梭于密集的写字楼中的白领、众多的旅游景点，还有具有浓郁民族特色的小印度和“牛车水”的中国城。

一、出口导向：从贫民窟到金融中枢

独立前的新加坡具有典型的殖民地二元经济特征，这是由 1965 年

新加坡独立之前其英国的前殖民地身份，及其远东战略性转口贸易中心的定位所决定的。当时的二元经济体现在银行、保险、航运、仓储等服务业由英国和本地华人企业提供，发展相对较好的进出口及其相关服务业，与为新加坡和马来西亚市场的小规模消费品制造业并存。与经济的二元性相对应的，是中心城区的空间二元性——中心区邻近主岛南部海港，贫民窟、零星的商业以及金融企业共同拥挤在狭小的区域中。

新加坡自治之初，政府面临着诸多社会问题。但很快，政府就运用创新性思维，联系当时大的世界经济环境，找到了一条符合自己地理位置和战略需求的经济发展之路——强化与西方的贸易联系，抓住西方发达国家劳动密集型产业向发展中国家转移的时机，以出口制造业立国。最终，这一策略的实施取得了空前成功，新加坡经济得到高速增长，并创造了大量就业机会。制造业在GDP中的份额从1966年的16.3%上升到1980年的23.9%，就业人数增加了5倍。但当时的新加坡还只是一个制造业生产基地，产品在海外设计，新加坡的生产线只负责生产。

从20世纪80年代中期开始，新加坡政府开始将重点逐步放在发展有增长潜力的服务业上，注重为落户新加坡的跨国企业提供更好的配套服务，在发展资本、技术密集型出口工业，保持原有经济连续性的同时，构建了新加坡与海外市场相互交流渗透的平台，快速建立了东南亚和亚太地区的区域性服务中心，从而提升了其在亚太地区的资源配置能力。

二、环形开发：从二元地带到现代商务区

1971年和1981年，新加坡政府分别编制了以环形模式来分散人口分布的概念规划，并在此基础上进行功能和产业的细分。概念性规划的提出，以及对于概念性规划的修编，对于新加坡CBD之后几十

年的空间发展产生了深远的影响。首先，分散化的发展空间表现在公共住房和城镇沿环形走廊分散布局；其次，集中化表现在城市核心区所形成的 CBD 聚集了一些商业商务楼宇。新加坡 CBD 在 20 世纪 80 年代以前主要是建设写字楼，且大部分集中在莱佛士坊和珊顿道、罗敏申路、丝丝大街以及安顺路和丹戎巴葛路。20 世纪 80 年代以后其边缘地带才开始被用于建设零售、会议、展览等用途，共建造了三家酒店、滨海中心、新加坡国际会议中心和会展中心等设施。

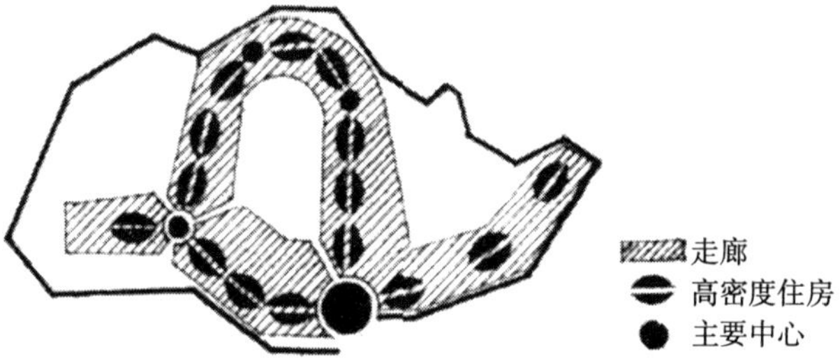

图 5－1　1971 年批准的新加坡概念规划

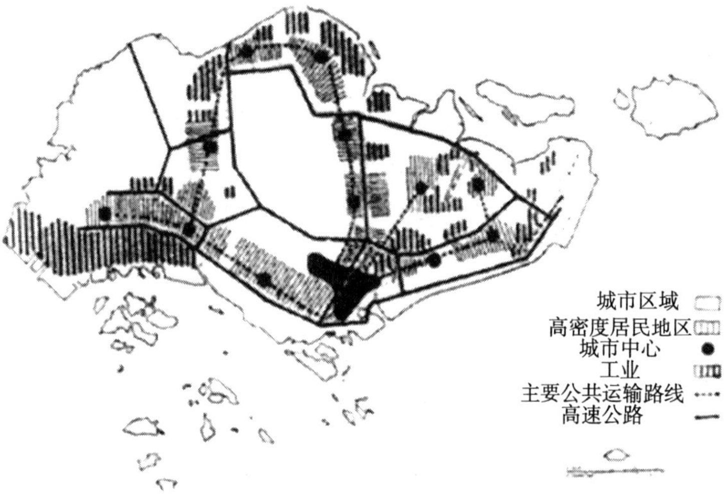

图 5－2　1982 年新加坡概念规划

20世纪60~70年代，和欧美大城市所遇到的问题一样，新加坡城市的中心城区日渐衰落、人口减少。此时，新加坡开始了大规模的城市更新运动。这使得中心区原来的工业和仓储业迁往裕廊和其他临近的新市镇，而中心城区聚集了很多高附加值的商业和金融业，它们主要沿着水岸和珊顿道快速发展，形成"金鞋子"形状的发展带。到1984年，中心区面貌已焕然一新，成为"拥有现代化商务广场的购物场所"。然而，商务服务业的快速发展却在某种程度上抑制了商业的繁荣。商务区的单一功能遇到了一系列的问题。虽然市中心内商务服务业高度集中，但新市镇内商务服务业却过于分散，导致产业功能与生活功能的隔离。在城市中心区，为了满足跨国公司、大型银行、证券公司、法律事务所、会计与管理顾问公司的需要，开始大规模修建了高密度楼宇和大量的地标性建筑，如渣打银行大楼、华联银行大楼、金融大厦、新加坡货币基金总部大厦、莱福仕城、滨海城、乌节路等如雨后春笋般兴起，不同程度地破坏了城市原来的历史文化风貌。所幸在1989年，新加坡政府通过了新的《规划法令》，制定了规范保护区的立法框架，旨在对中心区的历史遗迹和历史建筑进行保护和修复。

三、金融与创新双剑合璧

（一）第一把剑："金融立国"战略

随着现代经济的发展和高科技的进步，以及金融自由化程度的日益提高，新加坡正逐渐成为国际一流的金融中心。

新加坡20世纪70年代后期实施"金融立国"战略，成功地利用了当时刚兴起的离岸金融市场与金融衍生市场的创新潮流，使得新加坡得以迅速改变其经济结构，并增加其国际竞争力，成为与东京、香港并列的亚洲三大金融中心之一，并有取代香港金融中心的设想。新加坡的金融业主要集中在新加坡的中央商务区内，新加坡 CBD 的金融业基本可以和新加坡金融的概念划上等号，可见新加坡 CBD 内金融业的地位可谓举足轻重。

1938—1973 年，新加坡和马来西亚一直共用一个证券交易所，1973 年，新加坡与马来西亚分开，各自成立了自己的证券交易所。1974 年 6 月，新加坡证券交易所正式成立。新加坡的证券交易所，是亚洲或东南亚地区的证券交易中心。该所既有债券交易，又有股票交易，但以股票交易为主。新加坡的证券市场既有一级发行市场，又有二级发行市场。

新加坡 CBD 代表着新加坡金融的现代面貌，新加坡金融业也在 CBD 的有利环境下蓬勃发展。新加坡的大部分金融服务业都分布在这一商务区内，两者相互促进发展。

1980 年之后，新加坡的经济突飞猛进，为其成为世界城市打下坚实基础，金融服务业成为附加值最高的服务业和国家税收最大来源。2011 年，新加坡服务业占 GDP 的比重已经高达 2/3，特别值得一提的是，在亚洲对财务咨询和区域中介服务的强劲需求推动下，新加坡金融服务业的雇佣情况几乎可以和金融危机前的水平相媲美。

不断攀升的运营成本、有限的土地资源和建立自己的跨国公司以便加强在全球市场竞争的需求，都迫使新加坡向新的发展阶段迈进。这一阶段以区域化为特征，以向亚洲特定国家输出投资和先进管理经验为驱动。面对全球化的挑战，吸引国际人才和资本是新加坡经济持续增长的关键因素。以此为目标，新加坡更加重视对 CBD 的开发，以提供更多的商业空间。

（二）第二把剑：信息化智能 CBD

新加坡 CBD 中心区的一个明显特点，就是外资金融机构所占比重很大。区内 90% 的商业银行和几乎所有的证券银行和金融公司，都是外国独资的或新加坡与外国合办的。外资银行的资产额占新加坡银行总资产的 85% 以上。外资金融机构对电子商务发展提出了要求。由此，新加坡 CBD 产生了大力发展电子化国际商务中心区（E-CBD）模式的创新构想。E-CBD 是指在经济全球化和知识经济的时代背景下，以电子数据交换、电子商务、电子金融等信息技术为基础支撑，具有实体 CBD 和虚拟 CBD 双重结构，面向世界的现代化金融贸易中心区。

新加坡以先进的通信网络，联系起新加坡和全球各地金融、财务、商品、股票及外汇的交易行为，使新加坡成为全球不间断的外汇交易中的一个不可或缺的重要环节。

2005 年，新加坡启动了第六代 IT 计划，宣布将建设下一代全国信息通信基础设施，并预期在 2015 年使全国的 IT 基础设施发生重大改变，为国民生活带来更方便的体验。新加坡现在主要通过电话线来提供上网服务，速度一般为 64KB/秒，同时也有一部分光缆宽带上网服务，传输速度也不超过 100MB/秒。而计划中的下一代全国信息通信基础设施，至少可达到 1GB/秒的网速。

新加坡能够发展成为区域金融枢纽和国际商务总部，离不开 20 世纪 80 年代以来 ICT（Information and Communication Technologies）信息和通信技术的发展和全球放松服务业管制的趋势。凭借 ICT 技术，跨国欧诺公司实现了生产环节在地域上的高度分离，管理职能在中心城市的高度集中，新加坡顺势崛起，成为世界经济的重要节点，并且快速地从区域性城市变为具有全球金融和商务服务管理中心职能的世界城市。

新加坡政府在20世纪80年代的很多政策富有远见。政府很早就确定了成为亚太地区重要ICT中心的目标，因此鼓励公共和私人领域广泛使用ICT，同时积极与北美、日本和欧盟的资本、技术和市场核心环节建立联系，力图将自己打造成为服务亚太的世界多级中心。

新加坡中心商务区在总体上是成功的，因此也使得新加坡CBD在竞争力上保持了强劲的优势。在整个社会日新月异的同时，不断发展自己，充实自己，让自己紧紧跟上时代潮流，并且力争可以在某些方面甚至能够引领时代的潮流，这些都可以从新加坡中心商务区的发展战略中得到有益的启迪。

四、新加坡CBD启示录

新加坡的规划历来为世界称道，其CBD建设也遵循了新加坡的大规划理念。新加坡CBD的整体规划和发展在市区重建局（URA）的主导下，对土地开发、交通组织、环境建设、建筑景观等都提出了细致的措施，其中对CBD的定位和内外部衔接性的考虑是其获得成功的宝贵经验。

（一）精确定位CBD客户群

新加坡转型路上最重要的一个成功经验就是在世界经济体系中找到了自己的最佳位置。新加坡把自身的发展同亚洲发展密切地关联，以世界的眼光来谋篇布局，从而在联结东西方的世界产业体系中准确定位，使新加坡这个经贸和运输枢纽成为了亚洲经济中心。

新加坡CBD的定位与新加坡的世界定位紧密契合。它把自身定位为具有较强空间及功能独立性的微型CBD，具有“麻雀虽小，五脏俱全”的特征。作为微型 CBD，其构建没有单纯以商务写字楼为主，而是配有互补性和特色性的组成部分。其目的主要是为全球企业的亚洲公司和本土企业提供性价比较好的办公场所，同时配有较高档次的住宅和商业配套。

（二）复合衔接激发活力

新加坡的 CBD 追求一种衔接性，由于面积不大，发展范围有限，所以和周边的有效互动就很关键。新加坡政府在 CBD 内专门建设了人行道，把公园和交通道路联系在一起。这些有顶棚的走道，不仅较好地连接了 CBD 与周边的区域，而且能够让行人免受日晒雨淋。这样的 CBD 除了有高效率之外，其内部的风景也非常吸引人，比如一些小广场可以调解人们视觉的乏味，还可以使公众止步歇息。为了使 CBD 能够具有竞争力，既保持繁忙，又保持活力，政府还新辟了闹市区。除了商业，新加坡政府还把 CBD 变成了一个学习的中心。在滨海艺术中心有剧院、图书馆，还有其他各种各样大型娱乐项目的场所。

（三）政府干预自始至终

新加坡政府在城市化推进 CBD 发展中发挥了重要的作用。1967 年，新加坡政府在城市化发展过程中拟定的首个概念计划中就清楚地表明了中央商务区将扮演的角色。政府提供重建蓝图、清除贫民窟、发展基础设施并强调公私部门的合作。1991 年新加坡政府根据城市化发展的要求，修订了概念蓝图，提出了建设多功能区的 CBD 的规划。由此可见，在 CBD 的形成过程中，政府的作用不容忽视。在城市及 CBD 发挥集聚效应和扩散效应的过程中，政府扮演着重要的角色。比如，新加坡在 20 世纪 70 年代把低工资水平、低回报率、低知识含量的制造业外移到其他国家，把高工资、高回报率、高知识含量的制造业内植到本国，使国内生产力水平跨上了一个新台阶。其前提正是城市化和 CBD 的发展为这种转变提供了服务保障。城市化中的众要素，如人才的集聚、知识的集聚、交通的发展、基础设施的建设等，在政府指导的下重新组合焕发出新的魅力和活力。同理，政府的不当干预可能会使生产力水平出现滑坡。

新加坡政府干预贯穿了 CBD 形成和发展的始终，政府的正确规划和管理影响着城市化和 CBD 的发展，于是采用何种政策和方式干预和推动 CBD 的发展成为各国政府关注的重点问题。

案例六：香港中环：自由多元的经济港湾

曾经的荒芜渔村，如今的“香港心脏”，中环 CBD 调控着整个香港的经济脉搏。位于香港岛中西部的中环 CBD，北临维多利亚港，经过半个多世纪的发展，如今已成为香港的金融、商业及法政中心。占地不足 153 公顷的中环，创造了一个又一个的传奇，成就了香港跻身“亚洲四小龙”的神话。因此，也唯有中环，内外兼善，软硬件齐备，名实相符才配得上这个“心脏”的位置和称号。

一、金融天堂：大市场、小政府

中环位于香港的中西区。1841 年英军在上环水坑口登陆，开启影响深远的殖民统治。1942 年，中英《南京条约》签订后，清政府更是直接将香港岛割让给了英国。中环的历史，就是香港历史的起点和缩影。英国人最初叫中环“女皇城”，然后称它为“远东的商业和政治中心”，后易名“维多利亚城”。当时，外资银行如渣打银行及汇丰银行等已率先在中环建立总部，一些零碎的股票交易的出现，奠定中环的证券业核心地位。不能否认，早期中环的崛起确实有赖于“西洋”资金，比如英国的大洋行，但正是现代企业管理文化的引入，为中环未来发展奠定了基石。

20 世纪 70 年代，香港经济全面起飞，中环成为香港最主流的办公区，可以说是美国“华尔街”的翻版，是当之无愧的“香港心脏”、香港政治和商业中心。现在的中环已经发展成熟，承载着整个城市的希望与寄托，全天候为亚洲经济探热。在香港，中环代表的意义已经不仅仅是金融贸易中心，而是一个“阶级”（class），一个“品牌”（brand），甚至是一个“地位”（status）的代号。这里有香港特别行政区政府总部、立法会大楼、以前的港督府（现称礼宾府）和很多外国领事馆；也有众多银行、跨国金融机构；它还是高级购物商业区，各种各样的餐饮食肆和品牌时装专卖店使它成为游客和香港当地人最喜欢逛的地方。多元的 CBD 功能，形形色色的人群每日穿梭于此，足见中环的无限魅力。

但是中环给人们的第一印象，往往是亚洲金融的中心，一座资本之城。从 1993 年第一家内地企业青岛啤酒在香港 H 股上市以来，香港资本市场已经为中国经济改革提供了 1.5 万亿港元的融资。从某种程度上讲，中环就是中国经济改革的“资本之城”。而最近十几年中国经济的腾飞，把这座“资本之城”推上了新的高峰。在贝恩资本之后，美国其他的顶尖私人股权基金如黑石集团、KKR 先后进入中环。这些资金进入香港，不仅仅因为投资中国是大势所趋，更重要是看重香港的优势——低廉的税率、畅通无阻的信息、完善的法律制度和廉洁的政府。从国际金融中心到香港立法会大楼，步行只需五分钟。后者和不远处的廉政公署共同捍卫着香港的法制，而金融管理局在国际金融中心二期55层的高空中，俯视着脚下的各家金融机构。这些政府机构就在自己身旁，但中环的精英们却感受不到政府，许多人十几年都没有与政府官员打过交道。长期以来，香港政府一直避免干预市场，秉承大市场、小政府的执政宗旨，默默地为世界各地的商人打造他们在香港表演的舞台。也正因为政府成为经济发展的配角，香港的商人才有了充分的表演空间，才培育了他们非比寻常的锐气、冒险和专业精神。这恰恰是中环不断焕发活力的关键原因。

二、翻版华尔街的“商业围城”

中环几乎是所有心怀远志的香港人心中的商业围城。视线所及，小小的中环集聚了置地广场、太子大厦、交易广场、金融中心、中银大厦、汇丰总行、长江集团大厦、渣打大厦、怡和大厦等密集的摩天大楼。置身其中，最新最快的商业信息交流和商界力量版图的展现，都让人仰头感叹。具有顶尖企业的光环和高职高薪的吸引，中环也是无数白领们激烈竞争的赛场。一个世界著名跨国公司，一个高级成衣品牌，乃至一个顶尖精英人才，非得在中环落脚不可，是因为中环的密集性。这里不仅人才高度密集、资金高度密集，而且视线也高度密集。这些精英们非得在这么一个高度竞争性的繁华之地，才显得出他们的雄才伟略，才能够成就功名。中环，是所有心怀抱负的企业和人才的踏脚石或终点。中环是信息的摇篮，占据中环就是占据了财富的源头。“信息就是力量”，在商业竞赛愈来愈激烈的今天，中环CBD的地缘优势更加无可取代。常有中环金融人因公司财政出现问题，无法负担高昂租金而不得不迁离中环，但仍每日坚持到中环吃午餐，一为维系人际关系，二为“收料”（接收信息），因为两者都非常重要。

中环耀眼的光环里也充满了无奈的虚荣。你可以说中环是个物质主宰的奢华世界，作为一个CBD，它集合了各样全城之最，这是一个具有高度表现性的地方。就像城市中心舞台，所有最好最美都要在此倾力演出。置地广场的LV手袋、Tiffany钻饰，装饰着中环办公室女白领们的梦想。太子大厦一楼商店林立，不少世界知名品牌都将旗舰店开在此地，RALPH LAUREN、CATIER、HUGO BOSS令你目不暇接，到处散发着奢侈和豪华的味道。CATIER旗舰店，上下两层，是仅次于东京和纽约的CATIER全球第三大专卖店。这里展出的镇店之宝、全港独家的古董系列，必能让你了解到奢华的真正含义。中环将商务办公和购物娱乐功能融为一体。这里聚集了众多世界名牌的大商场与单独门面的旗舰，既有物质主宰的奢华世界的一面，也上演着一幕幕普通游客疯狂购买打折物品的场景。餐饮方面，一大乐园是苏豪区，不仅有新兴的饮食休闲区，还有很多各国风味的餐厅、酒吧，除常见的美式西餐及欧陆式菜馆外，还有一些较少见的特色菜，如尼泊尔菜、西班牙菜、北非菜、地中海菜等。中环从来就不是低调的，作为香港的经济象征符号，中环魅力无边。其魅力体现在密集性上，就连日夜都得同体，二合为一，白天是CBD，夜晚又是CED（Central Entertainment District，中心娱乐区）。白天在交易广场的股市厮杀后，夜晚又可在酒吧作另类的宣泄。日与夜，权力与欲望，股票与酒精，中环面目多变，虚实兼具。大概没有别的CBD，像中环那样，理性却又虚幻得那么彻底。

三、并非“文化沙漠”

夜生活不得不提酒吧，尽管湾仔、尖沙嘴等地都有大量酒吧，但名气最大、最富特色的酒吧区非兰桂坊莫属。位于中环的兰桂坊，街巷短小狭窄，呈L形并用鹅卵石铺成，两边满布西式餐馆和酒吧，店家的名字和装饰都十分西化，洋溢着特有的欧陆风味和异国情调，被誉为香港的“文化特区”。下班后脱下西服铠甲的白领精英，以及追求品位休闲的中外人士都聚集在这儿谈天说地，端一杯啤酒，在酒吧门口围成一圈儿聊天的帅哥、美女已然成为一道风景线。晚上 9 点开始，许多时尚新潮的年轻人来酒吧饮酒娱乐，灯红酒绿，五光十色，愈夜愈精彩。最热闹的是节日，如圣诞节、万圣节、兰桂坊节、食品节等，兰桂坊都要举行街道嘉年华会。当然中环也不只彰显着现代魅力，同时也散发着历史的韵味。皇后像广场是中环的中心点，广场上那一幢建于 1912 年的圆顶建筑便是今天的香港特别行政区立法院，这座 20 世纪初的早期建筑与近三十年来拔地而起的大批摩天楼形成强烈对比。离广场不远还建有纪念在两次大战中不幸战亡者的和平纪念碑。

这里也曾经是殖民时期历届港督换岗、宣誓就职的地方。这些英国统治时期的建筑物，其原状面貌基本上得以保存。在人称“文化沙漠”的香港也有六七十年前中国近、现代文坛巨匠们的足迹，像鲁迅当年演讲过的地方，许地山、蔡元培和萧红的墓地，还有 1942 年诗人戴望舒被日军拘禁的域多利监狱，在这里他写下了那著名的诗篇《狱中题壁》及《我用残损的手掌》。电车在香港岛上已行走了一个多世纪，早已成了居民日常生活的重要部分，大家亲切地称它为“叮叮”。在如此现代的都市，保留古老的交通工具，这种形态上和生活节奏上的极大反差，常给人一种时空错位的恍惚。电车收费便宜，两元即可缓慢贯穿港岛东西，中环不同时期的城市形象，香港百年间连续性的“城市象征及缩影”仿佛都浓缩于此。此外，尽管地铁与隧道都早已开通，但香港本地人还是很愿意使用天星小轮过海，港岛的码头坐落在中环黄金位置，乘坐古董船既便宜快捷又能领略维多利亚湾的风景。

四、城市血液循环系统

中环 CBD 好比香港的心脏，而四通八达的网络交通系统，就犹如城市的血液循环系统，为中环的运转输送着“养料”，为各地区间自由的商业往来和人才流动提供了有力的保障。

中环占地 152.97 公顷，建筑面积现已达到 400 万平方米以上，绝大部分的土地用于商业和综合开发、政府机构及社区用房、公共空间等。道路占地比例是最大的一部分，占总面积的 1/3 左右，住宅用地很少。中环拥有五条地铁线路，数十条公交线路以及渡船，逐渐形成了完善的网络交通系统。

在趋于多元化的城市交通体系中，CBD 占据了快速铁道网、公共交通系统、步行系统等交通服务的最佳区域。交通组织高效率，设施安排布置人性化，是建设 CBD 的一个很重要的经验。香港中环 CBD 注重对外交通，对外联系指向性强，快速交通不穿越 CBD，交通模式以快速路 + 轨道交通 + 航运为主；内部为自由式山地路网，注重公共交通，大量公交、轻轨、地铁穿越中心区，其设施配备齐全，绝大部分主要运输网络均在 CBD 内设置总站或中途站，如机场铁路总站、山顶缆车总站、邮轮客运总站。随着赤角香港国际机场、中环和西九龙机场铁路总站的落成，由商务中心区前往机场只需 25 分钟。此外，区内交通方式多种多样，且各种交通方式之间密切衔接，地上地下有机融合，完备的体系和高效率的运作成为香港金融业发展的有效保证，也使香港中环 CBD 成为名副其实的“都市心脏”。

网络交通系统为中环 CBD 的运转输送着“养料”——人才。没有“养料”，“心脏”会缺少活力，甚至停止跳动。人才的重要性不言而喻，而人才引进政策保障了“养料”充足持续供应。香港作为国际金融中心及其长期维持地位的重要基础条件，集聚了大量专业人才。香港能提供各类专业服务人才，包括律师、会计师、经济师、精算师、系统分析师、管理顾问等。广泛的人才为香港中环CBD经济的发展提供了有力的支撑。

香港不但注重人才培养，还十分重视引进技术和人才。香港科技大学已开始与香港工业科技中心合作发展分散式的科学园，允许高新科技企业在大学范围内开业，借此培训大学的科技人才。这无疑是一个有益的尝试，也是对内地和台湾经验的一种借鉴。特区政府还加大对本地大学的科研资金投入，推动各大学间的合作研究以发挥团队优势。香港行政长官曾荫权在2007年发表的施政报告时指出，香港特区政府将通过各项输入人才计划，加大人才引进力度，吸引内地及海外的人才来港发展事业。他同时还强调，香港未来需要更多国际及内地精英。香港政府通过营造稳定的社会大环境、提供良好的工作环境、优厚的待遇和广阔的发展空间等各种方式来吸引高水平、高素质专业人才来港工作。为进一步欢迎内地的专业精英，香港特区政府放宽年龄及资格等限制而特别推出了“最新优才计划”。中智移民分析，持有香港特区护照可免英联邦国家的签证、距离近、无时差、气候好、工作机会多、会说国语等系列优势将吸引越来越多内地的人才前往香港谋求发展。1997—2007年，通过不同人才输入计划赴港工作或定居的各类人才或专才已达20万人。据统计，仅2006年一年就有2.8万人由世界各地来港工作及定居，其中约5500人来自中国内地。

案例七：蒙特利尔地下城：六英尺下的繁华世界

纵横俯瞰，蒙特利尔城坐落于圣劳伦斯河与渥太华河的汇流之处，就像一座漂浮在圣劳伦斯河上的岛屿，得天独厚的地理位置使它成为世界上最大的内陆港口。作为全国最大的河港和金融、商业、工业中心，蒙特利尔皇家银行等金融机构总部和股票交易所、著名的加航、国铁等总部都设在这里。这是一座地形富于变化的城市，整座城市由市区的平地、以皇家山为中心的山地以及纵横的地下街三部分构成。早在 500 多年前，利奥纳多·达·芬奇就曾在他的画作中描述了这样的场景：人们在地下城逛商店，在餐厅享用美食，通过建筑物的天井享受自然的阳光。行人与车辆互不干扰，各行其是。这一畅想在蒙特利尔最早得到了实现，由此可见，精心设计的地下城本身就是杰出的艺术创作。

还有人比喻蒙特利尔为“双城”，地上一城，地下一城。规模宏大、功能齐全的地下“宫殿”犹如地表那座城池的翻版，在实现功能性的同时，将蒙特利尔对于艺术和享受的理解诠释得淋漓尽致。四季更迭，无论雨雪还是晴好，地下城早已成为蒙特利尔人生活的重要部分，或享乐其中，或前往四面八方，这无尽的创意让蒙特利尔的市民们生活得如此幸福、惬意。

蒙特利尔地下城现有六个地下中心，由地铁串联，多数分布在城市的闹市区，成为城市生活的重要组成部分。蒙特利尔地下城包括：由步行通道联系起来的建筑，这些建筑属于不同的业主，具有不同的功能，涉及商业、贸易及娱乐设施，以及公共的地面和地下设施等。其中，地铁对蒙特利尔地下城的发展起着非常重要的作用。

一、启动：地铁撬动商业发展

蒙特利尔地下城的发展应该归于地铁的发展。建设地铁的决定是在 1962 年维尔玛丽广场开业前不久作出的，1963 年蒙特利尔获得 1967 年世博会主办权后加速了地铁的建设。室内城市的成功还与城市中心两条地铁线的位置选择有关，为了鼓励站点周围未来的开发，地铁线在城市中心不太发达或者没有商业设施的街道下面穿过。地铁站之间的距离很近，同一条线路相距 500 米，不同线路相距 750 米，这样有利于以后通过连续的步行网络把建筑相互联系在一起。地铁站旁边新的商业办公建筑纷纷与地铁车站相连通，充分利用了地铁站的聚集作用而形成的高密度步行人群，沿着地下通道布置商业店铺。此后，将地铁周边建筑物地下一、二层的中层空间作为过道或商业空间与相邻的地下车站大厅相连。Complexe Desjardins 大楼就是一个典型的成功案例，它是一个集政府办公、旅馆、电影院、零售商店和一个大型公共室内中庭于一体的多功能中心。

为了促进在地铁周边土地上进行建设开发，蒙特利尔创造性地把地铁上空的建设权投向市场，通过公开招标授予投资者 75 年的长期租用权。同时，蒙特利尔还在公共领域的占用方面有所创新，如果车站没有紧邻待开发的土地，那么获得地铁上空开发权的开发商允许通过街道下面的通道将自己的建筑和地铁站连接起来。

地铁和地下建筑的建设速度快，经济效益高，反映了现代城市向地下发展这一趋势的成功一面。对于其他 CBD 的发展来说，城市街区的综合治理是一个机会，可以进一步发展 CBD 各个建筑群之间的道路连接，有意识地将传统的交通干线和商业走廊相结合，把地下的商业设施和地面联系起来，以促进 CBD 区域内的商业发展。当 CBD 的商业设施密度达到一定程度之后，CBD 的聚集特性会限制设施的进一步发展，而解决问题的出路之一就是向地下发展。

二、发展：规划与无规划并存

Berri－UQAM 和 Atwater 这两个节点，串联起蒙特利尔 CBD 四通八达的交通。整座城市的地下空间开发伴随着地铁系统的建设而进行，地铁系统奠定了地下城的整体格局。但是与城市整体不同的是，CBD 的地下城建设经历的是有机扩张。在后期的建设中，政府缺乏整体规划，用急功近利的态度代替了严谨的论证和全盘协调，投资者的突发奇想带来无规划的地下城开发，没有对未来的可能性后果进行系统性评估，带有一定的实验性与盲目性，造成某些缺陷。规划与无规划的并存，是蒙特利尔地下城在规划与建设中表现出的鲜明特点。

尽管如此，地下城的“有机”扩张在关键的一点上始终未与经规划的开发发生冲突，那就是对 CBD 乃至中心区“中心性”的保持。尽管地下通道由于扩张而呈四通八达之势，随之形成的地下城也缺乏明显的中心与主次感，但它们非但没有弱化，反而强化了市中心区在大都市区乃至更大区域中的地位。这一切与该市当年修建地铁系统时所作的明智决定是分不开的。1966 年，蒙特利尔市中心区面积约 12 平方公里，皇家山、泉水公园、圣母岛和圣海伦岛（供人游览、娱乐）占去了一半的面积，在剩余的 6 平方公里的土地下则布置了地铁。地铁兴建中采取了两大颇有远见的措施，第一，将线路布置在次要街道，而非主要街道之下；第二，将线路上方的地块长期出租。事实证明，这两项措施一是促进了城市中心区范围内选定区位上的新的建设；二是保证了城市形态的紧凑。地下城实际融合了地铁、郊区铁路、公共汽车与地下步行道等多种交通方式，公共交通的利用在这里得到了成功的体现。数据表明，大蒙特利尔区有 330 万人口，利用公共交通方式进入市中心商业区的人数比重高达 61% ，当然其中又以地铁的利用率最高。在地下城内部，则以步行占绝对主导地位。繁华商业区多样化的设施和常年不衰的活力，与方便的公共交通相结合，对城市居民中的各个层面均构成了强大的吸引，也招徕了众多的旅游者。该市面积仅2平方公里的CBD的地下更是集聚了最为密集的商业和文化交流设施，从而成为全城名副其实的核心所在。

三、双城生活

（一）多元艺术点亮地下城

也许你会说许多城市都有地下城，无非是现代而便利的特点，然而蒙特利尔地下城却以浓重的人情味与精心的设计一次次超乎许多人的想象。地下城里灯火辉煌，如同白昼。初入地下城的人并不觉得自己是在五六米甚至十多米深的地下，而彷佛是走入爱丽丝仙镜，来到另一个世界。地下城所有的长廊里摆有各种花草树木，利用电灯光帮助其生长，所以尽管地面上大雪纷飞，但在地下，花依然怒放、树依然郁郁葱葱，一片生机勃勃。花草树木间安置着各种凳椅，供游人、顾客休息。地下的Place MontréalTrust购物中心内还有加拿大最高的室内喷泉，其景象颇为壮观。

艺术与时尚之花在这里多姿多彩地绽放，从随处可见的多彩玻璃幕墙、雕塑到博物馆、展览、艺术长廊，都让地下城充满着浓厚的人文艺术气息。这里还是街头艺人的天堂。没有华丽的舞台和炫目的灯光，行色匆匆的路人或许只是匆匆一瞥未必驻足。哪怕没有观众，但他们却依然投入，沉醉其间。地下城的地铁也像一个艺术涂鸦博物馆，艺术家的笔墨常常在不经意间出现在地铁的走廊、过道、台阶、墙壁……顽皮的“斑点狗”猛然间挡住你的去路，墙角不知何时多了把“梯子”，不远处“莲花”正在怒放……艺术家们惟妙惟肖的涂鸦之作成了地铁站最美的风景线。透过玻璃天花板，大朵的雪花漫天飞舞。而地下城中的人们衣着轻薄，或步履匆匆，或悠然自得地一边欣赏冬日美景，一边各奔西东。尤其当长达四五个月的冬季来临，冰封雪冻、气温降至零下三四十度时，这座建立在地下6英尺的“城市”却依然温暖如春得犹如世外桃源，没有风霜雨雪，只有舒适、方便和享受。

（二）走出“迷宫”是项基本技能

蒙特利尔的地下城上下多层，市中心是被地铁绿线及桔线所包围而形成的一个长方形区域，四通八达的地铁交通网使其在地下连成一片，可方便地出入主要地面建筑，包括百货公司和办公大楼等。这让人不禁想到那部浪漫的电影《地下铁》，片中故事正是以蒙特利尔地下铁、地下城为背景的。蒙城人整个冬天甚至可以不出地面而照样衣食住行无忧。始建于20世纪60年代的地下城以Ville Marie地区为源头，逐渐扩展到Bonaventure地区，使得每天有50万人来往于地下城内。这里有超过30公里的人行道、1250个商铺、约100栋建筑、4座火车站、14座地铁站、9家酒店、2700套公寓、15000个停车位、超过1700家的专卖店、购物中心、酒吧和餐厅等，还有诸多图书馆、5所大学、1所学院、6所娱乐场所、两个滑冰场和两座博物馆。四通八达的地下城与60座公寓楼、写字楼、酒店、商场相通，占全市整个商务中心区80%的办公面积和35%的商业面积。在这里，你可以舒适地购物、品尝咖啡、享用美食，甚至玩溜冰，或是前往不同的目的地。堪称奇观的是，每到中午用餐时间，地面上办公大楼、医院、商店的工作人员都跑到地下城，坐在各段长廊的凳子上用餐。一时间，偌大的地下城竟成了一个大食堂，可见地下城人气之旺。地下城的经典和便捷值得称赞，然而由于庞大而显得犹如迷宫般的设计也是尽人皆知的。对于初次进来的人来说，不习惯辨别方向时，借助里面完善的综合信息指示还是比较容易找到自己所处的位置的。

（三）单车、地铁与步行文化

蒙特利尔人的“BMW”独树一帜，“BMW”不代表这里是豪车的天下，而是代表了相反的意思——B 意指 Bike 自行车，M 代表 Metro 地铁，W 表示 Walk 步行。BMW 原来是蒙特利尔人富有特色的休闲环保生活方式！

地下城以地铁兴建为起点。1943 年，位于地下的中央车站开始运营。颇有远见的 Jean Drapeau 先生于 1954 年被选为蒙特利尔市市长，他支持加拿大国铁总裁的规划方案，后者成功吸引了纽约的开发者 Bill Zeckendorf 来到蒙城，而 Zeckendorf 则召集了贝聿铭和 Henry Cobb 设计了加拿大第一栋玻璃幕墙和钢铝材质的摩天楼——维莱玛利广场！它奢华却不失雅致、时髦而不失稳重，将建筑艺术巧妙地与周围环境融合在了一起，形成了蒙城的地标性建筑。地下城的雏形在 20 世纪 60 年代初建立。地铁为这座城市开启了无限可能。维莱玛利广场揭幕后，一切变得皆有可能：1966 年地铁开始运营，开创了连接各摩天楼的长廊。紧接着 1967 年的世博会，1976 年的奥运会，Complexe Desjardins 购物中心的开业，连接着艺术广场枢纽站，在 20 世纪 80 和 90 年代新建的一批购物中心，最后是在新世纪伊始兴建的蒙特利尔国际区（Quartier international de Montréal）。所有这一切，造就了今天的“城下之城”！地下城有无数的各种各样的受益者。首先获益的是那些在地铁开放时间里在地铁网络里随意漫游的商业区用户。这里无须费用，安全，并且可以避免上面严寒的天气。对蒙特利尔大部分人来说，无论清晨还是夜晚，他们都能找到一条快捷而直接的位于办公室和地铁或者短途火车车站之间的线路。另外，室内通道也起到了缓冲器作用，能够减轻高峰时期的交通，比如乘客可以利用下班之后的时间逛逛地下城的商店。地下城有助于减轻主要交叉路段汽车与行人的交通冲突，减少了停车需求，也减少了空气污染。多亏了地下城和商业街之间的积极合作关系，商业区的核心一直保留着它的活力。它也成为一个对于使用商业街和公共空间的人们和私人项目都有益的繁忙且充满生机的地区。同时，地下城已经成为蒙特利尔城市旅游观光最主要的景点之一。

四、启示

蒙特利尔地下城是市中心区不可分割的重要组成部分。它的存在一如既往地保持并强化了市中心区的地位。这又是一个地上、地下高度融合的网络，地下与地上规划相结合，重构了蒙特利尔市的地下空间。随着20世纪60年代该市地铁系统的兴建而进行的经严格规划的开发，奠定了地下城的基本格局，随后一系列未经规划的开发则在这一格局上留下了一些烙印。规划与无规划相结合，形成了蒙特利尔地下城的典型特色，如以零散发展、多用途式开发为主，各部分之间联系高度紧密而缺乏明显的中心。

尽管蒙特利尔地下城的确具有抵御寒冷气候的作用，但它真正的价值，还是在于由此带来的城市土地的集约利用，城市功能的多样化以及更深意义上的城市安全性和宜人性。总之，蒙特利尔地下空间的高效利用不仅大大节约了城市用地，实现了城市交通的快速、大运量和立体化，而且明显提高了城市的环境质量，从而为高人口密度城市实现三维发展提供了有益的启示。

案例八：北京CBD：文明古都的“现代标杆”

尽管12年前，北京CBD才开始崛起，但它却有着清晰的发展路径：即区域规划引导发展方向→项目建设提供发展空间→入驻企业连年有序集聚→经济功能分区日益明显→区域管理进行突破创新→公共社会服务日益完善→全球品牌影响逐渐显现。北京CBD这条发展路径提供了与纽约曼哈顿完全不同的城市发展版本。

中国以其五千年灿烂文明而耀眼世界，聚集了全球的目光。随着中国经济实力的不断提升，首都北京正以其千年文韵与世界对话，以时代的强音与世界共鸣。北京CBD自2000年建设以来，已经成为中国最具影响力的中央商务区，是首都建设国际化大都市的显著标志、城市经济的重要载体和产业的制高点。北京CBD无愧于古都的“现代标杆”之称，是世界倾听北京的声音、感知中国心跳的博大舞台。

一、从无到有，数载风雨

在1993—2000年的规划论证阶段，在北京CBD建设区位的选择上，共提出过五个方案，即建国门外、西二环、前门外、王府井、南四环。通过综合分析比较，最终确定在朝阳门至建国门、东二环至东三环之间的地区建设商务中心区。北京CBD的建设在城市的宏观发展战略层面上正式确定。这一阶段，北京CBD处于一种自发成长的状态，如京广中心、嘉里中心、汉威大厦、燕莎购物中心、赛特购物中心、蓝岛、贵友等商业设施兴建，逐步形成了以集聚商业办公为特征的商务中心区，商务办公设施达到一定规模，初具商务中心区雏形。

1999年确定北京CBD中心区四至范围：西起东大桥路，东至西大望路，南至通惠河，北至朝阳路，总面积3.99平方公里。2000年，"CBD"这一概念首次在北京朝阳国际商务节成功推出。2001年推出《北京商务中心区控制性详细规划》，规划CBD总体体量为1050万平方米，其中，50%为写字楼和酒店，25%为公寓，25%为商业及配套设施。

2000年以来，商务中心区的建设迎来了一个新的发展机遇。出台了《北京商务中心区规划综合方案》，它结合北京城市特点和商务中心区特定的现状条件，提出了建设24小时人文社区的概念。在满足主要商务办公所需要的设施之外，增加了文化、科技、娱乐、居住等其他功能。具体举措有：通过混合功能区的设置，使商务中心区的建设更加灵活，有利于CBD的可持续发展；通过系统分布的公园、广场和绿化带，创造优美舒适的环境；通过加密内部路网，改进与外部城市道路的衔接；通过增加地铁、公交线路与公交停车场等交通措施，建设现代化立体化的交通体系。建设发展阶段一直持续到2005年。此阶段，区域内国际金融业发展迅速，逐渐形成"一线三点"的现代商务服务业发展格局。北京CBD的产业发展呈现出以外资银行逐渐聚集、现代商务服务业逐渐发展的特征。

随后至今，北京CBD进入产业提升阶段。随着CBD集聚效应的逐步显现以及政府扶持政策的生效，不仅国内企业大量入驻，外国公司进入北京也首选中央商务区，商务空间的不断拓展使得CBD区域跨国公司集群已初见规模。同时，北京CBD的产业发展环境不断优化，特别是加快现代服务业发展的大环境建设。2005年以来，通过强化北京CBD的国际金融功能定位，吸引了众多世界500强和跨国公司入驻，带动了产业发展。

到2010年，北京CBD入驻企业超2万家，其中，聚集了50余家跨国公司地区总部，160家世界500强企业项目，100余家国际组织及其代表处，聚集了170余家国际传媒机构，超过200家世界级高端服务业企业，250多家外资金融机构，形成了国贸中心、华贸中心、环球金融中心三大国际金融产业聚集区。作为区域物流、资金流、信息流、人才流的交汇中枢，北京CBD已成为支撑首都经济发展的重要增长极。

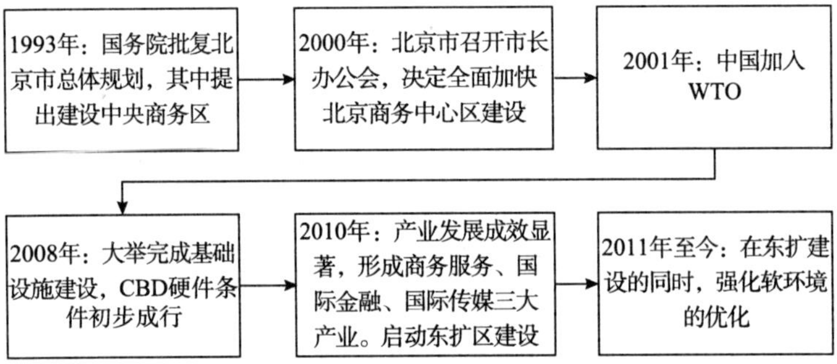

图5-3　北京CBD发展大事记

总体上讲，北京CBD经过十几年的规划发展，实现了国外任何一个CBD需要30~40年才可以达到的综合水平。经过十多年发展，北京CBD已经初步达到建设目标，形成了“国际化优势明显、区位条件优越、基础设施完善、服务体系规范、人才资源丰富”五大优势，以及三个80%和三个70%的发展成就：即区域项目建设完成规划的80%，道路、绿地等基础设施建设完成规划的80%，建成写字楼出租率达到80%；外资金融机构占到全市的70%，世界500强企业占到全市的70%，跨国公司地区总部占到全市的70%，成为总部经济示范区、首都国际金融机构主聚集区、北京市国际传媒文化创意产业集聚区和高端服务产业聚集地，成为中国现代城市发展史上一个炫目的传奇。

二、高歌猛进，迈向东扩

百尺竿头，更进一步。在高端产业加速集聚、承载空间已然不足的背景下，北京市和朝阳区主要领导审时度势、果敢决策启动东扩战略，北京CBD进入拓展空间、提升品质的新阶段。他们在新的历史发展阶段积极规划，为下一个十年发展预先做好了必要的空间布局。

2009年5月11日，北京市政府专题会同意将北京CBD沿朝阳北路、通惠河向东扩展至东四环，新增面积约3平方公里；同时，自朝阳北路向北到农展南路增加约3.97平方公里的规划控制区。CBD东扩正式启动。东扩这个建设周期预计为6～8年，可拉动社会投资1000亿元，吸纳就业15万人。

北京CBD东扩区的整体规划定位和目前CBD区域是一致的。建成后将继续保持CBD的产业定位，着重发展总部经济、国际金融以及高端商务等产业，将CBD发展成为现代化高端商务区。东扩区的功能定位为依托CBD等重点功能区，大力发展总部经济，吸引更多跨国公司设立地区总部、投资公司、研发中心和采购中心，带动会计、审计、评估、律师、信息咨询等中介服务业发展，使朝阳成为国内外跨国公司和国际机构的集聚地，提高朝阳区综合服务能力。未来CBD东扩区将成为世界首个低污染、低碳排放的“绿色”商务区。

CBD扩区后将增加甲级写字楼比重，提供定制专业楼宇，满足总部、外资银行、世界500强及跨国公司总部入驻需求，为CBD产业升级提供空间载体；丰富完善国际医疗、文化、体育等功能配套。随着CBD的东扩，东扩区将成为生产型企业或公司的行政总部的聚集地。写字楼将从“因商而住”向“因住而商”发展。

纽约曼哈顿的天际线是由无数随性的建筑商在市场支持下构建

的。如果说纽约曼哈顿是一场混乱而华丽的即兴演奏，富有才华的乐手只需要稍微注意一下同伴的演奏即可，那么北京 CBD 则是一出配合默契，且带有民族风的摇滚乐。在皇城根文化的浸染下，结合无尽的创意动力，北京 CBD 总是能够先走一步，酝酿出主流文化之外的另类，这种走在时代尖端的潮流又慢慢成为城市的主流文化，而这种另类的“潮流”从未离开过传统文化，正如一句俗语所说：“今天之所以区别于昨天，恰恰是因为昨天的感受依然在我们心中。”在北京 CBD 这个最富现代气息的城市区域，也有传统文化的魂，二者共同孕育出超越国际与传统的“潮”文化。

三、文化 CBD：潮流“缔”国

（一）建筑文化：商业空间演绎“中国风”

北京 CBD 的崛起速度令人惊叹，这里林立的高楼，拥有发达的第三产业，以及个性化的建筑设计，这些无不彰显着高端化和精英化。如果说以故宫为中心的老城区是老北京传统文化的缩影，那 CBD 就是北京走向国际化的另外一张“名片”。在很多公认的概念中，国际化等于去传统化，但是在北京 CBD 这个最前沿和国际化的区域里，中国传统元素的影子却无处不在。

位于北京 CBD 核心区的银泰中心，所使用的中国灯笼概念的创意，不仅是中国本土历史文化的象征，也是展望这个区域的灯塔。入夜后，从远处看，北京银泰中心的“中国灯笼”隐隐浮于空中，安静而不张扬。通过对“中国灯笼”这一传统元素的现代诠释，银泰中心完美演绎了“中国灯笼”照亮 CBD 的气魄，成为“世界看中国，中国看世界的窗口”。

朝外SOHO的外型设计理念来自闽西客家环形土楼。规划引用土楼的组织形式加上贯通整个场地的步行街将建筑内部和外部相连，同时为周边提供城市流线的通道。土楼既有敞开的公共空间，又有维护私密的小空间，比现代的“单元楼”更合理，弥补了其相互封闭、没有交流空间的不足。朝外SOHO在每层商业空间都形成了数条“胡同”，分布于商业空间的大量扶梯、楼梯和观光电梯将各层的“胡同”连成一个有机的整体，形成了一个立体的商业街区。外墙材料是深灰色的石材，是北京城的传统色彩，在繁华的CBD唤起了人们关于北京的深远记忆。向天空敞开的内部小巷是围合了一个个“小城市”，通过点缀着不同性质的路与各种商铺、天井连接形成的建筑丰富而热闹，同时展示着北京的都市空间结构和文化。

CBD区域内各大写字楼和餐厅中的中国元素更是比比皆是。除灵活运用了泥土、瓦片、木炭、花岗岩等天然材料，还选用脍炙人口的诗篇书法作为各类空间的装饰元素、无一重复的紫砂茶壶做包间墙面装饰等，可谓匠心独运。而在紧邻CBD核心区的三里屯商务休闲娱乐区中，一间间店铺被注入了现代美学和时尚元素，它们错落有致地分布于“胡同”与“四合院”、“庭院之中”，令人流连忘返，色彩斑斓的建筑外观下隐藏的是北京特有的都市文化气息。

如果你偶尔走进CBD的某间星巴克，亦会被其崭新的设计风格所吸引。在星巴克三里屯店，活泼与明快是店内的主基调，墙上近乎涂鸦风格的中国狮、龙、面具图案则分外引人注目，明快亮丽的色彩配合稚拙又夸张的线条，勾勒出的传统的壁画图案栩栩如生，戏谑有之，真趣有之，摩登时尚中又透出浓浓的中国风，不时提醒着人们，这是一家坐落于皇城根儿的星巴克门店。CBD内部有着强大的张力，植根于传统文化，却创造出最前卫的都市景观，每一个角落无不带着过去历史流传下来的东西，在现代文化的催化下，慢慢发酵，演变为具有文化特质的城市设计潮流。

（二）大众文化：群体的表演性生活方式

CBD作为一个城市的标志性区域来说，需要完整的叙事。仅仅只有钢筋混凝土所构建出来的CBD最简单，只需要依靠冰冷的玻璃幕墙和宽大的马路进行直白的炫耀，那是一种缺乏细节的苍白叙事。北京CBD不同，现在我们已经能够观察到它的转型，看到它在叙述某个建筑时，开始寻求某种和记忆有关的文化逻辑。

CBD不仅是金融中心和商业中心，它还是个向外人展示的客厅，这种展示包括了它的生活方式和工作方式，而嵌入其中的人群消费具有一定的表演性。来到CBD的人不一定生活在这里，他也不一定是北京东部的人，因为这个地方30年前还是菜地，而现在门庭若市。人们来到这里，是要从心理上完成人的整个进化过程，而这个过程需要舞台——CBD是个表演地。

CBD代表一个梦想，代表了一种时尚。因此也吸引了很多需要表演的行业。大型的央企和国企不需要表演，能源企业和制造业也不需要表演，因为他们关起门来赚钱。最需要表演的是以CCTV为代表的文化创意产业，于是就有了标新立异的CCTV大楼，也有了CBD的传媒产业聚集区。

现代与历史的交融强调了CBD与所在区域的文化、地理以及人口之间的深厚联系，并最终放大到街道、空间和建筑规模、特征的协调上，使这种协调反映了CBD的文化精神内核。荷兰人雷姆·库哈斯设计的中国央视大楼外形就像一个单性生物，它折叠向上之后再扭曲回来，插入自身，寓意自我繁殖和生生不息。这个位于CBD核心区域的标志性建筑则试图营造丰富的视觉效果，令人可从不同的观察角度，获得全然不同的感官经验。央视大楼新址位于城东的商务中心，足以与市场经济密切接轨，同时也并未中断与旧邻的亲密关系。这使央视在保持原有的权威地理优势的同时，也走上了更具消费主义色彩的道路，而消费主义是北京 CBD 文化的重要组成部分。

企业宣传的符号形态也许是标志性建筑，而人进行展示的符号形态就是表演。CBD 对于城市来说是个制高点，通过不断产生各种符号形态来辐射它的影响力；这种影响力属于文化，和物流的交流不一样。CBD 是大秀场，其主要文化就是表演，在这里工作、居住或参观，刚好满足了有表演欲望的人，他们内心希望给周围的人看自己的品味与风格，这是一些可能会把朋友带到家里来开派对的人，他们不善于自己关起门来过小日子。在 CBD 居住的人群应该可能是媒体大亨、影视工作者，或者是金融人士，他们所处的行业共性是对外的概念，需要表现出它的独特气质的，即使是国内的品牌，也需要运用 CBD 这个品牌，向他的客户和受众展示自己和国际的接轨多么紧密。

（三）社区文化："开放型社区"进化论

从北京 CBD 的发展史看，其文化有着明显的"开放型社区"特质。CBD 的规划建设史也同样是"开放型社区"的进化论。2003 年修建的世贸天阶位于迎宾国道东大桥路的东侧，坐镇北京 CBD 西区门户。商业廊为全石材建筑，亚洲首座、全球第三大规模的电子梦幻天幕在这儿腾空而起。世贸天阶在 CBD 的作用相当于中央商务区的"会客厅"。比如，位于世贸天阶商业街的大隐剧场是一个地标性的多元文化复合体，"剧场 + 俱乐部"的新型商业形式，为 CBD 这个充满财富味道的地方带来了媲美美国百老汇的剧院文化。这同时也是一个极好的商务人士的社交场所。北京 CBD 离不开社交文化，CBD 内的各种会所、酒吧与咖啡馆为白领精英们打造了除家庭、公司之外的第三类社交圈；通过休闲消费，成就这个区域最高频的社交仪式。在这“都市会客厅”中，招待友人、联系业务、积攒人脉关系；在这里，情感、人脉与商务的互动都能得到很好的满足。

修建于2007年的CBD现代艺术中心公园按照“网+点”的模式加以建设，它是以现代艺术为风格导向的公园，通过雕塑传达艺术气质。与贯穿公园的南北向艺术步行街组成了北京商务中心区的“现代艺术走廊”，周边没有机动车道切割，围合性强，从空间上有一种“家”的感觉。新加入的圆形聚合空间，则成为“家”的核心。这种“家”的设计呈现出开放的姿态，就像张开双臂拥抱公园，充分强调了空间的共享和使用。这是艺术与公共空间结合得比较好的案例。

如果说世贸天阶是时尚都市的“会客厅”，而现代艺术公园是一个摩登绿色的“家”，那么在2007年建成的三里屯VILLAGE则缔造了融合传统与现代的亲切“社区”。这里有自然的“三里屯”气，“屯”和“村”本来就有些接近。能够走入的露天街道，虽然和以前的小胡同不能同日而语，但好在能接触到自然的空气，而不是大Mall里的罐装空调气体。三里屯有各种语言和各种肤色，入口的小广场上，可能会有说着简单英语的西班牙男生变魔术、玩杂耍，聚拢一大群人来看，他可能还会邀请一个漂亮的女观众一起表演。而刮大风或者下雪的时候，这里也一样人气高涨，星巴克里永远找不到空位，迷宫入口处总有等待来赶赴约会的男男女女。三里屯丰富多彩的活动让建筑“鲜活”起来，“橙色大厅”接纳了各种展览，有盲人摄影展，也有北欧设计展，还有摄影诗歌比赛。

香港管弦乐团会不定期地来此地开古典音乐会。所有的这一切，都是为了做一个“好邻居”，好让自己更好地融入所在的环境当中。作为一个很好的邻居，在三里屯能够建立社区感，而这种社区感便为大众提供近距离接触艺术的机会，艺术是一种很好的联系社区与大众的桥梁。近几年，艺术正在由小众走向大众，艺术正在慢慢变“潮”，并成为推动“潮”的重要力量，它已经是“潮”的重要组成部分。

（四）组织文化：商业模式创新是主流

CBD有别于其他区域的一个特质是，这里的企业都热衷于商业模式的创新。在全球化浪潮冲击、技术变革加快及商业环境变更的更加不确定的时代，决定企业成败最重要的因素，不是技术，而是它的商业模式。商业模式概念的核心是价值创造，这一点同CBD的价值理念不谋而合。CBD是一个有效地载体，这个载体像一块磁石，源源不断地吸引着当前世界上最具影响力的企业汇聚于此。这些企业的成功有的可能是以科技为引领，比如因特尔；有的可能获益于成功的资本运作；有的可能依托的是渠道资源，比如沃尔玛和家乐福的成功。无论是哪种成功，这些企业都需要保持自己的创新动力。商业模式创新是所有创新的高端形态，也是改变产业竞争格局的重要力量。这是企业真正的核心竞争力，而商业模式的创新和产品设计创新是企业随着时代发展而不断发展的根本。

如果说中关村的企业文化是以科技创新取胜，那么北京CBD的企业则是通过商业创新来保持企业内部的优秀性，这种特质要求CBD成为随着企业需求的变化而不断变化的有效载体，CBD从功能上也可以理解是为一流企业提供平台的。海淀中关村可能更适合创业者，当他们成功之后，CBD便成为更好的选择。在北京CBD，商业模式创新实践已经超越以营利为主要目的传统企业，拓展到楼宇、规划、社会企业、非政府组织和政府部门。商业模式创新，不仅仅是传统以赢利为主要目的的企业所需，也是社会企业、非政府组织和政府部门所需要的。从楼宇的角度看，CBD内写字楼的核心竞争力体现在停车位的多少和电梯的速度；从企业角度看，CBD 的分众传媒带来中国楼宇广告的兴起，这种深具创新意义的广告模式按响了纳斯达克开市的铃声，使 CBD 的财富故事达到高潮；从政府角度看，建设“世界性城市”需要服务政策和体制的创新，这些组织的体制和管理模式的创新高效不仅使自己立于不败之地，也极大地提升了 CBD 的竞争力；从更大的范围看，CBD 告诉世界中国就是可以存在很多独特的商业模式，而这些独特的商业模式总是首先发端于北京 CBD，它的与时俱进，站在时代尖端，不断创造出潮流文化，并影响广大的区域，也正是北京 CBD 的文化特质。无论是从建筑设计，大众所追求的精英文化，还是人性化的社区文化，亦或是无处不在的组织文化来看，北京 CBD 的现在和未来都将源源不断地产生新的观念、新的设计和新的文化，潮流“缔”国不仅是一个期许，而且正在变为现实。

四、北京 CBD 启示录

北京 CBD 是中国第一个由政府提出兴建的 CBD，经过十多年的发展已经取得了世界瞩目的成就。北京 CBD 的发展既吸取了西方发达国家 CBD 规划建设的宝贵经验，同时也积极探索了一条促进 CBD 可持续发展的道路。

（一）以政府规划把控 CBD 航向

从众多 CBD 的成功经验和失败教训来看，无论是国外还是国内，如果政府不及时在土地供应、交通设施建设等方面加强规划指导，完全由开发商基于自己对市场的认识和逐利本能进行开发，将难以保证 CBD 功能结构的合理性和产业的多样性。政府部门应根据规划测算严格控制用地，以高标准的写字楼来充实整个 CBD，加大住宅供应量的宏观调控力度，合理开发居住社区，否则将无法实现CBD被赋予的种种使命，甚至导致CBD产生畸变。

北京CBD都一直有稳定的管理机构的存在——北京商务中心区管理委员会负责CBD的土地开发、建设、招商、管理等项目，这样保证了CBD在开发、建设过程中一直有针对性的领导管理机构，对CBD总体规划的遵守和落实工作非常有利。

（二）以功能复合化来丰富CBD内涵

CBD的发展过程是有序而渐进的。溯源CBD的发展史可以发现，城市商务区是应经济发展的需要应运而生的，但由于CBD建设是一个长期而曲折的过程，因此对CBD进行科学性、超前性、综合性的规划设计就显得异常重要。强调CBD为金融、贸易、商务、文化、服务行业提供大量商务办公设施（如办公、写字楼、酒店）以及完善便捷的交通、通信等服务设施无疑是正确的。但是，仅仅如此是远远不够的。如果在CBD建设中只强调它的首要功能，而忽视它作为城市生活的一个整体所必须具有的其他功能，同样会导致城市资源的浪费，给生活带来诸多不便，甚而导致企业迁出和CBD衰退。因此，以功能的复合化来实现CBD 7天24小时的繁华显得尤为重要。

（三）以紧密衔接的产业链强化CBD实力

CBD发展的核心是营造适应服务业产业链发展良好环境的能力，以形成一个有机的产业网络，增强企业在CBD的根植性。

产业链条不单是一个上、中、下游的问题，还有一些横向的产业链，即为制造业服务的那部分产业，如物流、咨询、金融、保险、信息、传媒等产业。因此，政府的作用应体现在：从企业的角度出发思考问题，系统地研究企业的动向，因势利导，按照企业的规律来招商引资，建成产业链，造就合理的产业链条，形成良好的企业生态环境，加强CBD产业链的薄弱环节，填补空白环节，发展相关的产业链、跨产业链的产业，调整自己的思路，超出地区限制，积极推进地区间、企业间的经济合作。

（四）以网络化交通组织来提升CBD的效率

CBD土地稀缺、地价超高的特点促使了CBD内部的建筑积极向垂直空间发展，因而造就了整个城市建筑密度最大的区域；楼宇的集中带来就业人数的集中，每天都有大量的人群在该区域集中和疏散，因而要求区域交通四通八达，是城市公共交通的换乘中心。

交通水平的高低直接制约和影响着CBD在高度集聚状态下的有效工作。因此，大规模的CBD开发，往往需要以大规模的交通系统建设为先导，应通过合理CBD交通发展战略诱导CBD开发建设，并同时将CBD交通系统建设作为城市整体交通系统结构性调整和发展的历史性契机。

（五）以多方面的创新来引领CBD的发展

在激烈的市场竞争环境中，不仅需要企业有持久的创新，政府管理模式也需要创新，才能会有CBD真正的长远发展。

首先，管理模式的创新决定CBD发展的持续动力。伦敦“金融城自治模式”、东京新宿CBD“组织共治式”模式、新加坡CBD公私合作和政府规范的模式、北京金融街和上海陆家嘴政府主导的“公司经营式”管理模式，以及中国众多CBD采取的“政府主导、市场参与”模式，都是在当地CBD发展的条件上进行了适应性改进，适应了企业与政府的互动。其次，在信息化时代，运用新技术提升CBD的运行系统也是一种有益的创新。在新经济背景下，CBD应考虑把更多的资金投在智能空间的开发上，即宽带的、互动的、个性化的、有丰富数据库支撑的信息化网络环境的建立上，显著提高CBD的运行效率和智能化水平。其三，创新CBD土地出让模式，注重主导产业的可持续发展。比如北京CBD在核心区开发建设方面，按照“竞方案、竞实力、限价格”的原则，将国有土地使用权招标、规划设计方案招标和产业项目招标整合在一起进行出让。具体操作方式即房地产开发商带设计方案与企业招商方案参与两轮打分竞标，政府随即选取专家对开发商企业资质打分，取排名前列的开发商对引进金融业、总部型企业的开发商加分，保障每一个开发项目带着产业项目而来。

（六）以和谐的人文环境激发CBD的活力

打造和谐的CBD人文环境应从规划开始做起，规划则应体现对城市和人的感知：延续历史文脉，保护和丰富历史建筑结构和风格，并处处体现出对自然的保护和对人的深度关怀。

成功的CBD，倾注了对于人文精神的关注，对于和谐发展的领悟，重视CBD“心件”建设，将和谐、稳定、合作与价值观融合在一起，使得CBD在一个健康积极的环境中不断地成长，让人们在充分享受现代都市繁荣的同时，尽情体验传统文化的安祥和民族建筑的温馨。

案例九：圣保罗CBD：市民生活与商务区的拼接

在1880年，圣保罗还只是一座面积2平方公里、人口4万的小镇，直到19世纪末因附近地区大面积种植咖啡和外国移民大量涌来，城镇因而开始迅速发展起来，可谓世界上发展速度最快的城市之一。

今日的圣保罗是拉美地区第二大城市、世界第四大城市，拥有两万座高层建筑，数量居全球第一。其城市规模之大每每令人感叹，人口超过1300万，以至于在经济总量巨大的情况下，贫富悬殊、交通拥堵、社会治安等“大城市病”也颇令人头疼。

圣保罗CBD在其组团布局下拥有了超大规模的发展：“大圣保罗市”范围内城市几乎连成一片，成为占地面积达到25万平方公里的巨型城市。相对于北美那种单中心聚集CBD式的城市布局，圣保罗CBD则呈现的是住宅区、办公区交互穿插分布的多组团式布局。其中任何一个组团都可以等于一个中国一线城市CBD的规模。正是由于这种组团发展的模式，让圣保罗CBD的发展呈现出了更多本土文化的色彩，并与其实现了最大限度的交融。

城市发展历程

从19世纪80年代起，由于咖啡种植业的广泛兴起和欧洲移民的大量涌入，圣保罗市加快了发展步伐，开始步入快速城市化的发展轨道。1870年时圣保罗市城市人口仅3万多，到1890年时已达到64934人；1890—1900年，圣保罗市的城市人口以每年14%的速度增长，到1900年时已达到约24万人。1905—1930年，圣保罗市的人口从27.9万增至82.24万，增长了3倍，增加了50多万。到20世纪30年代，圣保罗市已发展为巴西咖啡区域的商业和工业中心，被誉为当时“巴西最兴旺、最进步的地方”。

20世纪30年代以后，由于巴西实行进口替代工业化发展战略，圣保罗市率先进入工业化时期，城市化获得快速发展。1940年圣保罗市的城市人口为130万，到50年代中期，圣保罗市在人口数量和工业产值方面均超过巴西的另一座城市里约热内卢，成为巴西最大的城市和新的工业中心。1975年其城市人口达到1070万，在当时世界30个最大的城市中排名第6位，而仅在25年前，即1950年，圣保罗市排名第23位。

20世纪80年代以后，圣保罗市进入城市化高速发展阶段，1990年圣保罗市城市人口增至1842万，在当时世界30个最大的城市中居第4位。在城市化高速发展的同时，圣保罗市还进一步扩展了城市功能，逐渐发展为具有工业、商业、金融及服务业为一体的综合性大都市。目前，其工业产值占巴西国内工业产值的31%，工业就业人数占巴西整个工业就业人数的25%，圣保罗市因此被誉为“巴西经济的火车头”。

一、古旧设施与光鲜白领

圣保罗市是一个金融业的集中地，约有1500家本国和外国银行的分行，此外，这里还云集了巴西100家最大私人企业中的38家总部和63%的国际跨国公司的总部。保利斯塔大街位于圣保罗市的中心地带，是巴西的“华尔街”。这条大街建成于1891年，由极具眼光的乌拉圭人艾吾杰纽·利马和朋友一同修建而成，在之后不到一百年中，2800多米的保利斯塔大街就成为巴西富商云集的金融重地。它既是这座城市名副其实的中心商务区，也是圣保罗市的象征，“保利斯塔”在葡文中的含义是“圣保罗人”的意思，由此可以看出，这条街对整个圣保罗市的意义和价值。另外，由于圣保罗州在巴西国内具有举足轻重的地位，保利斯塔大街从某种意义上已成为整个巴西的象征。

虽然保利斯塔大街边很多高楼是20世纪70年代经济快速发展时期建成的，它们尽管没有亮堂的玻璃幕墙和华丽的装饰，外墙面依旧保持着毛坯水泥的原色，但从大厦的鳞次栉比、店铺的密集程度也可以看出这里跳动着圣保罗市的脉搏。每逢工作日，着装整洁的青年白领穿梭其间。这些摩天大楼上大多设有停机坪，直升飞机上运载着巴西金融界的精英、富豪们在他们的办公地和住所之间往返，圣保罗市集中了巴西60%的百万富翁。陈旧的大楼与光鲜亮丽的商务精英们形成保利斯塔大街一道亮丽的风景线。

由于CBD与圣保罗市区的穿插发展，这里随处可见年代久远的著名建筑物，如最引人注目是南美洲最大的教堂——天主教大教堂，该教堂位于圣保罗市中心，模仿法国巴黎圣母院修建，始建于20世纪30年代，地下室里还保存着许多圣徒的遗骨。而巴西素有“咖啡王国”的称号，圣保罗市区大街小巷各类咖啡馆比比皆是，精致的咖啡馆与古旧的大教堂在夕阳中交互辉映，历史的尘埃上漂浮着精致的现代气息。

二、是CBD，也是娱乐中心

与其他国家金融商业区不同的是，热情洋溢的巴西人善于营造出浓厚的文化氛围，以中和高层水泥建筑的冰冷与呆板。由每年圣诞节保利斯塔大街上银行的装饰就可见一斑。伊塔乌银行、雷亚尔银行、布拉德斯科银行以及联邦储备银行之间的装饰攀比可谓是圣保罗CBD圣诞节中的最大亮点，各家银行都不惜重金将银行内外装饰得像一个童话王国，而圣诞老人、驯鹿、圣诞礼包、人造雪、圣诞树、各式彩灯、天真孩童、肤色各异人种等都是每年这场装饰秀中的必备元素。每逢此时，这些装潢华丽的银行门前就变成了游人驻步观景、留影最集中的地区。通过这种无形的广告形式，商家一方面显示了自身的雄厚实力，另一方面则强化了自家银行在公众中的认知度。另外每年6月，世界上规模最大的巴西同性恋游行也是在这条2800米的大街上隆重举行的，游行者们似乎更愿意通过这种近乎“狂欢放纵”的方式舒缓头脑中被绷紧的那根神经。

保利斯塔并不是一条堆积着多家银行的冷冰冰的大街，这里同样是圣保罗市的商业中心和娱乐中心。商品丰富的购物场所、现代和传统的各种娱乐项目、环球电视台和艺术博物馆等圣保罗市的重要建筑，同样在金融街占有一席之地。每到夜晚，多彩亮丽的灯光照彻夜空，繁华之感较白天也毫不逊色。

三、是集市，也是大都会

种族融合是圣保罗市的一大特色，在街头随处可见欧洲、非洲、亚洲人种，不同人群的汇聚让这个城市显得极为喧闹。保利斯塔大街有来自世界各个地区的商务精英人士，在这里是一种深沉的商务文化为主导，宁静而内敛。但距离保利斯塔街区不远便是亚裔人口最为集中的街区“自由区”，华人称之为“唐人街”，这里却是市井文化最为喧嚣的地带。与其他欧美国家的“唐人街”不一样的是，这里更像一条“东洋街”或“日本街”。从多数店铺的匾牌、商店展销的商品、街道两旁的路灯布置，都标识着这里其实就是一条名副其实的日本普通街巷，而其中夹杂的几家中国商店、中餐馆记录着一批批华侨在巴西的艰辛和坚持。

东方区算不上是圣保罗市的繁华街区，但这里却是最能体现巴西种族融合的地方。在这里几乎可以看全巴西所有种族的面孔：来这儿品尝日本美食的白种人、街边露宿的黑人、商店里打杂的黑白混血人、风姿妖娆的日裔老板娘、打扮精致的韩国宝石店主、任劳任怨的中国商人、广场卖艺的印第安人、摆地摊的阿拉伯人等。各种肤色不同的人都会把对方当做巴西人。只要你能说葡萄牙语，即使是很蹩脚的葡萄牙语，你就自然是巴西人。周末的东方街热闹非常，许多喜欢买便宜杂货的圣保罗人都来到了这个小集市。每周日，圣保罗市的共和国广场中心的花园里，设有工艺品集市，有出售宝石、古董、木雕、皮货、邮票、硬币、名画的摊位，圣保罗市民和外来游客纷纷涌到这里，使集市变得水泄不通。市场间还有各种食品摊位，人们摩肩接锺，显得非常热闹。共和国广场市中心地区还有一个占地 2.7 万平方米的大市场，商品繁多，种类齐全，而且价格较低廉，一天到晚人来人往，熙熙攘攘，热闹非凡。

虽然圣保罗市区里有的街道会给人旧旧的感觉，但街道两旁整齐高大的树木，街头花园的繁花古树，某些摩天大楼顶上的小树林，或者绿地公园都会让人心情豁然开朗。在这个喧嚣大都会里，有着郊区才有的蓝天和清新的空气，居民区也花木葱茏，绿茵铺地，环境十分宜人。

圣保罗这片土地享有着上帝馈赠的丰富的自然资源，也孕育着无限的可能，这里的人们用其热情奔放的性格感染着来自世界各地的投资者，在城市与 CBD 交互发展中谱写出一曲文化交融的乐章。

四、圣保罗 CBD 启示录

与中国大多数外生型的 CBD 不同，巴西圣保罗 CBD 是典型的内生型区域。全球知名企业和人口聚集在这一空间是出于逐利的动机，人们聚集在圣保罗是为了分享规模报酬递增所带来的效率、就业、便利，以及更好的公共服务。同时开放的金融政策允许要素自由流动和组合，由要素基于自利的考虑，向某些有区位优势的空间自发、自愿地聚集，这就是圣保罗 CBD 内生型城市化的过程。内生型的城市化是一个使城乡收入差逐渐收敛的过程。对服务业来说，圣保罗城市化带来的密集人口是其发展的前提。散布的人口通过内生型城市化改为集聚的形式，必然会大大刺激服务业的发展，使农业中本来大量存在的隐性失业逐渐消失，使普遍就业成为可能。

参考文献

[1] 许锋，张雅丽．曼哈顿 CBD 重建规划对北京的启示［J］．资源与人居环境，2008，6(12)：62－63.

[2] 万雯．中心商务区（CBD）公园规划设计研究［D］．北京：北京林业大学，2009.

[3] 王圣学，石慧琼，王蔚然．西安 CBD 规划建设研究——兼论西安市碑林中心区（CA）［J］．中国城市经济，2009：18－23.

[4] 张理茜，杨永春，杨晓娟，张强．兰州市 CBD 的界定与发展规划研究［J］．人文地理，2009，24(2)：54－59.

[5] 何建．商业步行街设计初探——郑州市郑东新区 CBD 新澳商业步行街设计构思［J］．福建建筑，2009，(8)：21－23.

[6] 陈一新．深圳 CBD 中轴线公共空间规划的特征与实施［J］．城市规划学刊，2011，(4)：111－118.

[7] 赖晶晶．天津滨海新区中央商务区规划研究［D］．天津：天津财经大学，2009.

[8] 毛蒋兴，张云，王卫，徐文丽．西部欠发达地区中心城市 CBD 范围界定研究——以广西南宁为例［J］．地域研究与开发，2009，28(2)：44－48.

[9] 杨俊宴，吴明伟，张浩为．南京新街口 CBD 的量化研究［J］．华中建筑，2009，27(11)：69－72.

[10] 李仙德．Sub-CBD 功能扩展研究——以上海虹桥涉外贸易中心为例［D］．上海：上海师范大学，2009.

[11] 秦飞科．从郑州郑东新区 CBD 规划探析黑川纪章的设计思想［D］．江苏：

苏州大学，2009.
[12] 石慧琼．大城市 CBD 建设门槛条件与区位选址研究——以西安市为例［D］．陕西：长安大学，2009.
[13] 熊星．当代北京 CBD 开放空间研究［D］．北京：清华大学，2009.
[14] 王雪，张鲲．CBD 区域对城市空间形态的影响［J］．经济研究，2010，(12)：147.
[15] 宋迎昌．北京 CBD 功能分区与空间布局研究［J］．城市规划，2010，(11)：38－42.
[16] 李康．滨江亲水型城市 CBD 规划设计——以绍兴“世茂迪荡新城”为例［J］．生态规划，2010，28：61－64.
[17] 徐康，程世才．对 CBD 公共环境设施规划控制与引导的建议［J］．中国城市经济，2011，(4)：107－108.
[18] 宋捷．浅析历史街区更新型 RBD 与城市 CBD 的有机互动——以成都大慈寺历史街区更新规划为例［J］．现代城市研究，2009，(1)：39－43.
[19] 李燕．新时期大都市人文 CBD 的结构特征与规划［J］．规划师，2011，27(12)：72－77.
[20] 田海宁．浅析城市副中心商务区——以西安 CBD 发展过程中小寨 Sub-CBD 的建设为例［J］．技术与市场，2011，(11)：124－126.
[21] 朱志军，朱毅艺，龙子杰．CBD 地区城中村改造策略研究——以广州冼村更新改造规划为例［J］．华中建筑，2011，(2)：124－129.
[22] 廖维，徐燊．CBD 天际线之新视野［J］．华中建筑，2011，(9)：31－33.
[23] 邱红，金广君，林姚宇．CBD 新区规划设计中的低碳理念探讨［J］．华中建筑，2011，(1)：10－14.
[24] 解旭东，李秀芝．青岛市 CBD 空间形态发展特征研究［J］．规划师，2011，27(9)：90－93.
[25] 陈一新．探讨深圳 CBD 规划建设的经验教训［J］．现代城市研究，2011，(3)：89－96.
[26] 王光强．城市 CBD 地区土地集约利用与地下空间开发研究［D］．天津：

天津大学，2011.
[27] 王茜，刘芳. 长沙芙蓉 CBD“有机更新”的规划探索与建设反思 [J]. 中外建筑，2012，(9)：75 – 76.
[28] 徐希，王上，石佼. 北京市 CBD 商务中心区色彩调查 [J]. 管理视野，2008，(8)：264.
[29] 吴昊天. 浅谈可持续的 CBD 景观环境设计 [J]. 城市环境设计，2008，(3)：118.
[30] 刘莹. 合理建设 CBD 绿色景观 [J]. 中国国情国力，2009，(8)：60 – 61.
[31] 刘徐方. 论生态 CBD 规划 [J]. 首都经济贸易大学学报，2009，(2)：86 – 90.
[32] 任君. 郑东新区 CBD 中心滨水景观研究 [J]. 河南建材，2009，(2):154 – 155.
[33] 张华，杨柳青. 郑东新区 CBD 景观空间形态设计初探 [J]. 河南林业科技. 2010，30(1)：51 – 53.
[34] 徐英. 城市 CBD 道路绿地景观规划实践与探索 [J]. 西北林学院学报，2011，26(3)：199 – 203.
[35] 肖汉江，雷莹. CBD 景观形态：珠江新城 VS 拉德芳斯 [J]. 规划师，2011，27(4)：109 – 113.
[36] 李农，陈辉. 核心布局形态 CBD 夜景观规划设计研究 [J]. 照明工程学报，2012，23(5)：35 – 37.
[37] 周小猛，李旭宏，朱彦东. 关于 CBD 停车诱导标志设置的探讨 [J]. 交通信息与安全，2009，27(3)：148 – 150.
[38] 刘晓芳，郑伯红. 国内外 CBD 交通发展对长沙 CBD 的启示 [J]. 中外建筑，2009，(6).
[39] 代琦，孙小丽，平克磊. 武汉市王家墩中央商务区轨道交通线网规划深化研究 [J]. 研究报告，2009，(12):79 – 82.
[40] 秦科，黄昭雄. 城市 CBD 区域交通出行方式探索——以浙江杭州市 CBD 核心区为例 [J]. 上海城市规划，2009，(2)：47 – 52.
[41] 许明明，谢辉，钟平. 城市 CBD 地区交通微循环改善设计方法探讨——以长沙市五一商圈为例 [J]. 交通设计，2009，(7)：32 – 34.

［42］杨进，蔡晓禹．城市地下空间开发与地下交通系统——重庆市解放碑 CBD 地下交通系统［J］．城市道桥与防洪，2009，（7）：4－7.

［43］旷小云，许永兵，李铁良．新建中心商务区（CBD）交通微循环系统设计［J］．中国市政工程，2011，（3）：4－7.

［44］章巍，黄文杰．CBD 外围公交换乘及停车场设置［J］．交通标准化，2011，（1）：88－92.

［45］许永兵，朱方正．城市 CBD 绿色交通体系构建探析——以宁波南部商务区为例［J］．土木工程与管理学报，2011，28（1）：80－84.

［46］沈宁．城市 CBD 地区停车共享模式探析［J］．科技创新导报，2011，（12）：92.

［47］唐立，周嘉南．城市 CBD 地区公交动态查询及行人诱导系统设计［J］．清华大学学报（自然科学版），2011，30（3）：13－16.

［48］周小山．巴黎拉德芳斯 CBD 交通规划、管理的特点及启示［J］．世界之窗，2012，26（4）：64－72.

［49］符毅．产业集聚下的 CBD 发展［J］．经贸时代．2008，（1）：40－45.

［50］张延海．国外典型 CBD 产业集聚的比较研究及其启示［J］．经济策论，2008，（6）：28－29.

［51］张廷海．现代商务中心区产业集聚效应与机制分析［J］．经济问题探索．2008，（9）：82－85.

［52］蒋三庚．中央商务区文化创意产业集群发展类型与特点［J］．经济与管理研究，2009，（3）：83－86.

［53］蒋三庚，付铭．CBD 现代服务业集聚发展的演变规律［J］．北京工商大学学报（社会科学版），2009，24（5）：92－95.

［54］范桂玉．北京 CBD 传媒产业价值链分析［J］．首都经济贸易大学学报，2009，（4）：45－48.

［55］刘建一．北京 CBD 内广告业发展研究［J］．北京工商大学学报（社会科学版），2009，24（6）：105－109.

［56］蒋三庚，陈立平．新宿 CBD 现代服务业集聚借鉴［J］．中国城市经济，

2009，(2)：24－27.
［57］鲁晓军，程国辉．微型 CBD——城市服务业集聚区的新模式［J］．江苏城市规划，2009，(8)：42－44.
［58］张弘．北京 CBD 金融业集聚发展中的政府推动与政策选择［J］．商场现代化，2009，(6):116－117.
［59］阴皎．北京 CBD 传媒企业集群效应研究［D］．北京：首都经济贸易大学，2009.
［60］伍艳飞．长沙芙蓉中央商务区的产业科学发展探析［D］．湖南：湖南师范大学，2009.
［61］张廷海．国内 CBD 产业集聚研究综述［J］．安徽商贸职业技术学院学报，2009，8(3)：31－35.
［62］李佳，刘鹏翱，向乔玉．北京 CBD，中国的曼哈顿？——北京 CBD 功能结构及发展模式分析［J］．经营管理者．2010，(7)：76.
［63］张杰．北京 CBD 功能区文化创意产业集群成因研究［J］．中国商贸．2010，(6)：216－217.
［64］于慧芳．北京 CBD 国际传媒产业集聚现状及对策研究［J］．理论研究．2010，(6)：8－15.
［65］蒋三庚．中国主要 CBD 内现代服务业集聚发展对策研究［J］．首都经济贸易大学学报．2010，(4)：22－28.
［66］周雯雯，陈宇昕．影响 CBD 产业集聚的因素分析及其启示［J］．企业导报．2010，(1)：140.
［67］于苗．CBD 零售业布局及消费者特征研究——以北京 CBD 为例［J］．特区经济，2011，(4)：73－75.
［68］潘月杰，钱春丽，张玉洁．北京 CBD 传媒产业发展现状及对策研究［J］．特区经济，2011，(5)：57－58.
［69］许哲，黄爱光．国际都市商务区的发展及启示［J］．北京财贸职业学院学报，2008，24(3)：9－28.
［70］卢斌．浅谈近年来国内 CBD 的建设［J］．山西建筑，2008，34(5)：43－44.

[71] 张雅，郭丹．国外中央商务区介绍及其对我国的启示 [J]．消费导刊，2009，(7)：73.

[72] 张雅，王璜．中国中央商务区的建设概况探析 [J]．经济研究导刊，2009，(25)：3-5.

[73] 丁成日．高度集聚的中央商务区——国际经验及中国城市商务区的评价 [J]．规划师，2009，25(9)：92-96.

[74] 周天怡，刘勇．国内外金融 CBD 开发建设的经验借鉴与启示 [J]．国际经济合作，2009，(10)：77-80.

[75] 王开泳，陈田．南沙开发与珠江三角洲区域 CBD 建设研究 [J]．亚热带资源与环境学报，2009，4 (2)：1-8.

[76] 金继晶．城市中央商务区（CBD）开发策划研究 [D]．湖南：中南大学，2009.

[77] 王文明，史杨洋．浅谈中等城市中央商务区的发展趋势 [J]．建筑科技，2011，(2)：96-97.

[78] 楚天骄．城市转型中新加坡 CBD 的演化及其启示 [J]．现代城市研究，2011，(10)：35-41.

[79] 胡盈盈．国内外中央商务区开发建设比较与启示 [J]．中国房地产，2012，(9)：53-56.

[80] 杨莲芬．中心城市 CBD 系统及其发展对策研究 [J]．江苏商论，2008，(3)：25-27.

[81] 侯超平，徐新家．成都市中央商务区（ CBD）建设浅析 [J]．商情（教育经济研究），2008，(4)：183-185.

[82] 王仁清，王宁．我国城市 CBD 发展程度评价指标体系研究 [J]．改革与战略，2008，24 (4)：42-44.

[83] 张宗果，周波．浅议我国城市复合型中央商务区的建设——以重庆江北城规划为例 [J]．四川建筑科学研究，2010，(1)：5-7.

[84] 高骞，王丹，陶纪明．上海 CBD 建设及陆家嘴—外滩核心 CBD 发展构想 [J]．科学发展，2010，(3)：80-88.

[85] 康旺泉，段丽丽．区域性中心城市 CBD 建设的动因及发展策略 [J]．山西建筑，2010，36(30)：9－10.
[86] 谢长勇．论 CBD 对城市发展的影响——以上海为例 [J]．科技风，2008，(16)：107.
[87] 贾生华，聂冲，温海珍．城市 CBD 功能成熟度评价指标体系的构建——以杭州钱江新城 CBD 为例 [J]．地理研究，2008，27 (3)：649－658.
[88] 童年成．论现代中央商务区形成的经济原因 [J]．北京工业大学学报（社会科学版），2009，9(3)：20－23.
[89] 孙梓翔．中央商务区的城市设计实践研究——以深圳市 CBD 为例 [D]．陕西：长安大学，2009.
[90] 李倩．北京 CBD 人才聚集环境效应及优化研究 [D]．北京：首都经济贸易大学，2009.
[91] 李慧，张鲲．CBD 在城市建设发展中的作用 [J]．四川建筑，2009，29(4)：9－11.
[92] 韦良中，刘春成，侯汉坡．CBD 区域商务环境评价研究的思考 [J]．商场现代化，2009，(4)：195－197.
[93] 丁成日，谢欣梅．城市中央商务区（CBD）发展的国际比较 [J]．城市发展研究，2010，17 (10)：72－82.
[94] 周国平．构建 ABLE 城市，促进 CBD 向 ABC 转换——从东京丸之内再开发看现代 CBD 的发展趋势 [J]．科学发展，2010，(3)：107－112.
[95] 史北祥，杨俊宴．国际 CBD 的发展及对南京的启示 [J]．江苏建筑，2010，(3)：5－6.
[96] 杨俊宴，吴明伟．中国特大城市 CBD 交通路网模式量化研究 [J]．规划广角，2010，26 (1)：59－65.
[97] 钱智，李英杰，王伟．中央活动区：现代 CBD 的新形态 [J]．科学发展，2011，(4)：107－112.
[98] 方兴．中央商务区建设融资分析 [J]．中国商贸，2009，(10)：236－237.
[99] 孙其军，郭焕龙．北京 CBD 公共服务体系建设的思考——基于“新公共服

务”的视角［J］. 城市研究，2011，（1）：86－90.

［100］王滨，周琼. 北京商务中心区（CBD）评价指标体系研究［J］. 数据，2011，（8）：56－58.

［101］成迟薏，闫霜，徐鑫. 打造智慧的中央商务区——智慧 CBD 案例研究和对智慧虹桥的启示［J］. 中国信息界，2012，（3）：21－23.

［102］张志勇. 中央商务区跨越发展模式构想——以山东省济南市为例［J］. 商业时代，2012，（22）：138－140.

［103］熊文，黎晴，邵勇，李娟. 向世界级城市学习：天津市滨海新区 CBD 慢行交通规划［J］. 城市交通，2012，10(1)：38－53.

后　记

在我们看来，CBD 最核心的特征是“集聚”，其他次核心特征如辐射、创新等都是由“集聚”所延伸出来的。产业深度分工是 CBD 萌芽的种子，经济集聚是 CBD 的内在基因，城市发展则是 CBD 离不开的肥沃土壤，全球化则赐予了 CBD 繁荣兴盛的宜人气候。在 CBD 不长的发展历史中，欧美国家独占鳌头。直到 20 世纪 90 年代，随着新兴市场国家的崛起，CBD 才在欧美国家以外涌现。中国的 CBD 发展不可能一律瞄准伦敦金融城、纽约曼哈顿的模式，而需要在同质化发展中“百花齐放”，各自结合所处的腹地经济，走特色化发展之路。欧美国家的 CBD 已经走过兴盛繁荣，经历过种种由于规划或模式带来的历练，不断地在危机和挑战中更新换代。相比之下，我国的 CBD 正处于青春年少，应该秉持“人无远虑，必有近忧”的信念，构建出鞭策 CBD 更新换代的有效机制，避开西方国家 CBD 曾经沉陷过的泥泞道路，走得更好更远。我们希望通过这本书及时帮助我国新兴的 CBD 纠正偏差，防患于未然。

本书历经三年的研究与写作，获得了北京 CBD 管委会相关领导的鼎力支持，先后得到中国商务区联盟主席龙永图先生、原北京 CBD 管委会常务副主任刘春成博士、首都经贸大学 CBD 研究中心蒋三庚教授、北京工商大学商学院侯汉坡博士等多位 CBD 领域专家的指导，他们的宝贵意见对本书总体思路的形成和重视观点的提出有着关键影响。另外，倪江涛、刘美婵、黄经纬、陈凯等研究团队成员也对本书的内容有所贡献。尤其是感谢国家发改委国土开发与地区经济研究所的肖金成所长，他数月通读本书，对本书给予了较高的评价，并亲自为本书作序。我们在此一并表示真挚的感谢！

出版个人著作是作者学术生涯中的里程碑，也是多年 CBD 研究的积累。我们深知 CBD 发展这一研究命题目前正处于“百家争鸣”的研究热潮之中，对于 CBD 可持续发展的指标至今尚未达成共识，仁者见仁，智者见智。本书提出的一些观点和看法也许有失偏颇，也恳请广大读者批评指正，作者也会继续跟进 CBD 的研究和实践，不断更新对 CBD 的观点。